现代职业教育汽车类专业精品教材

汽车底盘电控系统检修

主　编　李海青　董丽丽
副主编　计　端　文　强　杨　乐
参　编　龙佳庆　李明慧　杨瑞蔚　黄镇财
　　　　孟祥磊　熊炳福　于文龙　李　强　杨雪松
　　　　邱　斌　王珊珊　徐兴振　梁华颖

机 械 工 业 出 版 社

本书在编排上以能力导向、行动导向及顾客导向为基础，围绕典型项目，按照项目描述、知识准备、项目实施、拓展知识、课后习题栏目展开。

本书主要内容包括电控制动系统检修、电控悬架系统检修、电控助力转向系统检修、液力变矩器检修、自动变速器检修和无级变速器检修六个项目。学生通过项目任务的连续学习，便可掌握底盘电控系统常见故障及检修方法。另外，本书在书后还配有单独装订成册的工作页，以方便广大师生的使用。

本书可作为职业院校汽车检测与维修专业教学用书，也可作为汽车相关领域专业技术人员的参考用书及培训用书。

为方便教学，本书配有电子课件，凡选用本书作为授课教材的教师均可登录 www. cmpedu. com 以教师身份注册下载。编辑咨询电话：010－88379201。

图书在版编目（CIP）数据

汽车底盘电控系统检修/李海青，董丽丽主编. —北京：机械工业出版社，2016. 8（2025. 1 重印）
现代职业教育汽车类专业精品教材
ISBN 978-7-111-54199-8

Ⅰ. ①汽… Ⅱ. ①李… ②董… Ⅲ. ①汽车－底盘－电气控制系统－车辆修理－职业教育－教材 Ⅳ. ①U472. 41

中国版本图书馆 CIP 数据核字（2016）第 153564 号

机械工业出版社（北京市百万庄大街 22 号 邮政编码 100037）
策划编辑：于志伟 责任编辑：于志伟
责任校对：张 薇 封面设计：路恩中
责任印制：刘 媛
涿州市般润文化传播有限公司印刷
2025 年 1 月第 1 版第 5 次印刷
184mm×260mm · 13. 5 印张 · 6 插页 · 321 千字
标准书号：ISBN 978-7-111-54199-8
定价：39. 80 元

电话服务	网络服务
客服电话：010－88361066	机 工 官 网：www. cmpbook. com
010－88379833	机 工 官 博：weibo. com/cmp1952
010－68326294	金 书 网：www. golden－book. com
封底无防伪标均为盗版	机工教育服务网：www. cmpedu. com

现代职业教育汽车类专业精品教材

编写委员会

前　言

随着计算机技术和自动控制技术的发展，各种先进的电液控制系统在现代轿车底盘中得到了广泛的应用，如自动变速技术 ECT/CVT、电控制动技术 ABS/ASR/VSC/ECB/VIDM、电控悬架技术 ASC 和电控转向技术 EPS/VGRS 等。这加大了现代轿车底盘结构原理与检测维修课程的教学和实训难度。在新的教学环境下，必须寻求新的教学策略和方法，在此背景下，编者编写了本书。本书除了在内容上包含结构、原理、检测分析、故障诊断方法外，还对新技术、新结构、新仪器等相关内容进行了拓展。此外，本书在编排上以能力导向、行动导向及顾客导向为基础，围绕典型项目，按照项目描述、知识准备、项目实施、拓展知识、课后习题栏目展开，让学生在设定环境下将提出问题、分析现象、查找资料、主动学习、亲自动手、解决问题以及能力测评融为一体。

本书内容翔实、图文并茂、通俗易懂，针对性与实用性很强，每个项目都配有课后习题，使读者能举一反三，融会贯通，并加深对汽车底盘电控技术的理解，以排除常见故障。

本书由柳州职业技术学院李海青、烟台汽车工程职业学院董丽丽担任主编，柳州职业技术学院文强、计端和重庆机械电子高级技工学校杨乐担任副主编，参与本书编写的还有龙佳庆、李明慧、杨瑞蔚、黄镇财、孟祥磊、熊炳福、于文龙、李强、杨雪松、邱斌、王珊珊、徐兴振、梁华颖。此外，在本书编写过程中，借鉴和参考了国内的同类著作，在此特向有关作者致谢！

由于编者水平有限，书中难免有不足之处，敬请广大读者提出宝贵的意见和建议，以便修订时加以完善。

编　者

目　录

前言

项目一　电控制动系统检修 …… 1

【项目描述】 …… 1

【知识准备】 …… 1

一、ABS 制动系统 …… 1

二、驱动轮防滑转控制系统（ASR） …… 13

三、车身稳定性控制系统 …… 18

【项目实施】 …… 26

任务一　典型 ABS 的拆装 …… 26

任务二　ABS 主要元件的检测 …… 28

任务三　ABS 故障诊断思路的形成 …… 30

任务四　ESP 系统的检测 …… 34

任务五　ESP 系统故障诊断与排除 …… 37

【知识拓展】 …… 39

【课后习题】 …… 42

项目二　电控悬架系统检修 …… 43

【项目描述】 …… 43

【知识准备】 …… 43

一、电控空气悬架系统的结构 …… 43

二、电控空气悬架系统的组成 …… 44

三、电控空气悬架系统的工作原理 …… 49

【项目实施】 …… 49

任务　电控空气悬架系统各零部件检修 …… 49

【知识拓展】 …… 52

【课后习题】 …… 53

项目三　电控助力转向系统检修 …… 54

【项目描述】 …… 54

【知识准备】 …… 54

一、电控助力转向系统的结构 …… 54

二、电控助力转向系统的组成 …… 55
三、电控助力转向系统的工作原理 …… 57
【项目实施】 …… 58
任务 传感器的检测 …… 58
【知识拓展】 …… 60
一、机械液压式助力转向系统 …… 60
二、电控液压式助力转向系统 …… 60
三、电控电动式助力转向系统（EPS） …… 60
四、助力转向系统的维护 …… 61
【课后习题】 …… 61

项目四 液力变矩器检修 …… 62
【项目描述】 …… 62
【知识准备】 …… 62
一、液力变矩器的作用 …… 62
二、液力变矩器的结构 …… 63
三、液力变矩器的工作原理 …… 64
【项目实施】 …… 67
任务一 液力变矩器的检测 …… 67
任务二 液力变矩器的拆装 …… 68
任务三 液力变矩器的诊断 …… 70
【知识拓展】 …… 71
变矩器的失速点和耦合点 …… 71
【课后习题】 …… 72

项目五 自动变速器检修 …… 73
【项目描述】 …… 73
【知识准备】 …… 73
一、自动变速器机械传动部分 …… 73
二、大众车系行星齿轮变速器传动分析 …… 81
三、丰田车系行星齿轮变速器传动分析 …… 86
四、自动变速器电液控制系统 …… 90
【项目实施】 …… 107
任务一 执行元件的检修 …… 107
任务二 丰田 A341E 变速器的检修 …… 109
任务三 自动变速器电液控系统的检修 …… 120
任务四 电控液力自动变速器的基础检查与性能试验 …… 129
任务五 01N 自动变速器的检修 …… 132
【知识拓展】 …… 134

其他结构的自动变速器 …… 134
【课后习题】 …… 137

项目六　无级变速器检修 …… 138
【项目描述】 …… 138
【知识准备】 …… 138
一、无级变速器的工作原理 …… 138
二、本田飞度 CVT 无级变速器液控系统 …… 140
【项目实施】 …… 148
任务一　本田飞度 CVT 无级变速器液控系统的检修 …… 148
任务二　本田飞度 CVT 无级变速器电控系统的检修 …… 150
【知识拓展】 …… 156
一、01J 无级自动变速器的工作原理 …… 156
二、01J 无级自动变速器的控制逻辑 …… 169
【课后习题】 …… 173

参考文献 …… 174

汽车底盘电控系统检修工作页

项目一

电控制动系统检修

1

【项目描述】

制动系统在汽车安全方面起着至关重要的作用，随着汽车行驶速度的提高，这种重要性表现得越来越明显。目前，关于汽车制动的研究主要集中在控制方面，包括制动控制的理论和方法，以及其所采用的新技术。比较成熟的应用技术有电子控制防抱死制动系统（ABS）、驱动轮防滑转系统（ASR）、电子制动力分配装置以及电子控制稳定程序系统（ESP），近年来又出现了电子驻车制动系统（EPB）。随着汽车网络技术的发展，出现了转向、制动协同控制的车辆动态控制系统——车辆动态集成管理（VIDM），它使汽车的主动安全性能得到了很大提高。

电控制动系统的维修主要包括液压系统的检测与维修、电控系统各元件及电路的检测及故障诊断。

【知识准备】

一、ABS 制动系统

1. ABS 的作用

电子控制防抱死制动系统（ABS，Antilock Brake System）通过安装在各车轮或传动轴上的转速传感器等不断检测各车轮的转速，由计算机计算出当时的车轮滑移率（由滑移率能了解汽车车轮是否已抱死），并与理想的滑移率相比较，从而做出增大或减小制动器制动压力的决定，命令执行机构及时调整制动压力，以保持车轮处于理想的制动状态。因此，ABS 能够使车轮始终维持在有微弱滑移的滚动状态下制动而不会抱死，达到提高制动效能的目的。

（1）能缩短制动距离　在同样紧急制动的情况下，ABS 可以将滑移率控制在 20% 左右，即可获得最大的纵向制动力的效果（除在沙石、雪地路面上）。

（2）增加了汽车制动时的稳定性　汽车在制动时，四个轮子上的制动力是不一样的，如果汽车的前轮抱死，驾驶人就无法控制汽车的行驶方向；倘若汽车的后轮先抱死，则会出现侧滑、甩尾，甚至使汽车整个调头等严重事故。资料表明，装有 ABS 的车辆，可使因车轮侧滑引起的交通事故比例下降 8% 左右。

（3）改善了轮胎的磨损状况　事实上，车轮抱死会造成轮胎磨损，轮胎面磨耗也会不均匀。经测定，汽车在紧急制动时，车轮抱死所造成的轮胎累加磨损费已超过一套防抱死制动系统的价格。因此，安装 ABS 具有一定的经济效益。

（4）使汽车在制动的过程中具备了制动加转向的能力　装有 ABS 的汽车适合在大弯道上高速行驶，而且制动时只要把脚踏在制动踏板上，ABS 就会根据实际情况自动进入工作状态，使制动状态保持在最佳点。

2. ABS 的组成和工作原理

一般来说，带有 ABS 的汽车制动系统由基本制动系统和制动力调节系统两部分组成，前者是由制动主缸、制动轮缸和制动管路等构成的普通制动系统，用来实现汽车的常规制动；而后者由车轮转速传感器、制动压力调节装置、电子控制装置和 ABS 警告灯组成，如图 1-1 所示。

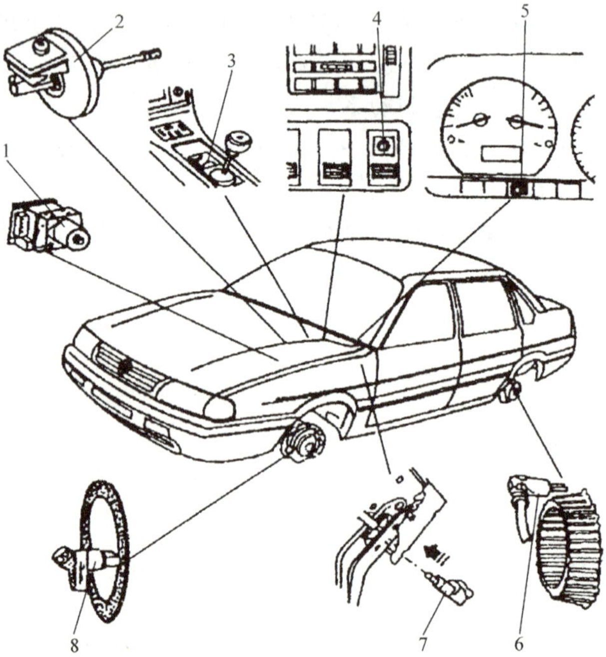

图 1-1　ABS 组件在车上的安装位置

1—ABS 控制器　2—制动主缸和真空助力器　3—自诊断插口　4—ABS 警告灯（K47）
5—制动警告灯（K118）　6—后轮转速传感器（G44/G46）　7—制动灯开关　8—前轮转速传感器（G45/G47）

由装在车轮上的转速传感器采集四个车轮的转速信号，送到电子控制单元计算出每个车轮的转速，进而推算出车辆的减速度及车轮的滑移率。

ABS 电子控制单元根据计算出的参数，通过液压控制单元控制进油阀（常开）和出油阀（常闭）的开关状态来调节制动压力，从而达到防止车轮抱死的目的。下面以桑塔纳轿车为例说明 ABS 的工作过程。

（1）建压阶段　制动时，通过助力器和总泵建立制动压力，此阶段又称为普通制动（因 ABS 不工作）。如图 1-2 所示，此时常开阀打开，常闭阀关闭，制动压力进入车轮制动器，车轮转速迅速降低，直到 ABS 电子控制单元通过转速传感器识别出车轮有抱死的倾向为止。

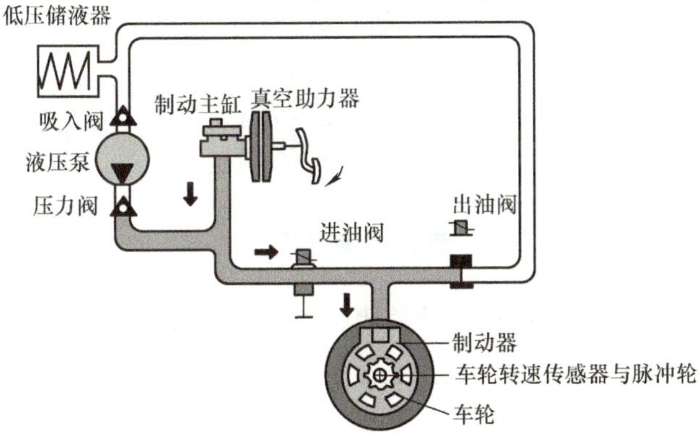

图 1-2　建压阶段

（2）保压阶段　如图 1-3 所示，当 ABS 电子控制单元通过转速传感器得到的信号识别出车轮有抱死的倾向时，即关闭常开阀，常闭阀仍然关闭，此时的制动压力不变，故称为保压阶段。

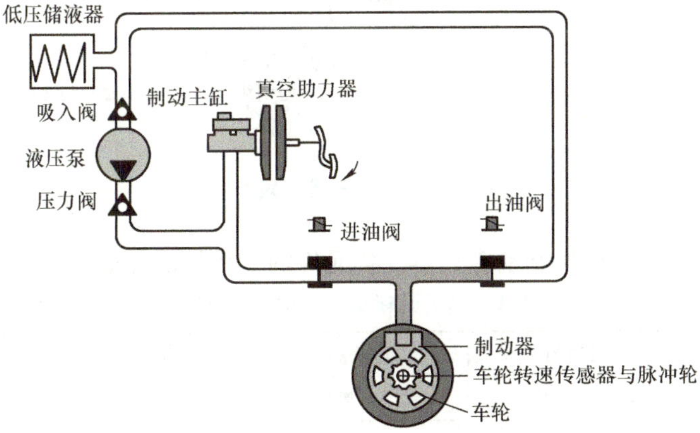

图 1-3　保压阶段

（3）降压阶段　如果在保压阶段车轮仍有抱死倾向，则 ABS 系统进入降压阶段，如图 1-4 所示。电子控制单元命令常闭阀打开，常开阀关闭，液压泵开始工作，制动液从轮缸经低压蓄能器被送回制动总泵，制动压力降低，制动踏板出现抖动，车轮抱死程度降低，车轮转速开始提高。

（4）升压阶段　当 ABS 电子控制单元通过转速传感器得到的信号识别出车轮有抱死的

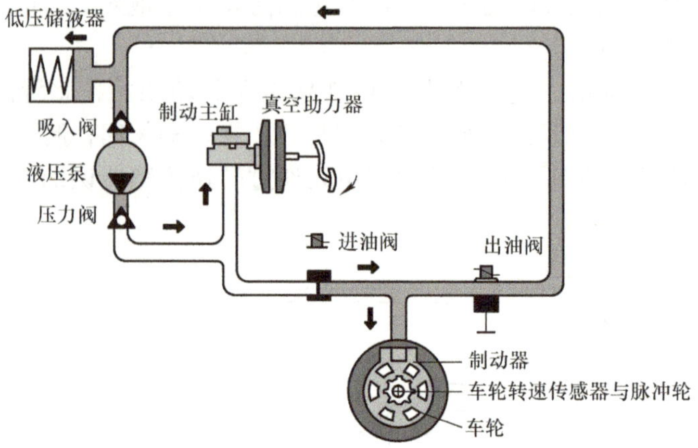

图 1-4　降压阶段

倾向时，即关闭常开阀，此时常闭阀仍然关闭，如图 1-5 所示。

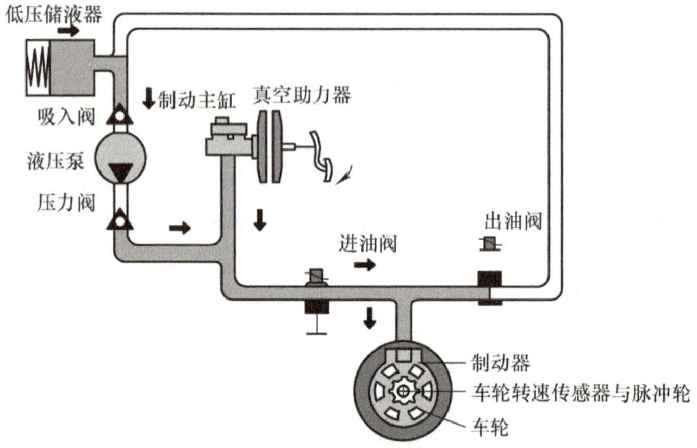

图 1-5　升压阶段

在普通制动模式和防抱死制动模式下，各元件的工作情况见表 1-1。

表 1-1　桑塔纳轿车上 ABS 的工作情况

工作过程	进油阀	回油阀	液压泵	制动液流动方向
常规制动模式	打开（断电）	关闭（断电）	不工作	主缸→轮缸
保持制动模式	关闭	关闭	不工作	不流动
减压制动模式	关闭（通电）	打开（通电）	工作	轮缸→低压蓄压器
增压制动模式	打开	关闭	工作	泵→主缸和轮缸

3. ABS 的类型

（1）按结构分类　ABS 按制动系统结构不同，分为整体式和分离式两种。

整体式 ABS 的制动压力调节器与制动主缸及制动助力器组合为一个整体，其优点是结构紧凑、节省安装空间；缺点是结构复杂、成本较高，高级轿车采用较多。

分离式 ABS 的制动压力调节器为独立总成，通过制动管路与制动主缸与制动轮缸相连，其优点是零部件安装灵活。目前车辆上分离式 ABS 较为多见。

(2) 按车轮控制方式分类　ABS 按车轮控制方式不同可分为轮控式与轴控式两种。轴控式又分为低选控制（SL，Select Low）和高选控制（SH，Select High）两种。

在制动系统中，制动压力能够独立进行调节的制动管路称为控制通道。每个车轮各占用一个控制通道形式的称为轮控式（又称为独立控制式）；两个车轮占用一个控制通道形式的称为同时控制。当同时控制的两个车轮在同一轴上时，则称为轴控式。

在采用轴控式 ABS 的汽车上，当左、右两个车轮行驶在附着系数不同的路面上时，由于左、右车轮与地面间的附着力不同，汽车在紧急制动时，附着系数小的车轮先抱死，附着系数大的车轮后抱死。如果以保证附着系数较小的车轮不发生抱死为原则来调节制动压力，则这两个车轮就是按低选原则进行控制，简称低选控制（SL）；如果以保证附着系数较大的车轮不发生抱死为原则来调节制动压力，则这两个车轮就是按高选原则进行控制，简称高选控制（SH）。

(3) 按控制通道和传感器数量分类　ABS 根据轮速传感器的数量和制动压力调节器控制的通道数不同可分为 7 类。以下分类仅针对双轴四轮汽车。

1）四传感器、四通道、四轮独立控制的 ABS。此类 ABS 适用于双制动管路前、后轮独立布置形式的汽车，如图 1-6 所示，它具有四个轮速传感器和四个控制通道，系统根据各轮速传感器的信号分别对各车轮进行单独控制。

采用此类 ABS 的汽车，其制动效能和制动时的操作性最好，但在左、右车轮所处路面条件不同时，汽车制动时的方向稳定性较差。主要原因是在此种路面上，同轴的左、右车轮的制动力不等，易造成汽车制动跑偏。

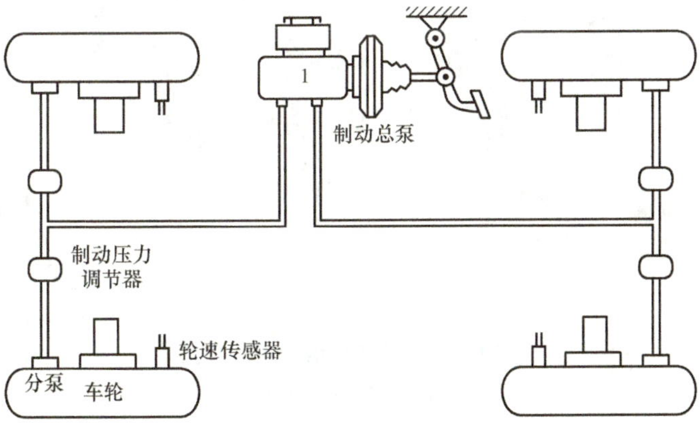

图 1-6　四传感器、四控制通道

2）四传感器、三通道、前轮独立—后轮低选择控制的 ABS。此类 ABS 适用于双制动管路为前、后轮独立布置形式的汽车，如图 1-7 所示，它采用四个轮速传感器实现两前轮的单独控制和两后轮的低选择控制。

(4) 按控制车轮数量分类　按控制车轮数量的不同，可分为两轮 ABS 和四轮 ABS。两轮 ABS 只控制两个车轮，其结构简单、价格低廉，适用于轻型载货汽车和客货两用汽车。四轮 ABS 又分为四通道 ABS 和三通道 ABS。

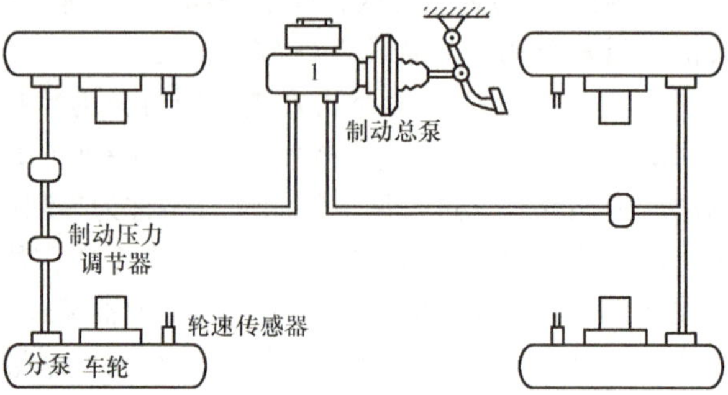

图 1-7 四传感器、三控制通道

除此之外，ABS 按制动压力调节器的动力源可分为液压式和气动式；按制动压力调节器的调节方式可分为流通式和变容式等。

4. 轮速传感器

(1) 作用 轮速传感器的作用是检测车轮的速度，并将速度信号输入 ABS 的电控单元，电控单元利用该信号计算和检测车轮的抱死程度以及滑移率。如果滑移率太大，车轮接近抱死，则控制降低轮缸压力；如果发现滑移率太小，车轮制动力不足，则会增大轮缸压力。

(2) 安装位置 轮速传感器的安装位置如图 1-8 所示。

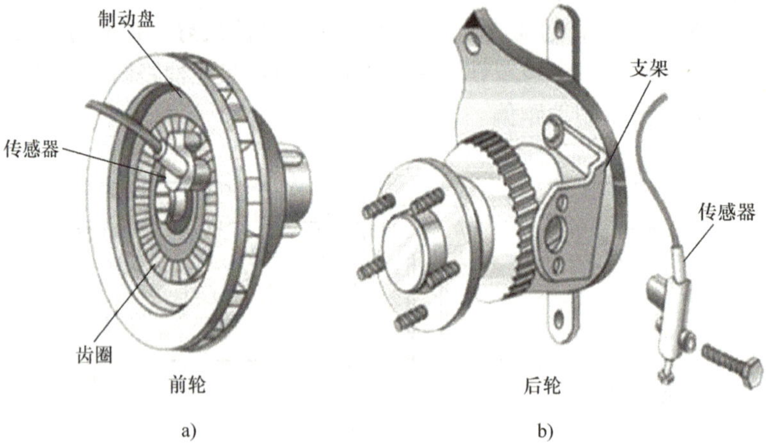

图 1-8 轮速传感器的安装位置

a) 前轮传感器 b) 后轮传感器

(3) 分类 根据结构和工作原理不同，轮速传感器分为电磁式、磁阻式和霍尔式。目前车辆上安装的轮速传感器以电磁式为主，磁阻式与电磁式类似，但发出的信号是数字信号。根据极轴端部的形状不同，电磁式轮速传感器又分为凿式、圆柱式等形式。电磁式轮速传感器的结构如图 1-9 所示。

1) 电磁式轮速传感器。

① 结构原理。轮速传感器是随磁通量的变化产生交流电的装置，主要由传感器头和齿圈两部分组成。ECU 根据交流电的变化检测四轮各自的转速。齿圈一般安装在轮毂上（对

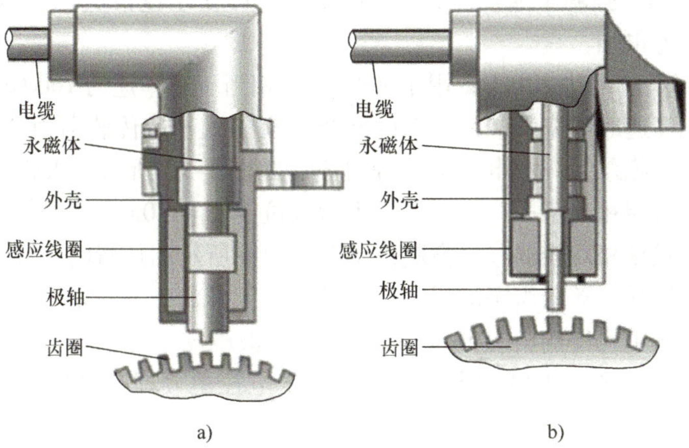

图 1-9　电磁式轮速传感器的结构

a）凿式极轴　b）柱式极轴

于后轮驱动的车辆，齿圈也可安装在差速器或传动轴上），并随车轮或传动轴一起转动。传感器头通过固定在车身上的支架安装在齿圈附近，传感器与齿圈间的间隙约为 1mm。传感器头由电缆、永磁铁、外壳、感应线圈、极轴和齿圈组成。

齿圈旋转时，齿顶和齿隙交替对向极轴。当齿顶对向极轴时，磁路的磁隙最小，因此磁阻也最小，通过感应线圈的磁通量最大；当齿隙对向极轴时，磁路的磁隙最大，磁阻也最大，通过感应线圈的磁通量最小。所以在齿圈旋转的过程中，感应线圈内部的磁通量交替变化，从而产生感应电动势，此信号通过感应线圈内部的电缆输入 ABS 电控单元。当齿圈的转速发生变化时，感应电动势的频率也随之变化。ABS 电控单元即通过检测感应电动势的频率变化来检测车轮速度变化率。

② 检测方法。

方法一：测量电阻。一般电阻为 800 ~ 1500Ω。

方法二：测量交流电压，交流电压其交流电压值随转速升高而变大，变化范围为 50 ~ 700mV。

方法三：用示波器测量波形。车速波形越密集，电压幅值变化越大（正弦波）。

方法四：用解码器观察数据流。FL、RL、FR、RR 分别表示左前、右前、左后、右后车轮。

③ 缺点。电磁感应式轮速传感器结构简单、成本低，但存在如下缺点：

a. 轮速传感器向 ABS 电控单元输送的电压信号的强弱随转速的变化而变化，信号幅值一般在 1 ~ 15V 的范围内变化。当车速很低时，传感器输出的电压信号若低于 1V，则 ABS 电控单元无法检测到如此弱的信号，ABS 也就不能正常工作。

b. 电磁感应式轮速传感器的频率响应较低。当车轮转速过高时，传感器的频率响应跟不上，容易产生错误信号。

c. 电磁感应式轮速传感器的抗电磁波干扰能力差，尤其是在输出信号的幅值较小时。

2）霍尔式轮速传感器。电磁感应式轮速传感器有很多不足，很难适应汽车发展的需求，取而代之的是霍尔式轮速传感器。霍尔式轮速传感器具有以下优点：

a. 输出的电压信号强弱不随转速的变化而变化，即使车速很低时也不变，并且幅值高；其抗电磁波干扰能力也强。

b. 传感器频率响应高达 20kHz，用于 ABS 中，相当于在车速为 1000km/h 时所检测的频率，因此不会出现高速时频率响应跟不上的问题。霍尔式轮速传感器由传感头和齿圈组成，传感头由永久磁体、霍尔元件和电子电路等组成，如图 1-10 所示。永磁体的磁力线穿过霍尔元件通向齿圈，齿圈相当于一个集磁器。当齿圈位于图 1-10a 所示的位置时，穿过霍尔元件的磁力线分散，磁场相对较弱；当齿圈位于图 1-10b 所示的位置时，穿过霍尔元件的磁力线集中，磁场相对较强。随着齿圈的运转，穿过霍尔元件的磁力线密度发生变化，从而产生霍尔电压的变化，霍尔元件输出一个 mV 级的准正弦波电压，此电压信号由控制电路转换成标准的脉冲电压信号后输入 ABS 的电控单元，ABS 电控单元即通过检测脉冲电压信号来检测车轮速度。

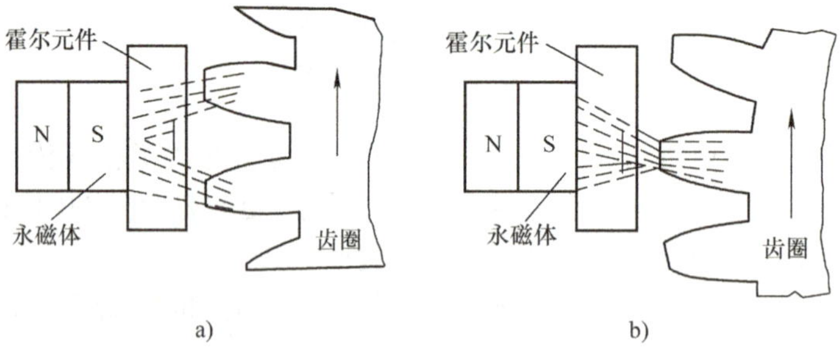

图 1-10　霍尔式车轮转速传感器磁路

5. 执行机构

ABS 执行机构主要由制动压力调节器（液压泵、电动机、电磁阀）、ABS 警告灯等组成。制动压力调节器根据 ABS 电控单元的指令来调节各车轮制动器的制动力。当 ABS 出现故障时，ABS 警告灯点亮，用来提示驾驶人。

（1）ABS 液压调节器

1）作用。ABS 液压调节器又称 ABS 液压控制单元（HCU），它是 ABS 最主要的执行器，ABS 的很多元件都安装在调节器内部。液压调节器主要根据 ECU 的信号，通过控制内部电磁阀的工作来改变各车轮油压管路的通断，调整各轮的制动液压以控制车轮旋转状态，从而保证在各车轮有最佳制动效能的同时，防止车轮抱死。

2）构造。ABS 液压调节器安装在制动主缸与轮缸之间，由电磁阀、储液器、液压泵和电动机等组成，如图 1-11 所示，有些液压调节器还有蓄压器和压力开关。液压单元（HCU）为非维修件，不能分解，要整体替换。

3）安装位置。液压调节器都安装在发动机舱内，有的与制动主缸做成一个整体，有的独立安装。

4）分类。液压调节器根据原理不同分为循环式和变容式。循环式液压调节器主要利用制动液在制动主缸和制动轮缸之间的不断循环来实现轮缸压力的增大、减小和保持；而变容式液压调节器则利用容积变化控制增压、减压、保压工作。

循环式液压调节器根据结构不同又分为整体式液压调节器和分体液压调节器。整体式液

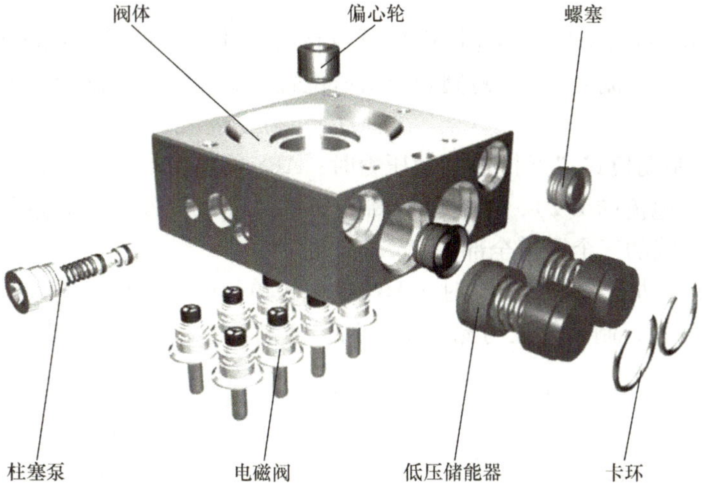

图 1-11 液压调节器的组成

压调节器即液压调节器和制动主缸安装成一个整体，分体式液压调节器即液压调节器和制动主缸独立安装。

(2) 液压泵

1) 作用。

① 在 ABS 压力减小时，将制动液从轮缸中送回制动主缸。

② 促进油液在系统中循环。

2) 工作时机。

① 在系统自检以及 ABS 和 TCS 工作时，泵电动机会工作。

② 在没有蓄压器的液压制动系统中，电动液压泵由 ABS 的电控单元控制，其作用是在减压时，将制动轮缸回流的制动液（在储液器内）泵送回制动主缸。

③ 在装有蓄压器的液压制动系统中，电动液压泵由压力开关通过继电器进行控制，或者由压力开关将压力过低信号发送给 ECU，由 ECU 控制液压泵工作，提高蓄压器的压力到正常范围，其作用是将制动轮缸回流的制动液（储液器内）泵送到蓄压器。

3) 结构原理。ABS 所用的液压泵一般都是由偏心轮（偏心轴承）驱动的柱塞式液压泵，液压泵的偏心轮由电动机驱动。液压泵电动机通电时，偏心轴承驱动柱塞上下运动，当柱塞向下运动时，出油止回阀关闭，进油止回阀打开，储液器内的低压制动液进入柱塞室；当柱塞向上运动时，进油止回阀关闭，柱塞内的压力升高，进而推开出油止回阀，经高压油管将制动液泵出。

(3) 电磁阀　电磁阀是液压控制单元中的重要部件，由它完成对 ABS 系统各车轮制动力的控制，而流过电磁线圈的电流受 ABS 电控单元的控制。

循环式制动压力调节器采用的电磁阀有二位二通电磁阀和三位三通电磁阀。二位二通电磁阀结构简单，它共有两个位置，用来控制两个液压管路的通断。三位三通电磁阀的基本结构及工作原理如图 1-12a 所示，阀上有三个通道（即三通），分别与制动主缸、制动轮缸和储液器连接；ABS 的电控单元控制流过电磁线圈的电流，使阀有如下三种不同的位置（即三位）：

1）在普通制动模式（ABS 不起作用）下或在防抱死制动模式（ABS 起作用）“增压”时，流过电磁线圈的电流为 0，电磁阀处于增压位置，制动主缸与制动轮缸连通，通储液器的通道关闭。

2）在防抱死制动模式“保持”制动压力时，ABS 的电控单元向电磁线圈提供一个较小的电流（约为最大电流的 1/2），使电磁线圈处于“保持”位置，阀上分别与制动主缸、制动轮缸和储液器连接的三个通道全部关闭。

3）在防抱死制动模式“减压”时，ABS 的电控单元向电磁线圈通入最大电流，使电磁阀处于“减压”位置，制动轮缸与储液器连通，通制动主缸的通道关闭，如图 1-12b 所示（见彩插）。

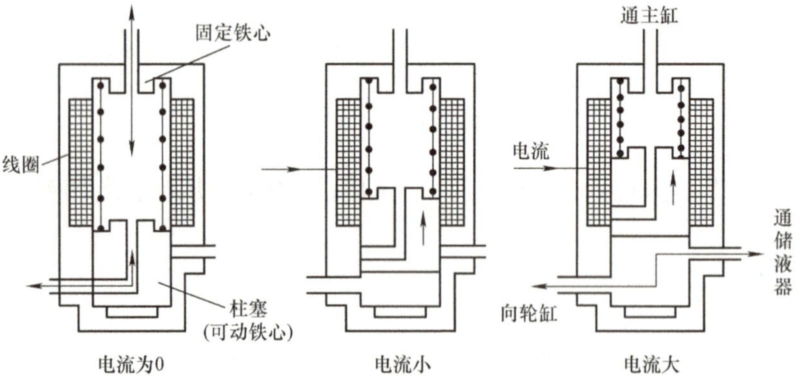

a)

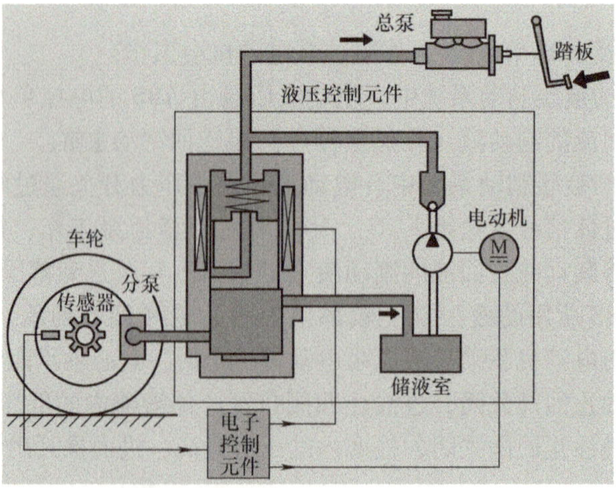

b)

图 1-12　三位三通电磁阀

a）三位三通电磁阀的基本结构及工作原理　b）ABS 减压过程

二位二通电磁阀的电阻：进油电磁阀为 11～15Ω，出油电磁阀为 3～5Ω；三位三通电磁阀的电阻一般为 0.7～7Ω，电磁阀继电器的电阻为 50～100Ω。

（4）指示灯　制动系统一般有两个灯：ABS 警告灯和驻车制动指示灯，如图 1-13 和图 1-14 所示。

图 1-13　ABS 警告灯（黄色）

图 1-14　驻车制动指示灯（红色）

黄色灯的一般标记为 ABS 或 ANTI－LOCK 或 ABS/ASR，灯常亮表示 ABS 失效，采用常规制动。

红色灯的一般标记为制动灯，灯常亮表示常规制动系统有故障。故障出现时应检查如下内容：

1）驻车制动没有松开或线路故障。驻车制动开关和液位开关的检测规范见表 1-2 和表 1-3。

表 1-2　驻车制动开关检测规范

状态	端子和壳体间的电阻/Ω
拉驻车制动器	0～1
放开驻车制动器	∞

表 1-3　液位开关检测规范

油位	电阻值/Ω
正常	∞
过低	0～1

2）制动液位过低。液位指示灯开关内有两个触点，当制动液面下降到一定程度时，上面的触点闭合，下面的触点打开，上面触点闭合点亮了红色制动指示灯，下面触点打开切断了通向 ABS 电控单元的电路，黄色或琥珀色 ABS 指示灯亮，ABS 失效。

3）制动灯泡老化或损坏。在更换制动灯泡时，要选用相同的功率，否则更换制动灯泡后制动灯也不会熄灭。

4）制动灯泡监控传感器故障。在丰田、本田、马自达等很多车型中安装有制动灯故障传感器，该传感器一般安装在行李箱左后制动灯或者右后制动灯泡旁边，用来监控制动灯泡是否老化或损坏，当灯泡老化或损坏后，故障灯点亮。

6. ABS 控制单元

（1）ABS 控制单元的作用　ABS 控制单元的功用是接收轮速传感器及其他传感器输入的信号，对这些输入的信号进行测量、比较、分析、放大和处理，通过精确的计算，得出制动时车轮的滑移率、车轮的加速度和减速度，以判断车轮是否有抱死趋势，再由其输出级发出控制命令，控制制动压力调节器执行压力调节器任务；出现故障时执行失效保护功能，并点亮警告灯。ABS电控单元控制图如图1-15所示。

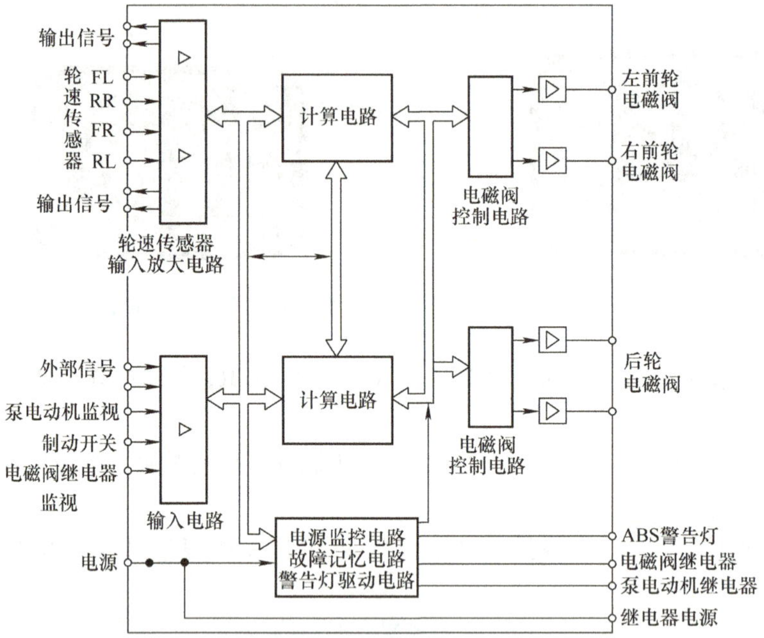

图1-15　ABS电控单元控制图

（2）内部电路　ABS控制单元由输入增幅电路、L. S. I（运算电路、控制电路、安全电路）、电流控制电路、电流增幅电路、电源监控电路、稳压电源电路、故障储存电路、继电器和警告灯组成。输入增幅电路把轮速传感器的交流电压信号转换成矩形波输入L. S. I。L. S. I根据输入增幅电路的信号计算轮速、滑移率等各种控制所需数据，并根据数据把信号输入电流控制电路。电流控制电路通过电流幅值大小来控制液压控制单元内的电磁阀。另外，通过继电器警告灯驱动电路控制液压单元内的泵继电器，系统出现故障时点亮警告灯。

（3）各电路的功能

1）控制电路：组合从计算电路输入的信号，并根据此信号发出控制电磁阀的驱动信号。

2）输入增幅电路：将轮速传感器输入的正弦交流信号转换成脉冲方波，经整形放大后输入运算电路。输入增幅电路主要由低通滤波器和用以抑制干扰并放大转速信号的输入放大器组成。

3）运算电路：根据脉冲方波的信号进行车轮线速度、初始速度、滑移率、加速度及减速度等的运算，以及电磁阀控制参数的运算和监控运算。电控单元中一般设有两套运算电路，同时运算和传递数据，利用各自的运算结果进行比较，相互监视，以确保可靠性。

4）安全电路：监控系统工作状态，并在出现故障时发出故障记忆驱动信号，断开电磁阀继电器，点亮ABS警告灯。

5）电源监控电路：将汽车电源提供的电源变为ECU内部所需的DC 5V标准稳定电压，并进行监控。

6）故障存储电路：用于在出现故障时储存故障状态。

7）稳定化电源监控电路：控制整个系统的电源电路。

8）继电器、警告灯驱动电路：根据安全电路的信号断开继电器电磁阀，点亮警告灯，并断开系统电源。

9）故障安全保护功能：ECU内部相互监控故障与否，出现故障时停止ABS的工作，转入常规制动状态。

10）自诊功能：自我诊断整个系统的工作状态，并在出现故障时记忆故障内容。

二、驱动轮防滑转控制系统（ASR）

1. ASR的作用

在汽车防抱死制动系统中，曾分析了汽车制动时会导致的制动距离加长和操控稳定性降低等问题。其实，汽车起步、加速或行驶在附着系数比较小的路面上时，驱动轮的滑转同样也会导致纵向摩擦因数和横向摩擦因数的减小，使汽车失去稳定的牵引能力和操纵能力。

根据汽车理论知识，汽车在路面上行驶时，其驱动力主要取决于两个方面：第一个是发动机的输出功率和转矩，第二个是路面附着系数。汽车在行驶过程中，如果路面附着系数比较小，则当其起动或加速时，很容易导致车轮附着系数超过最大附着系数，多余的力矩会使车轮打滑，附着力明显降低，使汽车失去稳定的牵引能力和操纵能力。驱动轮防滑转控制系统（ASR，Anti－Slip Regulation System）的作用就是当车轮出现滑转时，通过对滑转侧的车轮施加制动力或控制发动机的输出转矩以抑制车轮的滑转，从而避免汽车牵引力与行驶稳定性的下降。由于防滑转系统都是通过调节驱动轮的驱动力（牵引力）来实现其作用的，因此又被称为汽车牵引力控制系统（TCS，Traction Control System）。

ASR是继ABS后应用于车轮防滑的电子控制系统，当车轮开始滑转时，通过降低发动机的输出转矩来减小传递给驱动车轮的驱动力，以及对驱动轮施加制动力来防止驱动力超过轮胎与路面之间的附着力而导致驱动轮滑转（或通过增大滑转驱动轮的阻力来增加未滑转驱动轮的驱动力，使所有驱动轮的总驱动力增大），从而提高车辆的通过性以及起步、加速时的安全性。因此，装有ASR的车辆能体现高效率的驱动性能和转向性能：

1）提高起步及加速时的稳定性。

2）提高在低摩擦路面上行驶时的安全性和驱动力。

2. ASR的组成

ASR组成原理如图1-16所示。ASR的传感器主要是轮速传感器和节气门位置传感器。ASR与ABS共用轮速传感器，与发动机控制系统共用节气门位置传感器。ASR专用的信号输入装置是ASR选择开关，关闭ASR选择开关，即可停止ASR的使用。

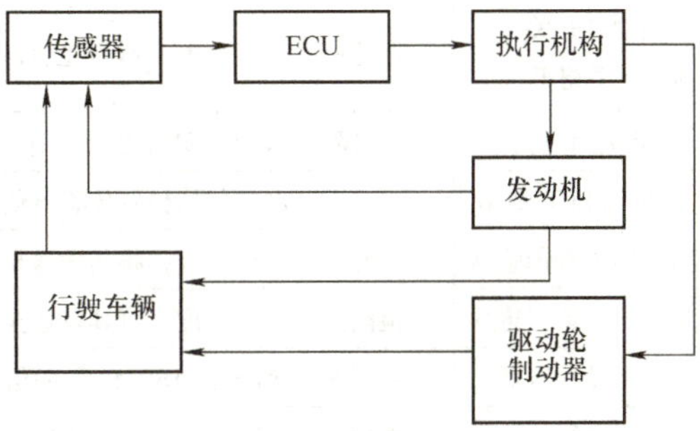

图1-16　ASR组成原理图

ASR执行器包括ASR泵、ASR电磁阀、ASR继电器、辅助节气门执行器等元件。ASR的很多执行器都安装在液压调节器内，ASR制动压力调节器执行ASR电控单元的指令，对滑转车轮施加制动力并控制制动力的大小，以使滑转车轮的滑转率控制在目标范围内。ASR 制动压力源是蓄压器，通过电磁阀来调节驱动车轮制动力的大小。ASR 制动压力调节器有单独式和组合式两种。ASR 的电控单元也是以微处理器为核心，配以输入/输出电路及电源等组成的。ASR 的元件位置如图 1-17 所示。

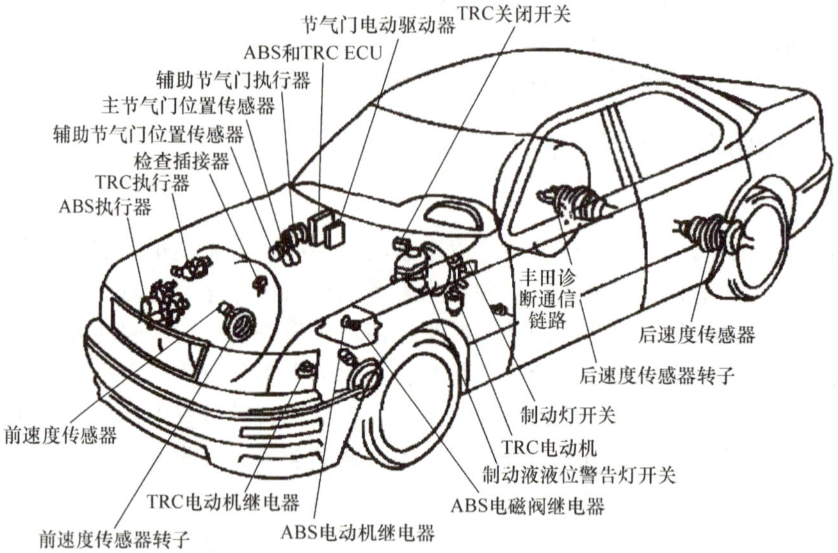

图 1-17　ASR 元件位置图

ASR 各部件的功能见表 1-4。

表 1-4　ASR 各部件功能一览表

部件名称	功　能
ABS/ASR ECU	根据来自前、后轮转速传感器和发动机节气门位置传感器的信号判断行驶情况，将控制信号发送至副节气门执行器和 ASR 制动执行器。同时将信号发送到发动机 ECT 的 ECU，告诉 ECU 有关 ASR 的工作情况。如 ASR 发生故障，则接通 ASR 指示灯警告驾驶人。当设置在诊断模式时，它利用故障码显示每个故障
前、后轮转速传感器	检测车轮转速，将车轮转速信号发送至 ABS 和 ASR 的 ECU
空档起动开关	将变速杆位置信号（“P”或“N”）输入 ABS 和 ASR 的 ECU
制动液面警告开关	检测制动总缸储液室内的液面高度，将信号发送至 ABS 和 ASR 的 ECU
制动灯开关（制动信号灯开关）	检测制动信号（制动踏板是否踩下），将这一数据发送至 ABS 和 ASR 的 ECU
ASR 关闭开关	允许驾驶人使 ASR 系统不工作
发动机和 ECT ECU	接受主、副节气门位置传感器信号，将其发送至 ABS 和 ASR 的 ECU
主节气门位置传感器	检测主节气门开度，将其发送至发动机和 ECT 的 ECU
副节气门位置传感器	检测副节气门开度，将其发送至发动机和 ECT 的 ECU
ASR 制动执行器	根据来自 ABS 和 ASR ECU 的信号，产生和提高液压并将该液压供应至 ABS 执行器
ABS 执行器	根据来自 ABS 和 ASR ECU 的信号，分别控制左、右后轮盘式制动轮缸的液压
副节气门执行器	根据来自 ABS 和 ASR ECU 的信号，控制副节气门的开度

（续）

部件名称	功　能
ASR 指示灯	提示驾驶人 ASR 系统在工作，警告驾驶人系统发生故障
ASR 关闭指示灯	提示驾驶人 ASR 系统因 ABS 或发动机控制系统发生故障而不工作或 ASR 关闭开关断开
ASR 制动主继电器	向 ASR 制动执行器和 ASR 电动机继电器供电
ASR 电动机继电器	向 ASR 泵电动机供电
ASR 节气门继电器	经 ABS 和 ASR ECU 向副节气门执行器供电
泵	将制动液从制动总缸储液罐泵出，提高其压力，然后传送至蓄压器，这是一个电动机驱动柱塞泵
蓄压器	在 ASR 工作时，聚集加压的制动液，并将该制动液供应至盘式制动轮缸。蓄压器中还充有高压氮气，以缓和制动液容积的变化
蓄压器切断电磁阀	在 ASR 工作时，将来自蓄压器的液压传送至盘式制动轮缸
制动主缸切断电磁阀	当蓄压器中的液压正被传送至盘式制动轮缸时，这个电磁阀阻止制动液流回制动主缸
储液罐切断电磁阀	在 ASR 工作时，这个电磁阀使制动液从盘式制动轮缸流回制动主缸储液室

3. ASR 的控制方法

ASR 的控制参数是滑转率，其计算公式如下

$$s_z = \frac{v_q - v}{v_q} \times 100\%$$

式中　s_z——驱动轮滑转率（%）；

v_q——驱动轮轮缘速度（km/h）；

v——汽车车身速度（km/h），实际应用时常以非驱动轮轮缘速度代替。

当车身不动（$v=0$）而驱动车轮转动（$v>0$）时，$s_z=100\%$，车轮处于完全滑转状态。当驱动车轮处于纯滚动状态（$v=v_q$）时，$s_z=0$。控制单元根据各车轮转速传感器信号计算 s_z，当 s_z 的值超过某一限定值时，控制单元向执行机构发出指令控制车轮的滑转。

ASR 的控制方法主要有控制发动机的输出功率、控制驱动轮的制动力、控制防滑转差速器的锁止程度三种类型。

（1）控制发动机的输出转矩　通过调节发动机的输出转矩来调节驱动轮的驱动力是实现防滑转调节的方法之一。这种控制系统能够保证发动机输出与地面提供的驱动转矩达到匹配，因此可以改善燃油经济性，减少轮胎磨损。控制发动机输出转矩的方法有控制点火时间、控制燃油供给量、控制节气门开度等。

1）控制点火时间。由内燃机的工作原理可知：减小汽油发动机的点火提前角或切断个别气缸的点火电流，均可微量降低发动机的输出转矩。现代汽车普遍采用电子点火系统，在汽车行驶过程中，ASR ECU 根据轮速传感器和车速传感器信号即可计算确定驱动轮防滑转率的大小；通过减小点火提前角，即可微量降低发动机的输出转矩。当驱动轮的滑转率很大，利用延迟点火不能达到控制滑转率的目的时，则可中断个别气缸点火来进一步减小滑转率。

2）控制燃油供给量。短时间内中断供油也可微量调节发动机的输出转矩，但响应速度没有减小点火提前角迅速。这种控制方法适用于采用燃油喷射系统的汽油发动机或柴油发动

机汽车。在采用电子加速踏板的汽车上，根据加速踏板行程大小，通过调节汽油发动机节气门开度或柴油发动机喷射泵的拉杆位置，使进气量或供油量发生改变，即可调节发动机的输出转矩。

3）控制节气门开度。控制节气门位置（开度）可以控制进入气缸的进气量，从而能够显著改变发动机的输出转矩，现代汽车（如丰田凌志 LS300、LS400 型，皇冠 3.0 型轿车等）普遍采用这种方式。

在采用电子控制燃油喷射系统（EFI）的汽车上，ASR ECU 根据轮速传感器和车速传感器信号计算确定驱动轮滑转率的大小之后，通过控制节气门开度和燃油喷射量等即可调节发动机的输出转矩。当驱动轮滑转率超出规定值范围时，ASR ECU 便向执行器发出控制指令，减少节气门的开度、缩短喷油器喷射时间或中断个别喷油器喷油，便可迅速降低发动机的输出转矩，从而防止驱动轮滑转，如图 1-18 所示。

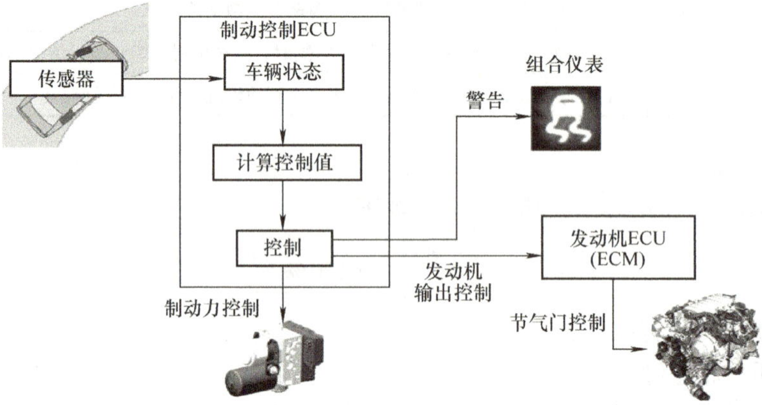

图 1-18　控制制动力及发动机输出

（2）控制驱动轮的制动力　控制驱动轮的制动力实际上是利用差速器的差速作用（效能）来获得较大的驱动力。控制方法如图 1-19 所示。

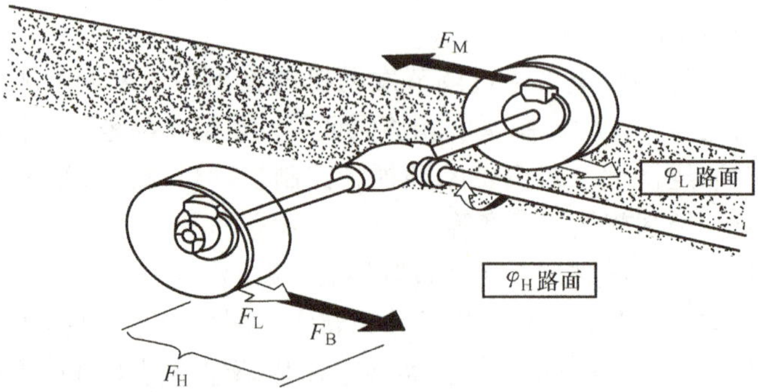

图 1-19　作用在驱动轮上的纵向力示意图

处于高附着系数 φ_H 路面上的右侧驱动轮能够产生的驱动附着力为 F_H，处于低附着系数 φ_L 路面上的左侧驱动轮能够产生的驱动附着力为 F_L。根据差速器转矩等量分配特性，此时汽车驱动轮上的力只取决于低附着系数路面上的驱动附着力 F_L。尽管右侧驱动轮能够产生的驱动附着力为 F_H，但是其获得的驱动附着力只能与左侧驱动轮产生的驱动附着力 F_L 相等（$F_H = F_L$），即两只驱动轮能够获得的驱动附着力为 $F_{tL} = F_L + F_H = 2F_L$。为了阻止低附着系数路面上行驶的左侧驱动轮产生滑转，对其施加一个制动力 F_B，通过差速器转矩等量分配特性的作用，在右侧驱动轮上也会产生作用力 F_B（$F_H = F_L + F_B$）。此时，两只驱动轮能够获得的驱动附着力就为 $F_{tL} = F_L + F_H = 2F_L + F_B$，即驱动附着力使制动力 F_B 的增大，发动机的输出转矩就可按增大后的驱动力进行调节。

对驱动轮施加制动力是使驱动轮保持最佳滑转率且响应速度较快的控制方法，一般作为仅采用控制节气门开度来调节发动机输出转矩的补充手段。在设计控制系统时，为了保证乘坐舒适性，制动力不能太大；此外，为了避免制动器过热，施加制动力的时间不能过长，因此，这种方法只限于低速行驶时短时间使用。

（3）控制差速器的锁止程度　控制差速器的锁止程度必须采用防滑转差速器进行控制。防滑转差速器是一种由电控单元控制的可锁止差速器。

在防滑转差速器向车轮输出驱动力的输出的端设置有一个离合器，用来调节作用在离合片上的油液压力，即可调节差速器的锁止程度。当油压逐渐降低时，差速器锁止程度逐渐减小，传递给驱动轮的驱动力就逐渐减小；反之，当油压升高时，驱动力将逐渐增大。油液压力来自储压器的高压油液，压力大小由防滑转调节系统的电控单元（ASR ECU）通过控制电磁阀使压力“升高”或“降低”进行调节，并由压力传感器和驱动轮上的轮速传感器反馈给电控单元，从而实现反馈控制。通过调节防滑转差速器的锁止程度，即可调节传递给驱动轮的驱动力。所以汽车在各种附着系数不同的路面上起步和行驶时，都具有较好的稳定性和操作性；对于越野汽车，则可大大提高其越野通过性。

4. 工作原理与工作过程

在正常制动中（ASR 未起动），当施加制动力时，ASR 制动执行器中的所有电磁阀（制动总缸切断电磁阀、蓄压器切断电磁阀、储液室切断电磁阀）都关断。如图1-20所示，当 ASR 在此状态下，制动踏板被踩下时，制动总缸内产生的液压经制动总缸切断电磁阀和 ABS 执行器的三位置电磁阀作用在盘式制动轮缸上；松开制动踏板时，制动液从盘式制动轮缸流回制动总缸。

车辆加速时，由 ABS 和 ASR ECU 控制转矩和后轮的制动，以免发生空转。左、右后轮制动器中的液压分别由三种模式（压力提高、保持和降低）控制。

（1）压力提高模式　当踩下加速踏板，一个后轮开始空转时，ASR 执行器的所有电磁阀都与来自 ECU 的信号接通，同时，ABS 执行器的三个位置电磁阀也转接至压力提高模式，如图 1-21 所示。在这一模式下，制动总缸电磁阀接通（闭合），蓄压器切断电磁阀接通（打开），蓄压器中的加压制动液经蓄压器切断电磁阀和 ABS 中的三位置电磁阀，作用在盘式制动轮缸上。当压力传感器开关检测到蓄压器中的压力下降时，不论 ASR 如何工作，ECU 都接通 ASR 泵以提高液压。

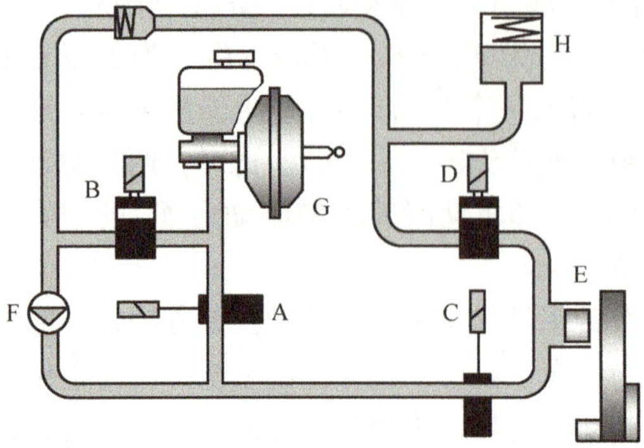

图 1-20　正常制动时的液压流程图

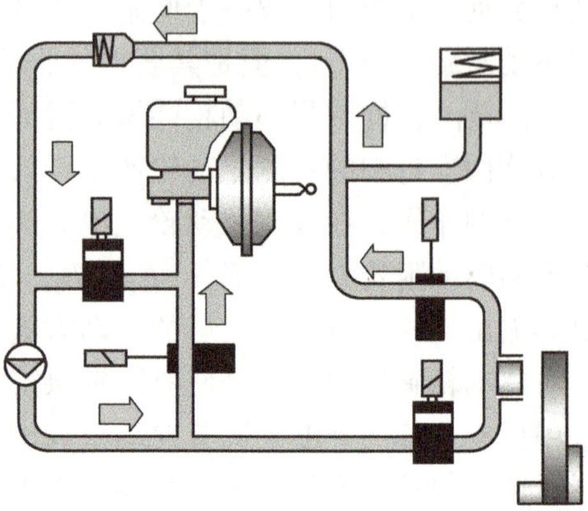

图 1-21　压力提高模式液压工作流程图

（2）压力保持模式　如图 1-22 所示，当后轮盘式制动轮缸中的液压提高或降低到所需要的压力时，系统就切换至压力保持模式。ABS 泵制动总缸切断电磁阀、蓄压器切断电磁阀、储液室切断电磁阀均接通。模式转换是由 ABS 执行器三位置电磁阀的切断完成的，其结果是阻止蓄压器中的压力降低，保持盘式制动器轮缸中的液压。

（3）压力降低模式　当需要降低后轮盘式制动轮缸中的液压时，ABS 和 ASR ECU 将 ABS 执行器的三位置电磁阀转换至压力降低模式。这就使盘式制动轮缸中的液压经 ABS 三位置电磁阀和储液室切断电磁阀流回制动总缸储液罐，导致液压降低，如图 1-23 所示，这时 ABS 执行器泵保持不工作。

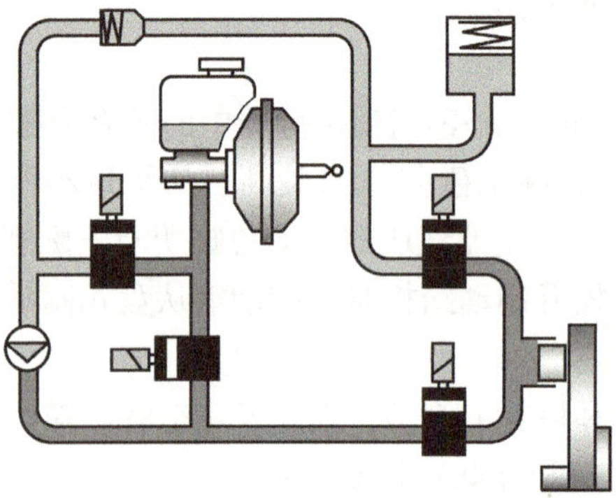

图 1-22　压力保持模式液压工作流程图

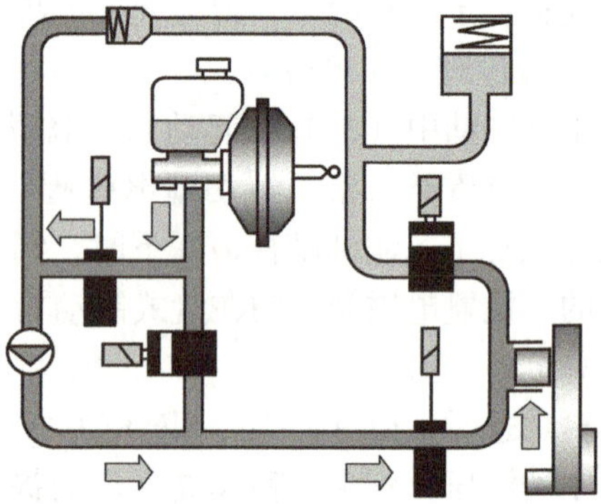

图 1-23　压力降低模式液压工作流程图

三、车身稳定性控制系统

1. 车身稳定性控制系统（ESP）的作用

当汽车在湿滑的路面上行驶时，如果前轮受到侧向力的作用而发生侧滑，就会失去路径跟踪能力（又称为循迹能力）而偏离行驶轨迹；如果后轮受到侧向力的作用而发生侧滑（如转动转向盘用力过猛即转向过度，后轮将产生较大的侧偏角），后轮就会侧滑甩尾而失去稳定性，如图 1-24 所示。

车身稳定性控制系统（ESP）是在制动防抱死系统（ABS）和驱动轮防滑转控制系统

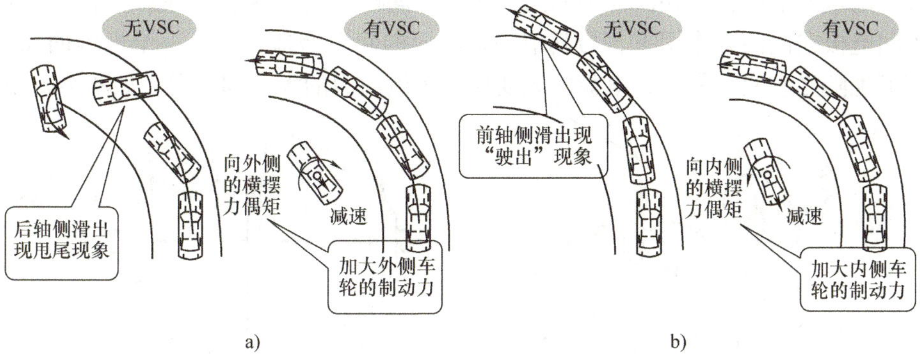

图1-24　传统车辆与装备ESP的车辆在急转弯时的比较

a）抑制后轮侧滑　b）抑制前轮侧滑

（ASR）的基础上发展而来的车辆辅助控制系统，其功用是当汽车在湿滑的路面上行驶，其前轮或后轮发生侧滑时，自动调节各车轮的驱动力和制动力，确保车辆稳定行驶，如图1-25所示。

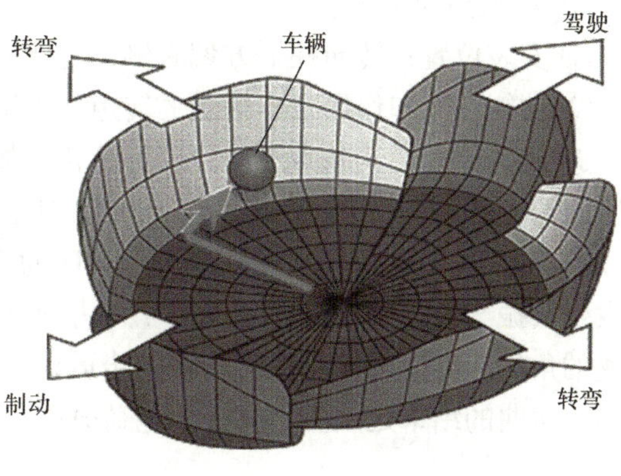

图1-25　ESP作用示意图

2. 车身稳定性控制系统的组成

为了提高汽车行驶的安全性和稳定性，一些高档轿车都采用了车身稳定性控制系统ESP。ESP由传感器、电控单元（ESP ECU）和执行器三部分组成。因为ESP是ABS和ASR的完善和补充，所以ESP的大部分控制部件都可与ABS和ASR共用。为了实现防止车轮侧滑的功能，在ABS和ASR的基础上，ESP的传感器部分需要增设用于检测汽车状态的横摆率传感器、转向盘转角（转向角）传感器、横向加速度传感器以及检测制动主缸（总泵）压力的制动液压力传感器。ESP ECU需要增强运算能力，增加相应的信号处理电路、驱动放大电路和软件程序等，ESP ECU一般都与ABS ECU和TRC ECU组合为一体，称为ABS/TRC/ESP ECU。执行器部分既可像ABS或TRC那样单独设置压力调节器和发动机输出转矩调节器，也可对液压通道进行适当改进，直接利用ABS和TRC已有的调节装置对制动力和发动机输出转矩进行调节。除此之外，还需要设置ESP故障指示灯、ESP蜂鸣器等指示与报警装置。

（1）ESP传感器

1）侧向加速度传感器。

① 安装位置：转向柱下方偏右侧，与横摆角速度传感器一体。

② 作用：确定侧向力。

③ 失效影响：没有侧向加速度传感器的信号，无法识别车辆状态。

④ ESP失效测量精度：1.2V/g。

⑤ 测量范围：±1.7g（加速度），信号为0~2.5V 。

⑥ 结构原理：按电容器原理工作，即两个串联电容、中间极片可在作用力下运动，电

容可吸收一定量的电荷，只要没有侧向力作用在中间极片上，两电容间隙就保持恒定，电容相等。中间电极在侧向力作用下，与其中一个电容的间隙增加，与另一个电容的间隙减小，串联电容值也随之改变。最终，电荷的改变决定了侧向力的大小和方向，如图 1-26 所示。

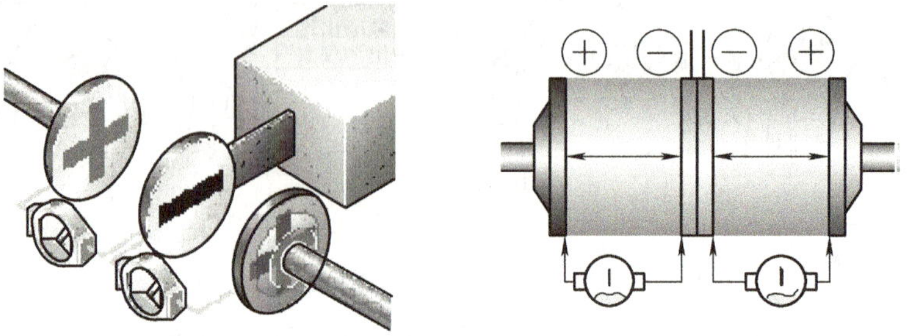

图 1-26　侧向加速度传感器结构原理图

2）横摆角速度传感器。

① 安装位置：转向柱下方偏右侧，与侧向加速度传感器一体。

② 功能：感知作用在车辆上的转矩，识别车辆围绕垂直地面轴线方向的旋转运动。

③ 结构原理：其基本工作原理可简化成如图 1-27 所示的双调音叉结构，双调音叉由一个励磁调音叉和一个测量调音叉组成，使得激励叉在 11kHz 时发生共振，而测量叉在 11.33kHz 时发生共振，向双叉施加 11kHz 的交变电压，在激励叉上发生共振，而测量叉上不发生共振。发生共振的调音叉对于外力的响应，要比没有发生共振的调音叉慢。这意味着车辆的角加速度使得测量叉与车辆同步运动，而共振叉滞后于车辆的运动，结果是双叉发生扭曲。扭曲的结果是改变了叉上的电荷分配，传感器感知此信号并将其传递给控制单元。

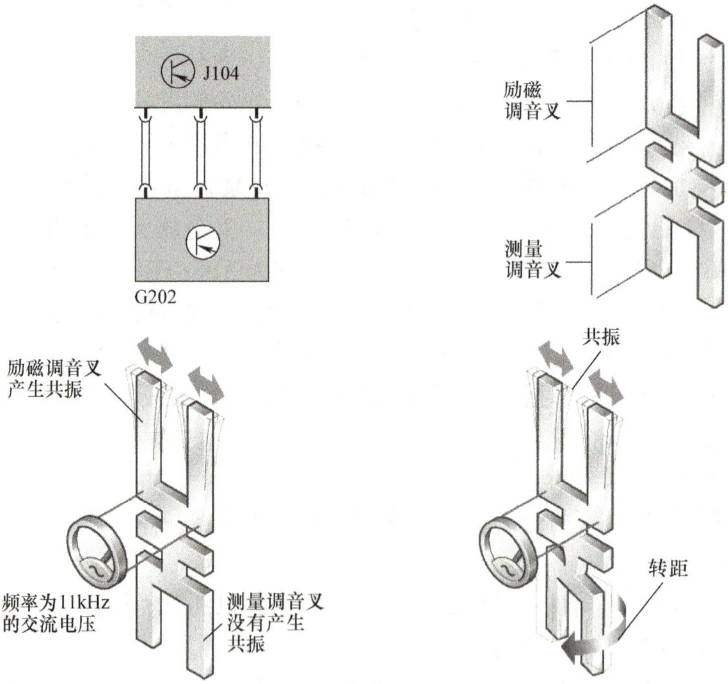

图 1-27　横摆角速度传感器工作原理图

④ 失效影响：若没有此信号，则控制单元将不能识别车辆是否发生转向，ESP 功能失效。

3）纵向加速度传感器。只在四驱车上安装此传感器，如图 1-28 所示。对于单轴驱动车辆，系统通过计算制动压力、车轮转速信号以及发动机管理系统信息，得出纵向加速度。

4）转向盘转向传感器。

① 安装位置：安装在转向柱开关和转向盘之间的转向柱上，与滑环式复位环（安全气囊用）和转向角传感器构成一个整体。

② 功能：向带有 EDS/TCS（ASR）/ESP 的 ABS 控制单元传递转向盘转角信号。其测量范围为 ±720°，测量精度为 1.5°，分辨速度为 1～2000°/s。

③ 原理。

a. 利用光栅原理测量角度，如图 1-29 所示。

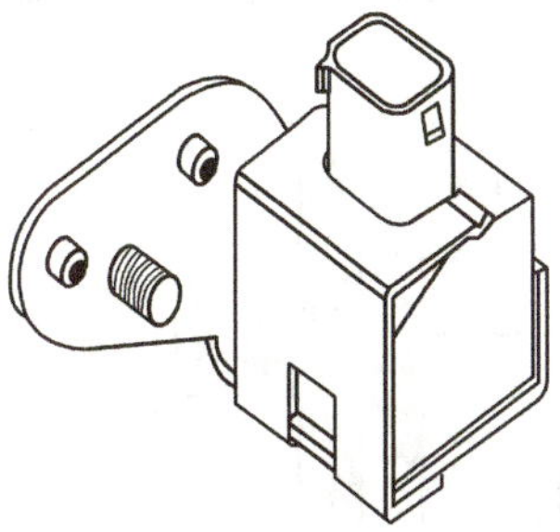

图 1-28　纵向加速度传感器

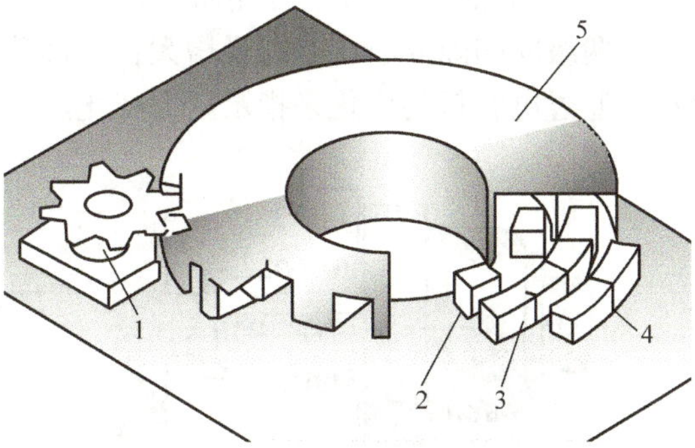

图 1-29　利用光栅原理测量角度

1—整圈计数器　2、4—光学传感器　3—光源　5—编码盘

b. 将常孔的增量模板 1 和绝对模板 2 平行放置，如图 1-30 所示。

如果光通过缝隙照到光学传感器上，就产生了一个信号电压。如果光源被遮掉，则无信号电压产生，移动模块将产生两种信号电压：增量传感器的信号是均匀的，因为增量常孔模板排列均匀；绝对传感器传递的信号不均匀，因为绝对模板上的孔排列不均匀。通过比较两种信号，系统就能算出常孔模板的移动距离，移动的起始位置由绝对模板决定。

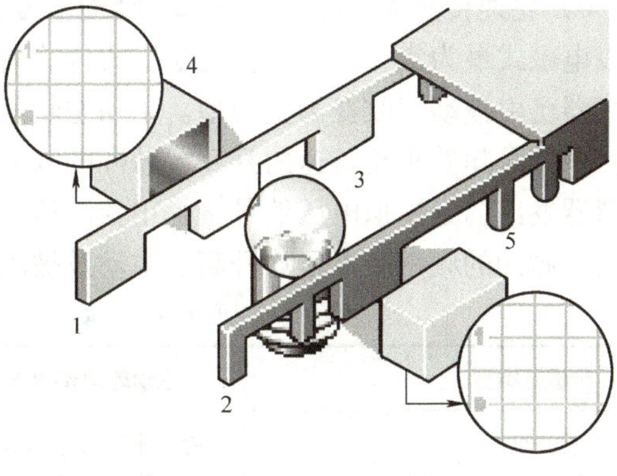

图 1-30　放置方法

1—增量模板　2—绝对模板　3—光源　4、5—光学传感器

④ 失效影响：系统将不能识别车辆的预期行驶方向（驾驶人意愿），导致 ESP 不起作用。

⑤ 初始化：转向盘转角传感器是 ESP 系统中唯一一个直接由总线系统向控制单元传递信号的传感器。打开点火开关后，转向盘被转动 4.5°（相当于 1.5cm），传感器进行初始化。

⑥ 自诊断：更换控制单元或传感器后，需重新标定零点，标定方法及工作参数见自诊断部分。

⑦ 拆装注意事项：安装时，要保证 G85 在正中位置，观察孔内黄色标记可见，然后进行标定。

5）制动液压力传感器。

① 安装位置：安装在主缸上，为最大限度地保证安全，有些系统采用了 2 个传感器。

② 功能：计算制动力，控制预压力。

③ 测量范围：最大测量值为的 170MPa，最大能量消耗为 10mA、5V。

④ 失效影响：ESP 功能不起作用。

⑤ 结构原理：两传感器都是电容型传感器，为便于说明，可用简化的电容器来说明如何感知制动压力，如图 1-31 所示。电容量 C 的大小由两级间间隙 s 决定（其他因素不变），它可存储一定量的电荷。其中一个电极被固定，另一个可在压力作用下移动。可移动电极压力增大时，两级间间隙变小，电容量增大；可移动电极压力降低时，两电极间间隙增大，电容量减小。通过电容量的变化来指示压力变化。

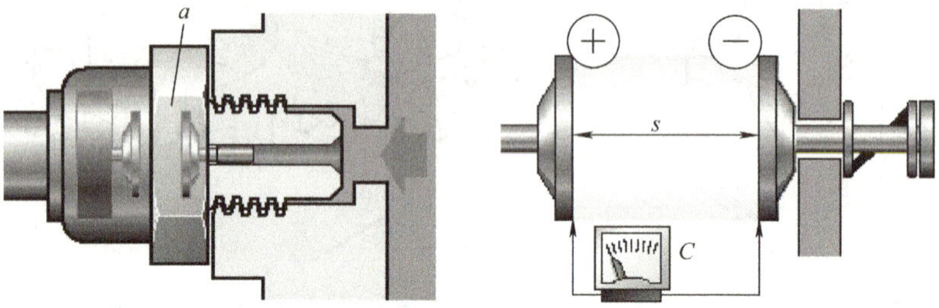

图 1-31　制动压力传感器原理图

6）轮速传感器。轮速传感器从结构上分为电磁式、霍尔式和光电式三种形式，丰田车上以电磁式最为常见，由于普通电磁式传感器存在一定的缺点，故在新款丰田车中，电磁式传感器已由被动型改变为主动型。主动型轮速传感器输出的是数字信号，即方波脉冲电压信号，该信号随着车轮转速的升高，脉冲的频率升高，而传感器信号电压的幅值不变。被动型传感器发出的是模拟电压信号，是正弦波信号，被动型传感器信号随车速的升高，交流电压增大，脉冲的频率和电压均升高。主动及被动型轮速传感器的比较见表 1-5。

表 1-5　主动及被动型轮速传感器比较

传感器类型	主动轮速传感器	被动轮速传感器
检测车速	检测速度约为 0km/h	检测车速大于 3km/h
检测旋转方向	能判断旋转方向	不能判断旋转方向
结构紧凑	转子和轴承集成紧凑，质量轻	—

轮速传感器检测旋转方向的方法如图 1-32 所示。

7）节气门位置传感器。

① 安装位置：安装在节气门体上。

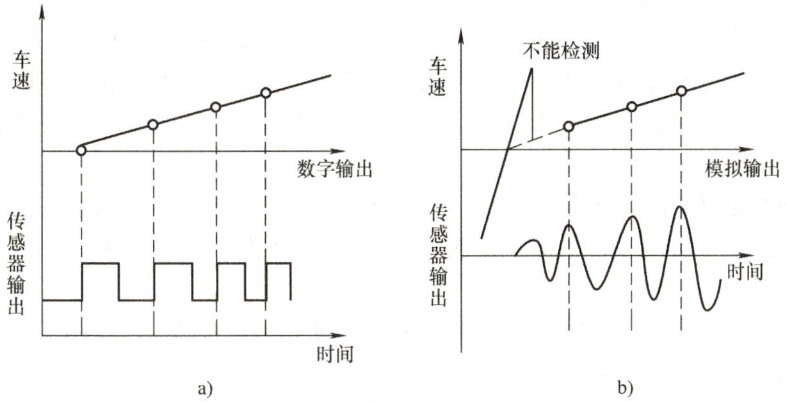

图 1-32 主动和被动型轮速传感器检测车速方法示意图

a）主动型（检测速度大于或等于 0km/h） b）被动型（检测速度大于 3km/h）

② 作用：用于检测驾驶人操纵加速踏板以及由 ESP 执行器调节发动机输出转矩时节气门开度的大小。

8）TRC/ESP 开关。

① 安装位置：安装在仪表板上。

② 作用：按此开关可关闭 ESP/TCS 功能，并由仪表上的警告灯指示出来，再次按压此开关可重新激活 TCS/ESP 功能。如果驾驶人忘记重新激活 TCS/ESP，则再次起动发动机后，系统可被重新激活。在下列情况，有必要关闭 TCS/ESP 开关：

a. 在积雪路面或松软路面上。

b. 安装了防滑链的车辆。

（2）ESP 执行器

1）制动液压调节器。目前，一般都直接利用 ABS 液压调节器来调节制动力。丰田系列轿车将 ABS 液压调节器、TRC 液压调节器和 ESP 液压调节器制成一体，称为制动液压调节器，安装在发动机舱内右前侧。当汽车制动减速使车轮发生滑移时，液压调节器执行 ABS 功能；当车轮发生滑转时，液压调节器执行 TRC 功能；当车身发生侧滑时，液压调节器执行 ESP 功能，通过自动调节各车轮的制动力，实现 ABS、TRC 和 ESP 功能。

液压调节器主要由蓄压器、储液器、回液泵、回液泵电动机、选择电磁阀和控制电磁阀等组成，其结构原理与前述同类装置相似。控制电磁阀在 ESP、TRC 或 ABS 工作时，升高、保持或降低每个车轮制动分泵（轮缸）的制动液压力，调节每个车轮的制动力或驱动力，从而实现 ESP、TRC 或 ABS 功能。

2）节气门执行器。一般采用步进电动机与扇形齿轮配合对发动机副节气门的位置进行控制。丰田系列轿车称为副节气门位置控制步进电动机，安装在发动机节气门旁边，与 TRC 共用。当 ESP 调节发动机输出转矩时，ESP ECU 向步进电动机发出控制指令，步进电动机步进转动，电动机轴一端的驱动齿轮——副节气门轴上的扇形齿轮转动，使副节气门开度减小（副节气门在 TRC、ESP 不起作用时处于全开状态），减少发动机的进气量，使发动机的输出转矩减小。

3. 车身稳定性控制原理

汽车前轮若发生侧滑，则汽车将失去路径跟踪能力（即循迹能力），后轮发生侧滑就会发生甩尾现象。车身稳定性控制主要是指侧滑控制，其控制内容包括两个方面：一是抑制前轮侧滑，保持汽车的路径跟踪能力；二是抑制后轮侧滑，防止车身出现甩尾现象，确保车辆稳定行驶。

ESP 抑制车轮侧滑的原理是利用左、右两侧车轮制动力差产生的横摆力矩，使车身产生一个与侧滑相反的旋转运动，从而防止前轮侧滑失去路径跟踪能力以及防止后轮侧滑甩尾失去行驶稳定性。

（1）抑制前轮侧滑　抑制前轮侧滑时，首先需要通过降低发动机输出转矩使汽车减速，同时需额外增加一个制动力使车身产生向内旋转的运动。因此，在抑制前轮向右侧滑时，必须先向左后轮施加一个制动力，如图 1-33a 所示（图中箭头表示制动力），以便产生向内旋转（沿逆时针方向旋转）的运动；然后再对两前轮施加制动力，使车速降低到某一水平，用以保证汽车的路径跟踪能力和行驶稳定性。同理，抑制前轮向左侧滑时，必须先向右后轮施加一个制动力，如图 1-33b 所示，以便产生向内旋转（沿顺时针方向旋转）的运动，然后再对两前轮施加制动力，使车速降低到某一水平，以保证汽车的路径跟踪能力和行驶稳定性。

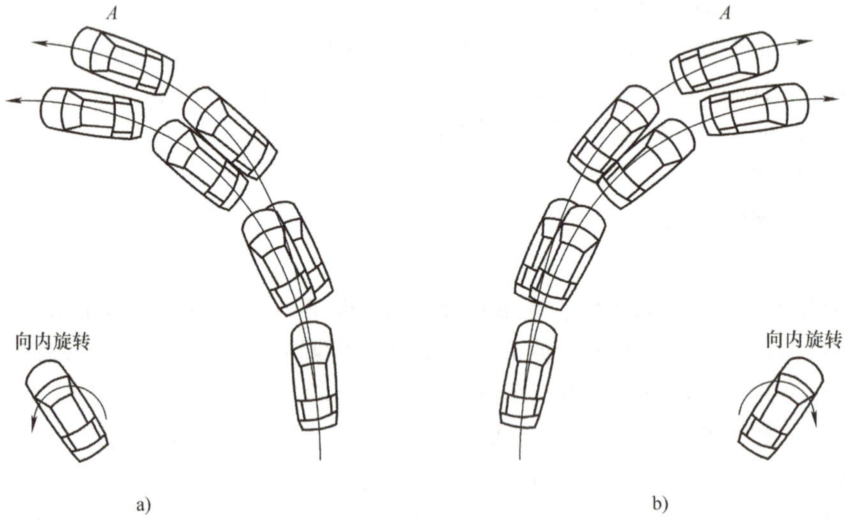

图 1-33　前轮侧滑抑制原理

a）右前轮侧滑的抑制　b）左前轮侧滑的抑制

（2）抑制后轮侧滑　为抵消后轮的侧滑，首先需要通过降低发动机输出转矩使汽车减速，同时额外增加一个向外的旋转运动，用以平衡由侧滑引起的向内运动，防止车身出现甩尾掉头现象。因此，在抑制后轮向右侧滑时，必须在右前轮上额外施加一个制动力，如图 1-34a所示，使车身产生向外旋转（沿顺时针方向旋转）的运动，防止发生甩尾或掉头现象。同理，抑制后轮向左侧滑时，必须在左前轮上额外施加一个制动力，如图 1-34b 所示，使车身产生向外旋转（沿逆时针方向旋转）的运动，防止发生甩尾现象，从而确保汽车稳定行驶。

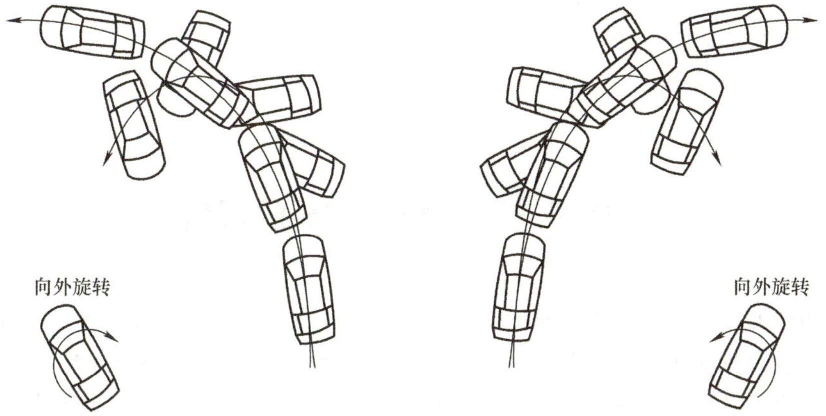

图 1-34　前轮侧滑抑制原理

a）右后轮侧滑的抑制　b）左后轮侧滑的抑制

4. 车身稳定性控制过程

在汽车行驶（特别是在湿滑的路面上转弯）过程中，前轮发生侧滑时会产生较大的侧向（横向）加速度，后轮发生侧滑时则会产生较大的侧偏角，横向加速度传感器和横摆率传感器分别将这两种侧滑产生的信号输入 ABS/TRC/ESP ECU 后，ABS/TRC/ESP ECU 就会向发动机输出转矩调节装置（即副节气门位置控制步进电动机）发出控制指令，使发动机的输出转矩减小以降低车速。与此同时，ABS/TRC/ESP ECU 还要根据制动液压力的高低向液压调节器的电磁阀发出不同占空比的控制脉冲，控制相应车轮的制动力，使车身产生一个与侧滑相反的旋转运动，从而防止前轮侧滑失去路径跟踪能力或防止后轮侧滑甩尾失去行驶稳定性，减少交通事故的发生。

（1）前轮侧滑的控制过程　当前轮向右侧滑时，ABS/TRC/ESP ECU 首先向副节气门执行器发出控制指令，通过使发动机输出转矩减小来降低车速，同时向制动液调节器中左后轮液压通道的电磁阀发出占空比控制脉冲，向左后轮施加一个制动力，以便产生沿逆时针方向旋转的运动，然后再对两轮施加制动力，使车速降低至平稳行驶状态并保持路径跟踪能力。

当前轮向左侧滑时，ABS/TRC/ESP ECU 在控制副节气门执行器使发动机输出转矩减小的同时，还向右后轮液压通道的电磁阀发出占空比控制脉冲，向右后轮施加一个制动力，以便产生沿顺时针方向旋转的运动，然后再对两轮施加制动力，使车速降低至平稳行驶状态并保持路径跟踪能力。

（2）后轮侧滑的控制过程　当后轮向右侧滑时，ABS/TRC/ESP ECU 首先向副节气门执行器发出控制指令，通过使发动机输出转矩减小来降低车速，同时向制动液调节器中右前轮液压通道的电磁阀发出占空比控制脉冲，向右前轮施加一个制动力，使车身产生沿顺时针方向旋转的运动，从而防止发生甩尾或掉头。

当后轮向左侧滑时，ABS/TRC/ESP ECU 在控制副节气门执行器使发动机输出转矩减小的同时，还向左前轮液压通道的电磁阀发出占空比控制脉冲，向左前轮施加一个制动力，以使车身产生沿逆时针方向旋转的运动，防止出现甩尾或掉头现象，从而确保汽车稳定行驶。

【项目实施】

任务一　典型 ABS 的拆装

桑塔纳 2000Gsi 型轿车采用的是美国 ITT 公司的 MK20—Ⅰ型 ABS，它是三通道的 ABS 调节回路，前轮单独调节，后轮则以两轮中地面附着系数低的一侧为依据统一调节。ABS 主要由 ABS 控制器（包括电子控制单元、液压单元、液压泵等）、四个车轮转速传感器、ABS 故障警告灯、制动警告灯等组成。

1. ABS 的卸压方法

对于制动主缸和液压调压器设计在一起的整体式 ABS，由于蓄压器存储着高压，在修理前需要彻底卸压，以免高压油喷出造成人员伤害。首先将点火开关置于“OFF”和“LOCK”位置，然后反复踏制动踏板 20 次以上，当感觉到踩踏板的力明显增加，即感觉不到踩踏板的液压助力时，ABS 系统泄压完成。注意：有的 ABS 在泄压过程中需踩踏的次数较多，甚至需要踩踏 40 次以上。

2. ABS 控制器的拆装方法

（1）拆卸 ABS 控制器总成

1）关闭点火开关，拆下蓄电池及支架。在拆下蓄电池之前，要将 ECU 等电子元件中储存的信息记录下来。

注意事项：

① 先拆下蓄电池负极，然后拆蓄电池正极。

② 在搬放蓄电池时要保持水平，防止液体电解液溢出。

2）拆卸 ABS ECU 的插接器。拔开接头侧的锁止扣，然后拆开 ABS ECU 的插接器。

注意事项：在拆 ABS ECU 的插接器时，不要直接拔插接器上的连接线，应拿着插接器的壳体，再将其拆开。

3）踩下踏板，并用踏板架定位。

4）在 ABS 控制器下垫一块布，用来吸干从开口处流出的制动液。

5）拆下制动主缸到液压控制单元的制动油管 A、B 和液压控制单元通到各轮的制动油管 1 ~4，如图 1-35 所示。

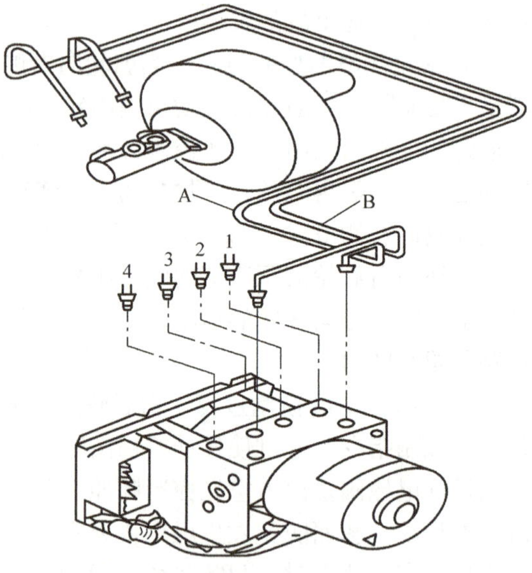

图 1-35　各制动油管与液压控制单元之间的关系

注意事项：

① 制动油管拆下后应用软铅丝扎在一起并挂到高处，使开口处高于制动储液罐的油平面，并立即将开口部封住。

② 在制动油管上做好记号。

6）从支架上拆下 ABS 控制器。

注意事项：

① 操作中必须特别小心，不能使制动液渗入到 ABS ECU 壳体中去。

② 如果壳体脏，可用压缩空气吹净。

(2) ABS 控制器的分解

1）压下接头侧的锁止扣，拔下控制单元上的液压泵（V64）电线插头。

2）用专用套筒扳手拆下 ABS ECU 与液压控制单元的四个连接螺栓，如图 1-36 所示。

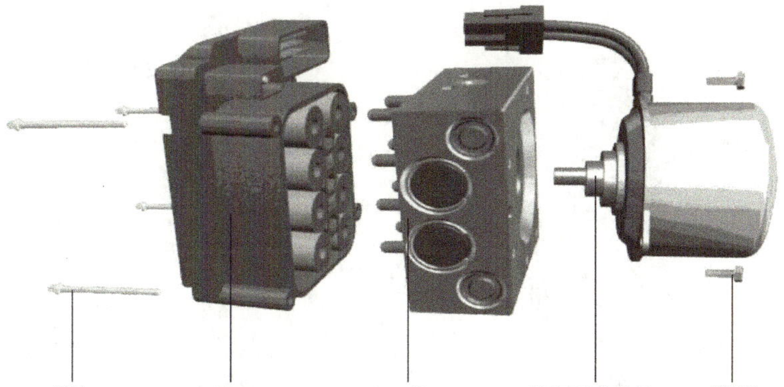

图 1-36　液压单元总成分解图

3）将液压控制单元与电子控制单元分离。注意：拆下液压控制单元时要直拉，以防对其造成损坏。

4）在 ABS ECU 的电磁阀上盖一块不起毛的布。

5）把液压控制单元和液压泵安放在专用支架上，以免在搬运时碰坏阀体。

(3) ABS 控制器的装配

1）装配场地必须清洁，不允许有灰尘及脏物。

2）把 ABS 液压控制单元和 ECU 装成一体，用专用套筒扳手拧紧新的螺栓，拧紧力矩不得超过 4N · m。

3）插上液压泵电线插头，注意锁扣必须到位。

(4) ABS 控制器的安装　ABS 液压控制单元开口处的密封塞，只有在制动油管要装上去的时候才能拆下，以免异物进入制动系统。

1）将 ABS 控制器装到架上，以 10N · m 的力矩拧紧固定螺栓。

2）拆下液压口处的密封塞，装上各轮制动油管，检查油管位置是否正确，以 20N · m 的力矩拧紧管接头。

3）装上连接主缸的制动油管 A 和 B，以 20N · m 的力矩拧紧管接头。

4）插上 ABS ECU 线束插头。

5）对 ABS 系统充液和放气。

6）试车检测 ABS 功能，应感到踏板有反弹。

(5) 前轮转速传感器的拆装

1）拆卸前轮转速传感器。先拔下传感器导线插头，再拧下内六角圆柱头螺栓，然后拆下前轮转速传感器。

2）安装前轮转速传感器。安装前轮转速传感器之前，先清洁传感器的安装孔内表面，并涂上固体润滑膏，然后装入转速传感器，以 10N·m 的力矩拧紧内六角圆柱头螺栓，最后插上导线插头。

(6) 后轮转速传感器的拆装

1）先翻起汽车后坐垫，根据图 1-37 所示转速传感器的安装位置，拔下后轮转速传感器的连接插头。

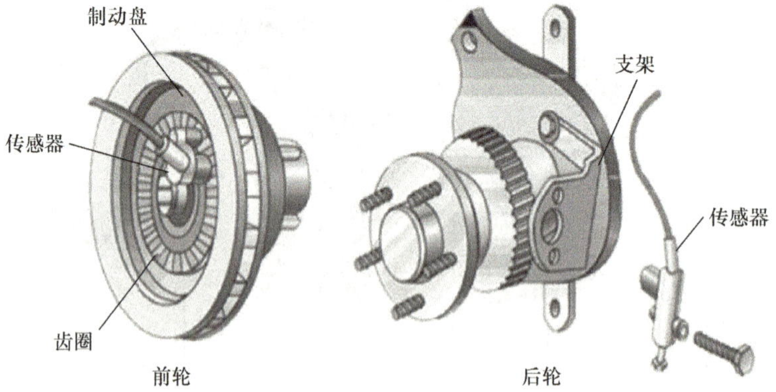

图 1-37 转速传感器的安装位置

2）拧下传感器的内六角圆柱头螺栓，然后拆下后轮转速传感器。

(7) 后轮转速传感器的安装　后轮转速传感器的安装顺序与拆卸顺序相反，但应注意安装后轮转速传感器之前，应先清洁传感器的安装孔内表面，并涂上固体润滑膏，然后装入转速传感器，以 10N·m 的力矩拧紧内六角圆柱头螺栓。

任务二　ABS 主要元件的检测

桑塔纳 2000Gsi 型轿车的 MK20—Ⅰ型 ABS 控制电路图如图 1-38 所示。

1. 车轮转速传感器的检测

(1) 检测转速传感器的电阻值

1）将点火开关置于“OFF”位置。

2）分别拔下前轮、后轮转速传感器的插接器。

3）用万用表直接检测各个转速传感器的电阻值，其阻值若不符合要求（标准值为 1～1.3kΩ），则应更换新的转速传感器。

(2) 检测转速传感器的信号电压

1）将点火开关置于“OFF”位置。

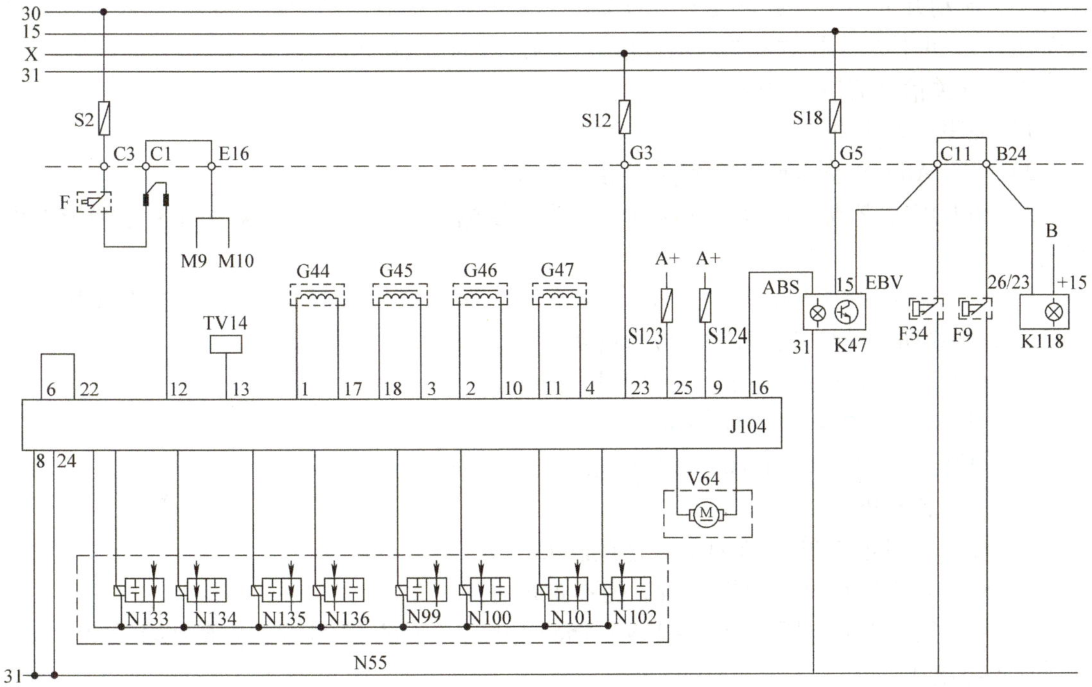

图 1-38　MK20—Ⅰ型 ABS 控制电路图

A—蓄电池　B—在仪表内 +15　F—制动灯开关　F9—驻车制动指示灯开关　F34—制动液位报警信号开关　G44—右后轮速度传感器　G45—右前轮速度传感器　G46—左后轮速度传感器　G47—左前轮速度传感器　J104—ABS 及 EBV 的电子控制单元　K47—ABS 警告灯　K118—驻车制动、制动液位警告灯　M9—左制动灯　M10—右制动灯　N55—ABS 及 EBV 的液压单元　N99—ABS 右前进油阀　N100—ABS 右前出油阀　N101—ABS 左前进油阀　N102—ABS 左前出油阀　N133—ABS 右后进油阀　N134—ABS 右后出油阀　N135—ABS 左后进油阀　N136—ABS 左后出油阀　S2、S18—熔丝（10A）　S12—熔丝（15A）　S123—液压泵熔丝（30A）　S124—电磁阀熔丝（30A）　TV14—诊断插口　V64—ABS 液压泵

2）拔下 ABS 电控单元的线束插头。

3）举升汽车，使四个车轮均离开地面。

4）以 1r/s 的速度转动车轮。

5）用万用表的交流档（ACV ×2V）检测 ABS 电控单元的线束插头上，车轮转速传感器的两个端子之间的信号电压值（标准值为 190 ~ 1140mV）。

（3）检查各个转速传感器的磁头与齿圈的间隙　当车轮速度传感器出现故障时，不能说明一定是传感器损坏，传感器磁头脏污、传感器的空气间隙没有达到要求，都会引起传感器的工作不良。在转速传感器齿圈上取 4 各点，用无磁性塞尺分别测量转速传感器的磁头与齿圈间的间隙，各点处的间隙均应符合标准要求（标准值：前轮转速传感器为 1.10 ~ 1.97mm；后轮转速传感器为 0.42 ~ 0.80mm）。

（4）检查齿圈　若转速传感器的齿圈若有变形、断齿等现象，则应更换齿圈。当轮速传感器的齿圈若被异物堵塞时，应清除异物。

2. 制动开关信号的检测

制动灯信号用来获得驾驶人制动信号，从而解除变速杆锁定，并解除巡航系统工作。在

ABS 中，制动开关信号也是系统工作的重要信号之一。当制动踏板踩下 40% 行程后（制动开关闭合），电控单元接收一个高电位信号；与此同时，制动灯点亮。

制动开关信号的检测步骤如下：

1）关闭点火开关。

2）拔下 ABS 电控单元 25 针线束连接插头。

3）用万用表直流电压（DCV ×20V）档测量电控单元的 12 号端子与 8 号端子的电压值。

4）未踏制动踏板时，电压值应为 0.0 ~ 0.5V。如果电压等于电源电压（10.0 ~ 14.5V），则说明制动灯开关短路，应予更换。

5）踩下制动踏板时，电压值应等于电源电压。

3. 电控单元相关电源电压的检测

（1）检测液压泵电动机 V64 的供电电压

1）关闭点火开关。

2）拔下 ABS 电控单元 25 针线束连接插头。

3）使点火开关处于“ON”位置，但不要起动发动机。

4）用万用表直流电压（DCV ×20V）档测量电控单元的 25 号端子与 8 号端子的电压值应等于电源电压。

（2）检测电磁阀的供电电压 用万用表直流电压（DCV ×20V）档测量电控单元的 9 号端子与 8 号端子的电压值应等于电源电压。

（3）检测 ABS 电控单元的供电电压 用万用表直流电压（DCV ×20V）档测量电控单元的 23 号端子与 8 号端子的电压值应等于电源电压。

注意事项：

① 如果电压过低，则说明 ABS ECU 搭铁线、蓄电池搭铁线以及蓄电池正、负极柱电缆接头接触不良或蓄电池亏电，应分别进行检修。

② 如果没有电压，可能是相关电路中的熔丝、线路断路，应分别进行检修。

任务三 ABS 故障诊断思路的形成

1. ABS 典型故障诊断流程

对 ABS 故障警告灯常亮的桑塔纳 2000Gsi 读取故障码，故障码显示为 00287（右后轮速传感器 G44 出现故障）。根据 ABS 系统诊断流程图进行下一步的操作——参照故障码表进行维修，分别对转速传感器的电阻值、信号电压、转速传感器的磁头与齿圈的间隙及其线束等方面进行了检测。在检测过程中，发现转速传感器的电阻值已超出标准值，于是更换转速传感器，清除故障码并试车，故障排除。

下面就以桑塔纳 2000Gsi 为例，介绍 ABS 典型故障诊断流程。该车型的典型故障可归纳为三种类型，即偶发性故障、无故障码故障、有故障码故障。ABS 诊断流程图如图 1-39 所示。

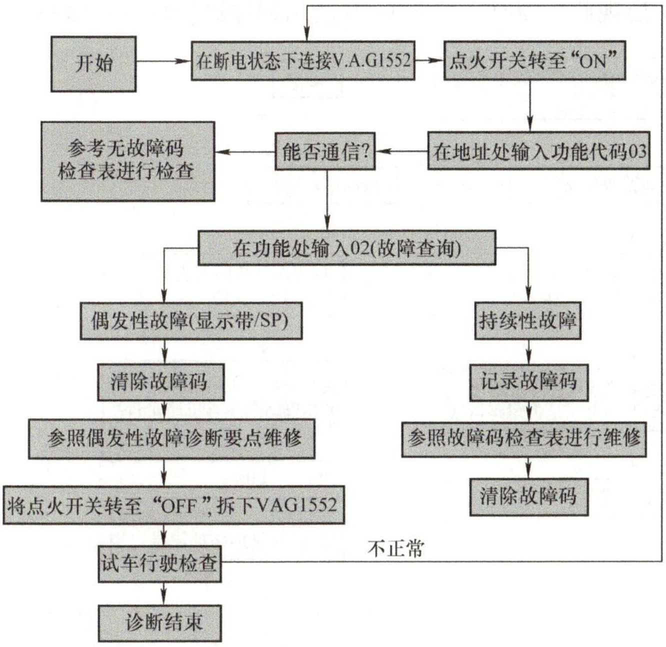

图 1-39 ABS 诊断流程图

(1) 偶发性故障的诊断　在电子控制系统中，在电气线路和输入、输出信号的地方，可能出现瞬时接触不良问题，从而导致偶发性故障或在 ECU 自检时留下故障码。如果故障原因持续存在，那么根据故障码检查表就可以发现不正常的部位，不过有时候故障发生的原因会自行消失，所以不容易找出引发问题的原因。在这种情况下，可按下列方式模拟故障，检查故障是否再现。

1）当振动可能是主要原因时，依次轻轻地上下左右摇动接头、线束、传感器以及其他运动件（如车轮轴承等）。

如果线束有扭断或因拉得太紧而断裂，就必须更换新件，尤其是传感器在车辆运动时因为悬架系统的上下移动，可能造成短暂的断路或短路。因此，检查传感器信号时必须进行实车行驶试验。

2）当过热或过冷可能是主要原因时，用吹风机加热被怀疑有故障的部件，用冷喷雾剂检查是否有冷焊现象。

3）当电源回路接触电阻过大可能是主要原因时，打开所有电气开关，包括前照灯和后除霜开关。

如果此时故障没有再现，就必须等到下次故障再出现时才能进行诊断维修。一般来说，偶发性故障只会越变越坏，不会变好。

(2) 无故障码故障的检查诊断　若 ABS 系统有故障，但又不能利用故障诊断仪读取故障码，可以根据下面两个典型的故障诊断分析进行相关的维修。

1）将点火开关置于"ON"位置，发动机未起动时 ABS 警告灯不亮。

① 故障原因：熔丝烧断，ABS 故障警告灯灯泡烧坏，电源线路断路，ABS 警告灯控制器损坏。

② 故障诊断：出现此故障时，按图 1-40 所示程序进行检查和诊断。

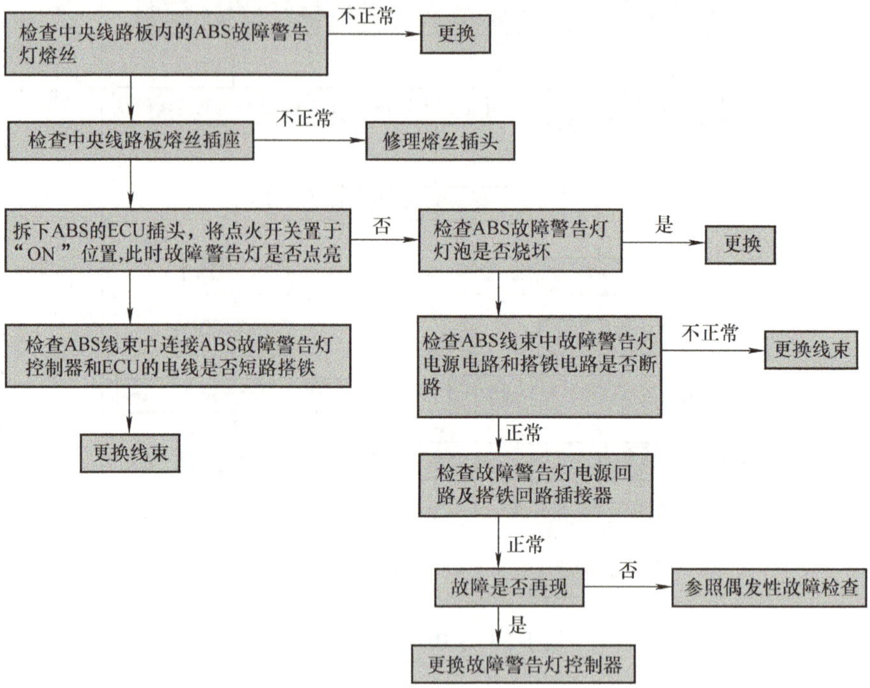

图 1-40　无故障码的诊断流程

2）无法与 V. A. G1551 接通，无诊断码输出。

① 故障原因：无法与故障诊断仪 V. A. G1551 接通时，可能是因为 ABS ECU 电源回路或诊断线回路断路，如熔丝烧毁、诊断线断裂或接头松脱等；也可能是 ABS ECU 损坏或 V. A. G1551 有问题。

② 故障诊断：产生此问题时，可按图 1-41 所示程序进行诊断。

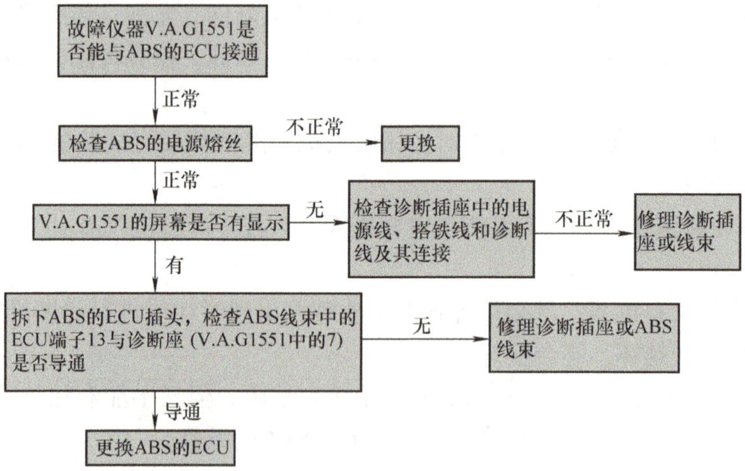

图 1-41　无法与 V. A. G1551 接通情况下的诊断流程

ABS 采用电子液压控制，因此在 ABS 正常工作情况下出现表 1-6 中所列现象是正常的，并不是故障。

表 1-6　ABS 的正常工作情况

现象	说　明
系统自检声音	发动发动机后，有时候会从发动机舱中传出类似碰击的声音，这是 ABS 进行自检的声音，是正常的
ABS 起作用时的声音	1）ABS 液压单元内电动机的声音 2）与制动踏板振动一起产生的声音 3）ABS 工作时，因制动而引起悬架碰击声或轮胎与地面接触发出吱嘎声 注：ABS 正常工作时，轮胎仍有可能发出吱嘎声
ABS 起作用，但制动距离长	在积雪或是砂石路面上，有 ABS 的车辆的制动距离有时候会比没有 ABS 车辆的制动距离长，因此在上述路面行驶时应加倍小心

2. 基本设定

基本设定功能用于 ABS 的加液和排气，当出现储液罐中制动液流尽的情况（如系统泄漏）时，必须使用该功能。

仪表 SVW1238A 适用于在基本设定时对 ABS 加液和排气，将仪器的充液压力调节到不超过 0.1MPa，以确保液压单元充分放气。

1）连接 V. A. G1552，输入地址码 03 选择“制动系电控系统”。

2）输入“0”和“4”键，选择“基本设定”。

3）按“Q”键确认，显示屏上显示：

Introduction of basic setting　HELP Enter display group number x x	基本设定　帮助 输入显示组号 x x

4）输入“0”和“1”键进入“显示组 1”，显示屏上显示：

System in basic setting　1 Depress pedal and hold	基本设定　1 踩下制动踏板并保持

踩下制动器踏板，液压泵 V64 运转，制动踏板上抬。

5）重新踩下制动踏板并保持，显示屏上显示：

System in basic setting　1 Rel，pedal；FR/FL bleed screw OPEN ↑	基本设定　1 松开踏板；右前/左前 放油螺钉松开 ↑

6）按“→”键，显示屏上显示：

System in basic setting　2 Please wait……（10s）	基本设定　2

此时液压泵 V64 运转，等 10s 后，显示屏上显示：

System in basic setting 2 Depress pedal 10X; bleed screw CLOSED ↑	基本设定 2 踩下踏板 10 次，放油螺钉拧紧 ↑

7）重复步骤 3）~6），排气完成后按“→”键，回到功能选择菜单。

8）输入“0”和“6”，选择“结束输出”，按“Q”键确定。

9）关闭点火开关。

10）退出 V. A. G1552。

11）再按常规制动器对管路进行放气。

3. 电控单元编码

通常 ABS 电控单元在车辆出厂时已经有编码，但维修站供应的 ABS 电控单元配件则没有编码，因此更换 ABS 电控单元后，需要借助故障阅读器 V. A. G1552 或车辆系统测试仪 V. A. G1552 重新编码。

如果 ABS 电控单元没有编码或编码错误，则 ABS 故障警告灯和制动装置警告灯将以 1 次/S 的频率闪烁。以 V. A. G1552 为例，ABS 电控单元编码的过程如下：

1）连接 V. A. G1552，输入地址码“03”，选择“制动系电控系统”。

2）输入“0”和“7”，选择“电控单元编码”。

3）按“Q”键确认。

4）输入编码“04505”（桑塔纳 2000GSI 和 GSI—AT 型轿车 MK20—I 型 ABS 的编码为 04505），按“Q”键确认。

5）按“→”键。

6）输入“0”和“6”，选择“结束输出”，按“Q”键确认。

7）关闭点火开关，拔下 V. A. G1552 的插头。

任务四 ESP 系统的检测

1. 检测条件

1）所有熔丝必须正常。

2）检查之前断开点火开关及耗电装置。

3）从 ABS 控制单元 J104 上拔下线束插头，并连接 V. A. G1598/36。

2. 检测步骤

ESP 系统的检测共有 23 个项目，检测步骤见表 1-7。

3. 检测内容

ESP 系统的检测内容详见表 1-8。注意：V. A. G1598/33 上插口的布置与控制单元 J104 触点的布置相同；如测得值与规定值不符，可按表中右侧所述方法排除故障；如果测得值与规定值偏差极小，可用 G 000 700 04 清洁检测仪的插头及接线，然后再检测；更换相应部件前，应检查导线及插头，尤其是规定值小于 10Ω 的更应进行此项检查。

表 1-7　ESP 系统检测步骤一览表

顺序号	检测部件	顺序号	检测部件
1	液压泵 V64 到控制单元 J104 的供电	13	ABS 警告灯 K47 的功能
2	液压单元阀 N55 到控制单元 J104 的供电	14	制动系统警告灯 K116 的功能
3	控制单元 J104 的供电（点火开关）	15	稳定程序警告灯 K115 的功能
4	制动开关 F 的功能	16	ASR/ESP 按钮 E256 的功能
5	右前转速传感器 G45 的电阻	17	转向角传感器 G85 的控制
6	左前转速传感器 G47 的电阻	18	横向加速度传感器 G200 的控制；旋转速率传感器 G202 的控制
7	右后转速传感器 G44 的电阻		
8	左后转速传感器 G46 的电阻	19	制动压力传感器 G201 的控制
9	右前转速传感器 G45 的电压信号	20	检测数据总线导线
10	左前转速传感器 G47 的电压信号	21	V. A. G1551 供电，插头 T16
11	右后转速传感器 G44 的电压信号	22	自诊断 K 线电阻，插头 T16
12	左后转速传感器 G46 的电压信号	23	编码搭片

表 1-8　ESP 系统的检测内容

功能检测：ABS 警告灯 K47、制动系统警告灯 K116 的功能、稳定程序警告灯 K115 的功能

顺序	插口	检测内容	检测条件	规定值	与规定值不符合时采取的措施
13		ABS 警告灯 K47 的功能	打开点火开关	K47 点亮，约 2s 后熄灭	检查相关导线 检查组合仪表
14		制动系统警告灯 K116 的功能	打开点火开关	K118 点亮，约 2s 后熄灭	检查相关导线 检查组合仪表
15		稳定程序警告灯 K115 的功能	打开点火开关	K115 点亮，约 2s 后熄灭	检查相关导线 检查组合仪表

功能检测：ASR/ESP 按钮 E256 的功能

顺序	插口	检测内容	检测条件	规定值	与规定值不符合时采取的措施
16		ASR/ESP 按钮 E256 的功能	打开点火开关	K115 点亮，约 2s 后熄灭	检查相关导线 检查组合仪表
			按下按钮 E256	K115 亮	
			再次按下按钮 E256	K115 熄灭	

量程：电压档 20V

顺序	检测内容	检测条件（＊附加工作）	规定值	与规定值不符合时采取的措施
17a	转向角传感器 G85 的控制供电电压	打开点火开关 拔下 G85 的插头 ＊拔下控制单元 T104 的插头 T47 ＊检查 G85 的触点 T6/4 及 T6/1 间的导线 ＊检查 G85 的触点 T6/5 及 T6/1 间的导线	10. 0 ~ 14. 5V	检查相关导线 检查 ECU 供电

（续）

量程：电阻档（200Ω或200MΩ）				
顺序	检测内容	检测条件（＊附加工作）	规定值	与规定值不符合时采取的措施
17b	转向角传感器 G85 的导线	关闭点火开关 量程置于 200Ω ＊连接 V. A. G1598/36 ＊检查 G85 与 J104 插头间是否断路	最大 1.5Ω	更换保险 修复导线
		量程置于 200MΩ ＊检查熔丝 S9 ＊检查导线是否对正极或地短路	∞	

量程：电阻档（200Ω或200MΩ）				
顺序	检测内容	检测条件（＊附加工作）	规定值	与规定值不符合时采取的措施
18	横向加速度传感器 G200 和旋转速率传感器 G202 的导线	关闭点火开关 量程置于 200Ω ＊连接 V. A. G1598/36 ＊检查 G200、G202 与 J104 插头间是否断路	最大 1.5Ω	更换保险 修复导线
		＊量程置于 200MΩ ＊检查熔丝 S9 ＊检查导线是否对正极或地短路	∞	

量程：电阻档（200Ω或200MΩ）				
顺序	检测内容	检测条件（＊附加工作）	规定值	与规定值不符合时采取的措施
19	制动压力传感器 G201 的控制	关闭点火开关 量程置于 200Ω ＊连接 V. A. G1598/36 ＊检查 G201 与 J104 插头间是否断路	最大 1.5Ω	更换保险 修复导线
		量程置于 200MΩ ＊检查熔丝 S9 ＊检查导线是否对正极或地短路	∞	

量程：电阻档（200Ω或200MΩ）					
顺序	插口	检测内容	检测条件（＊附加工作）	规定值	与规定值不符合时采取的措施
20	11 或 15	检测数据总线导线	关闭点火开关 量程置于 200Ω ＊拔下与数据总线相连接的控制单元插头 ＊连接 V. A. G1598/36 ＊检查数据总线插头是否短路	最大 1.5Ω	更换保险 修复导线
			量程置于 200MΩ ＊检查熔丝 S9 ＊检查导线是否对正极或地短路	∞	

（续）

量程：电压档 20V				
顺序	检测内容	检测条件	规定值	与规定值不符合时采取的措施
21	V. A. G1551 供电，插头 T16	打开点火开关 将 V. A. G1594 连到插头 T16 上	10.0 ~ 14.5V	按电路图检查导线

量程：电阻档 200Ω				
顺序	检测内容	检测条件（*附加工作）	规定值	与规定值不符合时采取的措施
22	自诊断 K 线电阻，插头 T16	打开点火开关 *拔下 V. A. G1598/36 *用 V. A. G1594 将 V. G. A1526 连到 J104 插头的 T16/7 及 T47/2 上	0 ~ 1.0Ω	按电路图检查导线

顺序	插口	检测内容	检测条件	规定值	与规定值不符合时采取的措施
23	12 + 38	前轮驱动 ESP 编码搭片	打开点火开关	0 ~ 1.0Ω	按电路图检查导线

任务五 ESP 系统故障诊断与排除

1. 数据流的读取

控制单元能传递很多数据，这些测量数据表示系统或传感器的工况，有助于进行故障的诊断及排除。因为这些数据不能同时出现，所以它们都包含在某一显示组内，可通过显示组号将其调出。

注意：试车时如需使用检测仪器，则检测仪器必须固定在后座上，行驶过程中，应由除驾驶员以外的人来操作仪器。

1）连接故障阅读仪 V. A. G1551，输入地址码“03”，选定“制动系电控系统”，显示屏显示：

快速数据传输	帮助
功能选择 XX	

2）输入“08”，选择“读取测量数据块”，并按“Q”键确认，显示屏显示：

测量数据块	Q
输入显示组号 XXX	

3）参照表 1-9，输入相应的显示组号，按“Q”键确认输入，以显示组 001 为例，此时显示屏显示：

读取测量数据块			→
1	2	3	4

4）对于 V. A. G1551，按键“3”或键“1”可向前或向后显示相应的显示组；对于 V. A. S5051，则按键“▲”或键“▼”。

表 1-9 MAEK60 数据流显示组号一览表

屏幕显示 1 2 3 4	显示组号	显示区	含义
测量数据块读数 1 → 0km/h 0km/h 0km/h 0km/h	001	1 2 3 4	左前转速传感器的车轮转速 右前转速传感器的车轮转速 左后转速传感器的车轮转速 右后转速传感器的车轮转速
测量数据块读数 2 → 0km/h 0km/h 0km/h 0km/h	002	1 2 3 4	左前转速传感器的车轮转速 右前转速传感器的车轮转速 左后转速传感器的车轮转速 右后转速传感器的车轮转速
测量数据块读数 3 → unbetat aus aus aus	003	1 2 3 4	制动灯开关 制动系统警告灯 ABS 警告灯 ASR/ESP 警告灯
测量数据块读数 4 → 0.05 0.0m/s² 1.265/s	004	1 2 3 4	转向角传感器 横向加速度传感器 旋转速率传感器 未使用
测量数据块读数 5 → 1.06bar	005	1 2 3 4	制动压力传感器 未使用 未使用 未使用
测量数据块读数 6 → 0m/s²	006	1 2 3 4	纵向加速度传感器 未使用 未使用 未使用
测量数据块读数 125 → 1 1 1 0	125	1 2 3 4	发动机数据总线 转向角数据总线 四轮驱动数据总线 变速器数据总线

注：1. 显示组 001：显示的是车轮瞬时速度，可用于检查转速传感器与车轮的匹配情况（为此需要举起车辆，让另一名技工用手转动轮车）。

2. 显示组 002：显示的是控制单元 J104 存储了转速传感器中的第一批可用电压信号，并将其作为固定值显示在测量数据块中。如果显示区 1 和 2 的偏差大于 6km/h 或显示区 3 和 4 偏差大于 2km/h，其故障原因如下：

 1）传感器和齿圈的间隙过大，应检查转速传感器是否正确地安装在车轮轴承壳体上。

 2）传感器或齿圈可能已被损坏。

3. 显示组 003：显示区 1，未踩下制动踏板时应显示 unbetat；踩下制动踏板时应显示 betatigt，否则，应检查线路或调整制动开关。显示区 2，制动系统警告灯 aus（off）、ein（on）。显示区 3，ABS 警告灯 aus（off）、ein（on）。显示区 4，ASR/ESP 警告灯 aus（off）、ein（on）（自诊断过程中，ABS 警告灯和制动系统警告灯一直闪亮。）

4. 显示组 004：显示区 1，转向角传感器，直行时为 ±4.5°；显示区 2，横向加速度传感器，静止时为 $\pm1.5m/s^2$，车辆以 20km/h 的速度行驶，转向盘转至极限位置，测量值应均匀上升；显示区 3，偏航传感器，静止时为 ±2.5°/s。

5. 显示组 005：未踏下制动踏板时为 ±7bar。

6. 显示组 006：纵向加速度传感器，静止时为 $\pm1.5m/s^2$，前进/后退加速时，该值匀速上升。

7. 显示组 125：1 表示数据总线已连接；0 表示数据总线未接好。

2. ESP 起动检测

ESP 起动检测用于检查传感器（G200、G202、G201）信号的可靠性。拆卸或更换 ESP 部件后，必须进行 ESP 起动检测，其具体方法如下：

1）连接 VAG1551 或 VAS5051，打开点火开关，进入地址“03”。

2）进入 04 基本设定，选择通道 093，按“Q”键。

3）显示屏显示“ON”，ABS 警告灯亮。

4）拔下自诊断插头，起动发动机。

5）用力踩下制动踏板（制动力应大于 35bar），直到 ESP 警告灯 K155 闪亮。

6）以 15～30km/h 的速度试车，时间不超过 50s，行车时应保证 ABS、EDS、ASR、ESP 不起作用。

7）转弯并保证转向盘转角大于 90°；

8）若 ABS 警告灯和 ESP 警告灯熄灭，则 ESP 检测顺利完成；若 ABS 警告灯不灭，说明 ESP 检测未顺利完成，应重复上述操作；若 ABS 警告灯不灭且 ESP 灯亮起，则说明系统存在故障，应查询故障存储器并予以排除，然后重新进行 ESP 检测。

3. ESP 故障诊断

当 ESP ECU 发现系统出现故障时，就会点亮相应的故障灯，以提醒驾驶人尽快维修。同时，故障码将被存储在计算机的程序中，使用故障诊断仪通过车上的 DLC3 诊断座，即 OBD—Ⅱ诊断座，就可以读出系统存在的故障码，或者使用跨接线接 DLC3 诊断座（OBD—Ⅱ诊断座）的 TC 和 CG 端子，观察 ABS 和 ESP 警告灯的闪烁情况，读取故障码。

ESP 具备传感器信号检查功能，使用故障诊断仪通过 DLC3 诊断座选择操作步骤即可进行测试，或者通过跨接 DLC3 诊断座的 TC 和 CG 端子，观察 ABS 和 ESP 警告灯的闪烁情况。

提示：在断开电池桩头，或者拔下过偏转率传感器和减速传感器插头，或者更换偏转率传感器和减速传感器后，需要对偏转率传感器和减速传感器进行零点调校后，才能正常工作。

【知识拓展】

一、利用仪器基本设定排气操作程序

1）对于大众、奥迪车系，连接排气装置专用工具 V. A. G1869，先给制动系统排气，再连接 V. A. G1551，打开点火开关，选择“制动器电子装置”，显示屏显示：

Schnelle DatenUbertragung	HELP
Funktion　anwahlen　× ×	
快速数据传递	帮助
选择功能　× ×	

2）按“0”和“4”选择“基本设定”，显示屏显示：

Schnelle DatenUbertragung 04 – Grundeinstellung	Q
快速数据传递 04 – 基本设定	Q

3）按“Q”键确认输入，显示屏显示：

Grundeinstellung Anzeigegruppennummer eingeben	HELP × ×
基本设定 输入显示组号　　　　× × ×	帮助

4）按 0、0 和 1 键，按“Q”键确认输入。以下工作周期需要重复 8 次“基本设定”（使用 V. A. G1551 或 VAS5051），显示屏显示：

Grundeinstellung	1	EIN
基本设定	1	接通

5）用力踏下踏板并保持该状态，此时踏板下沉，液压泵运转，踏板回位，显示屏显示：

Grundeinstellung Pedal iosen; VR/VL Entlufterschrb. AUF	1
基本设定 松开踏板，右前/左前排气螺栓已拧开	

6）按“8”键，显示屏显示：

Grundeinstellung	1	EIN
基本设定	1	接通

7）液压泵开始运转，显示屏显示：

Grundeinstellung Pedal 10Xbetatigen; Entlufterschrb. ZU	2
基本设定 踏动踏板 10 次。排气螺栓已拧上	

8）按“8”键，完成 8 次操作之后，显示屏显示：

System in Grundeinstellung Teilentluftung beendet	17
系统在基本设定期 结束排气	17

9）按 = > 键，显示屏显示：

Schnelle DatenUbertragung		HELP
Funktion anwahlen	× ×	
快速数据传递		帮助
选择功能	× ×	

10）按“0”和“6”键结束输出，显示屏显示：

Schnelle Daten Ubertragung	Q
06Ausgabe beenden	
快速数据传递	Q
06 - 结束输出	

11）按“Q”键确定输出，显示屏显示：

Schnelle Daten Ubertragung		HELP
Adrebword eingeben	× ×	
快速数据传递		帮助
输入地址码	× ×	

12）按“C”键，关闭点火开关，拔下 V. A. G1551 插头，然后再次对制动系统排气。

二、ESP 的基本设定

更换了转向盘转角传感器 G85 及控制单元 J104 后，须重新进行标定工作，即传感器正前方位置与转向盘实际正前方位置要统一。若 G85 底部检查孔内的黄点清晰可见，则表明传感器在零点位置。更换了压力传感器、侧向/纵向加速度传感器后，也需要做调整工作。偏航传感器则具备自动校准功能。

下列为 04 功能“基本设定”中的通道号：60—转向盘转角传感器 G85 零点调整；63—侧向加速度传感器 G200 零点调整；66—制动压力传感器 G201 零点调整；69—纵向加速度传感器零点调整（四轮驱动）。

（1）G85 零点平衡

1）连接 VAG1551 或 VAS5051 进入 03 地址。

2）登录 11Q、40168Q（进行多项调整时，只需登录一次）。

3）起动车辆，在平坦路面试车，以不超过 20km/h 的车速行驶。

4）如果转向盘处于正中位置（若不在正中位置，则应予调整），则停车即可，不要再调整转向盘，不要关闭点火开关。

5）检查 08 功能下 004 通道第一显示区 0°。

6）输入 04Q、060Q，ABS 警告灯闪亮。

7）06 退出系统，ABS 和 ESP 警告灯亮约 2s；

8）结束。

（2）侧向加速度传感器 G200 零点平衡

1）将车停在水平面上。

2）连接 VAG1551 或 VAS5051 进入 03 地址。

3）登录 11Q、40168Q。

4）输入 04Q、063Q，ABS 警告灯闪亮。

5）结束 06 退出。

6）ABS 和 ESP 警告灯亮约 2s。

若显示该功能不能执行，则说明登录有误；若显示基本设定关闭，则说明超出了零点平衡允许公差。读取 08 数据块（004 通道第二显示区，静止时显示 ±1.5；转向盘转至极限位置，以 20km/h 的车速左/右转弯，测量值应均匀上升）并进行故障记忆，然后重新进行设定。

（3）制动压力传感器 G201 零点平衡

1）不要踩制动踏板。

2）连接 VAG1551 或 VAS5051 进入 03 地址。

3）进入 08 阅读测量数据块 005 通道，检查第一显示区为 ±7bar。

4）登录（11Q、40168Q）。

5）输入 04Q、066Q，ABS 警告灯闪亮。

6）结束 06 退出。

7）ABS 和 ESP 警告灯亮约 2s。

若显示该功能不能执行，则说明登录有误；若显示基本设定关闭，则说明超出零点平衡允许公差。读取 08 数据块（005 通道）并进行故障记忆，然后重新进行设定。

【课后习题】

一、填空题

1. ABS 在调节制动器制动力大小的过程中，使 ABS 处于________、________、________三种工作状态。

2. ABS 按制动压力调节器结构形式不同分为________和________。

3. ABS 对车轮进行调节时，将车轮最佳滑移率控制在________范围内。

4. 汽车的驱动防滑转系统就是当车轮出现滑转时，通过对滑转侧的车轮________或控制发动机的________以抑制车轮的滑转，从而避免汽车牵引力与行驶稳定性的下降。

5. ESP 工作时，若车辆出现了转向不足情况，ESP 系统将对________车轮施加制动力；若车辆出现了过度转向，则 ESP 系统对________车轮施加制动力。

二、问答题

1. 简述 ABS 的功用。

2. 防滑系统 ASR 的控制方法有哪些？

3. 简述电子差速锁止系统（EDS）的工作过程。

4. ABS 和 ASR 有和异同？

5. 电子稳定程序 ESP 主要用了哪些传感器？

项目二

电控悬架系统检修

2

【项目描述】

汽车悬架是车身或车架与车轮或车桥之间传力连接装置的总称。电子控制空气悬架系统主要由空气弹簧和减振器总成、空气压缩机、干燥器、排气电磁阀、高度控制阀、悬架ECU、高度传感器、转向传感器、悬架控制执行器和节气门位置传感器组成。

本项目主要认识汽车电控悬架的结构和工作原理，并在此基础上掌握电控悬架系统的基本检查项目和检修方法。

【知识准备】

一、电控空气悬架系统的结构

以奥迪 A8 汽车为例，电控空气悬架系统在车上的实际安装位置如图 2-1 所示。

图 2-1　电控空气悬架系统的安装位置

奥迪 A8 轿车的自适应空气悬架系统包括空气压缩机、高度控制装置控制单元、4 个车身高度传感器、3 个车身加速度传感器、储压罐、空气弹簧及控制空气弹簧的电磁阀组，其电控系统示意图如图 2-2 所示。

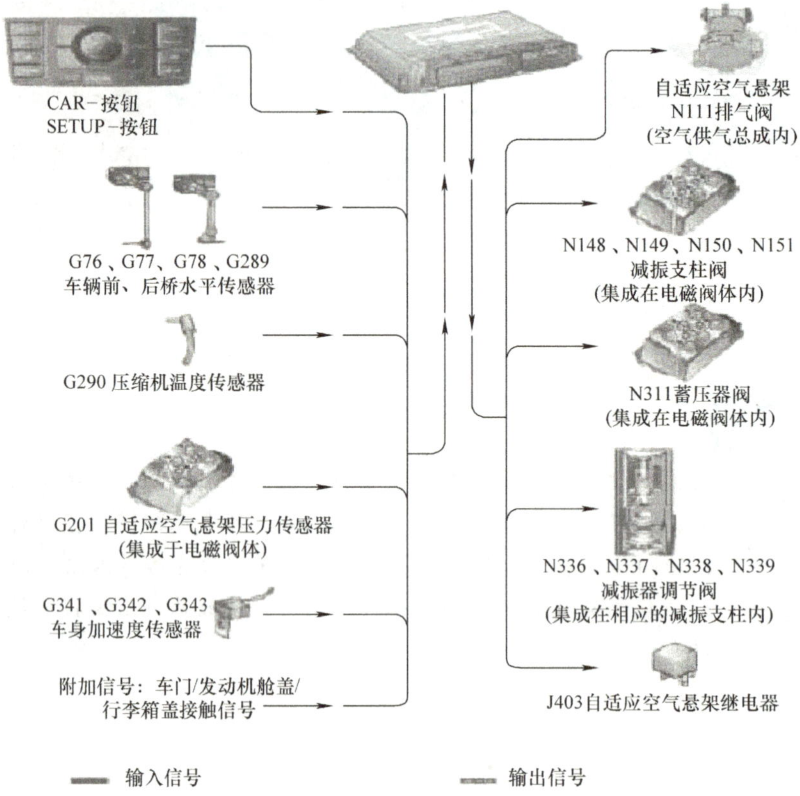

图 2-2　电控系统示意图

二、电控空气悬架系统的组成

1. 控制单元

控制单元（J197）安装于车内储物箱前，用于处理其他总线部件的相关信息和独立的输入信号，并生成控制信号，以控制压缩机、电磁阀和减振器。控制单元外形如图 2-3 所示。

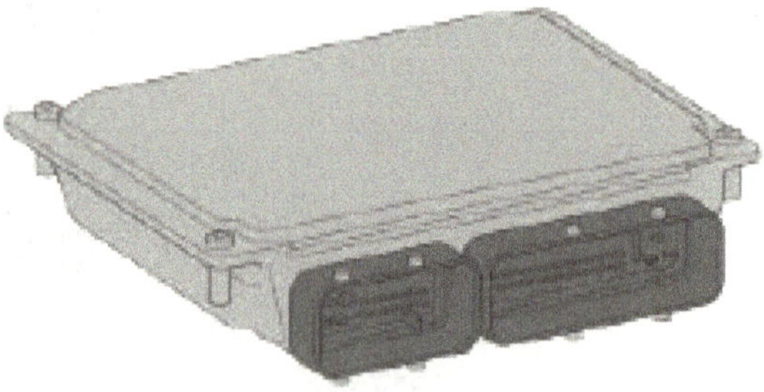

图 2-3　控制单元外形

2. 空气弹簧

空气弹簧采用外部引导式，它被封装在一个铝制的圆筒内，如图 2-4 所示。为了防止灰尘进入圆筒与空气弹簧伸缩囊之间，用一个密封圈密封活塞与气缸之间的区域。密封圈在维修时可以更换，空气弹簧伸缩囊不能单独更换，出现故障时，必须更换整个弹簧或减振支柱。空气弹簧不仅替代了钢制弹簧，而且还有其独特的优点。它使用铝制气缸的新式外部引导性装置，减小了空气弹簧伸缩囊的壁厚，使其在路面不平情况下的响应更加灵敏。

为了能以最佳的承载宽度来达到行李箱的最大利用容积，后桥空气弹簧（图 2-5）的直径被限制到了最小的尺寸；而为了满足舒适性要求，空气的体积又不能太小。为了解决这一矛盾，使用了一个与减振器连在一起的储压罐，用于额外供应空气。储压罐位于汽车左侧，行李箱底板与后部消声器之间，其最大工作压力为 16bar。

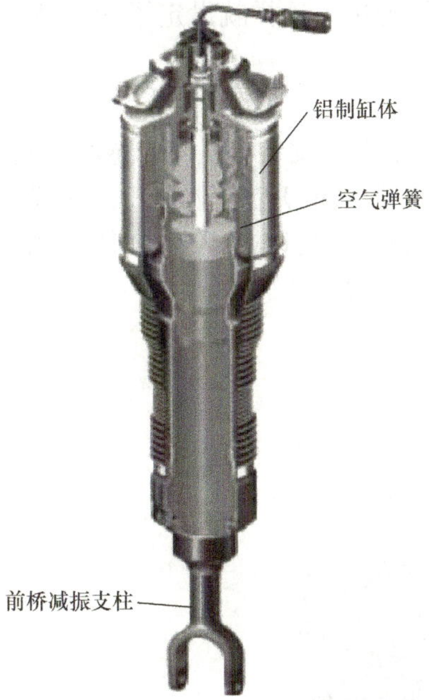

图 2-4　前桥空气弹簧

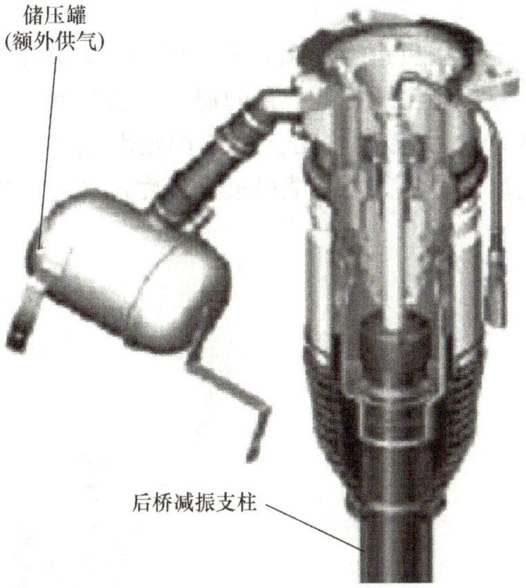

图 2-5　后桥空气弹簧

3. 减振器

减振器使用了一个无级电子双管气压减振器（无级减振控制系统）。如图 2-6 所示，活塞 1 的主减振阀门 5 通过弹簧 3 机械预紧，在阀门上方安装有电磁线圈 4，连接导线经由活塞杆的空腔与外部连接。

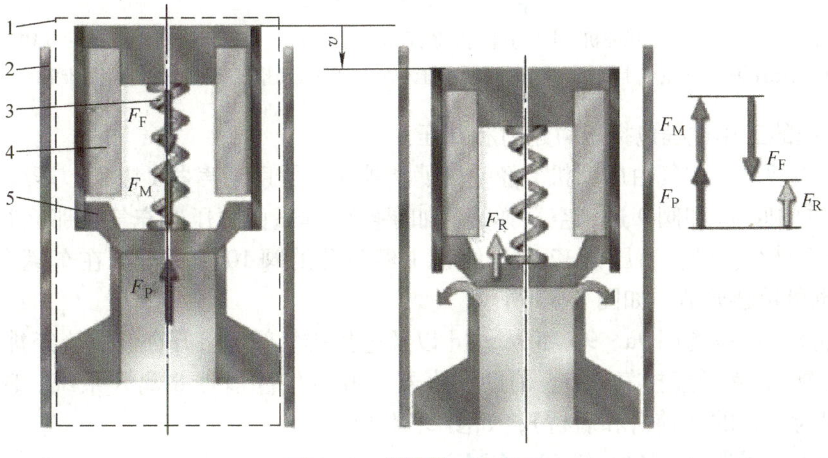

图 2-6　减振器工作原理

1—活塞　2—气缸套　3—弹簧　4—电磁线圈　5—主减振阀门

整个活塞在气缸套2内以速度 v 向下运动，空腔内主减振阀门下的油压上升。电磁线圈通电，电磁力 F_M 对弹簧力 F_F 有反作用，并将其部分提升。当电磁力与机油压力的总和（F_M+F_P）超过弹簧力 F_F 时，就会产生一个力 F_R，此力将主减振阀门打开。电流强度调控线圈电磁力的大小，电流强度越大，液压油的流过阻力和减振器的阻尼力就越小。

当电磁线圈没有电流作用时，减振器阻尼力达到最大。减振器阻尼力最小时，电磁线圈上的电流大约为1800mA。在紧急运行时，不对电磁线圈通电，这样就设定了最大减振力，并通过其保证车辆行驶时的动态稳定。

4. 空气供应机组

空气供应机组（图2-7）安装在发动机机舱的左前方，其上安装有温度传感器，该传感器接收的是压缩机气缸盖的温度。温度传感器电阻值随着温度的升高而减小（即所谓的负温度系数），控制单元会对这个电阻变化进行分析，压缩机最长可以工作多长时间就由当时的温度来决定。当压缩机缸盖温度过高时，将自动关闭空气供应机组。

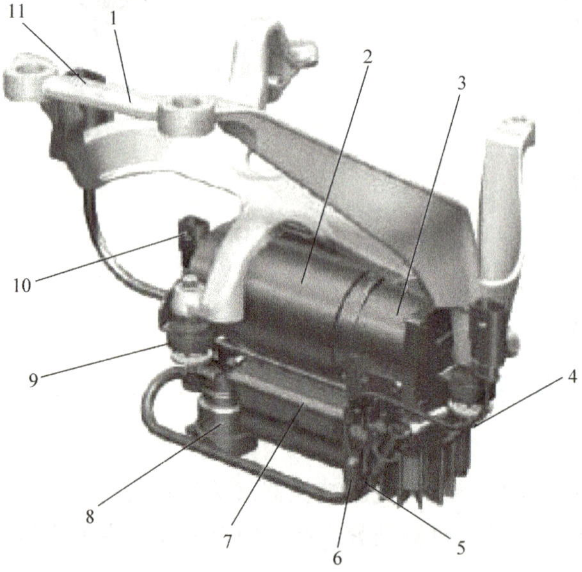

图2-7 空气供应机组

1—支架 2—电动机 3—压缩机 4—与排气电磁阀连接的插头 5—温度传感器插头 6—温度传感器 7—电力驱动电压插头 8—空气干燥箱 9—进行管和排气管 10—气动排气阀 11—到电磁阀组的压缩空气插头

气动系统的工作过程包括压力建力和卸压。

（1）压力建立 空气由压缩机1经空气滤清器8和辅助消声器7吸入，压缩空气经空气干燥器2、单向阀3a和阀9进入空气弹簧。如果空气弹簧由蓄压器充气，那么阀10和相应车桥上的阀9就会打开。蓄压器12由压缩机1经打开的阀10来充气。在车辆发生侧滑时，阀9a～9d也可单独调节，如图2-8a所示。

（2）卸压 相应的阀9a、9b和9c、9d以及电控排气阀5打开，气流流经排气阀5并打开气动排气阀6，然后经排气阀6、辅助消声器7和空气滤清器8离开系统。阀9a、9b和9c、9d是成对电控的（前桥和后桥），如图2-8b所示。

5. 加速度传感器（G341、G342、G343）

为了对某种行驶状态进行最理想的减振调控，应知道某段时间内车身的运动情况（簧

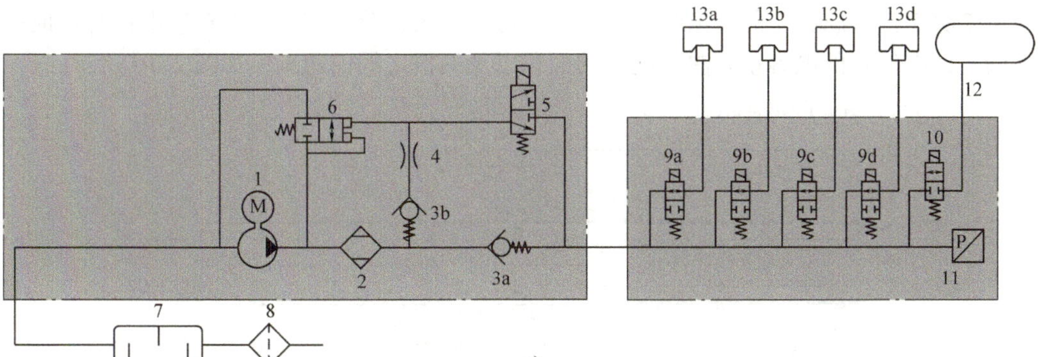

a）

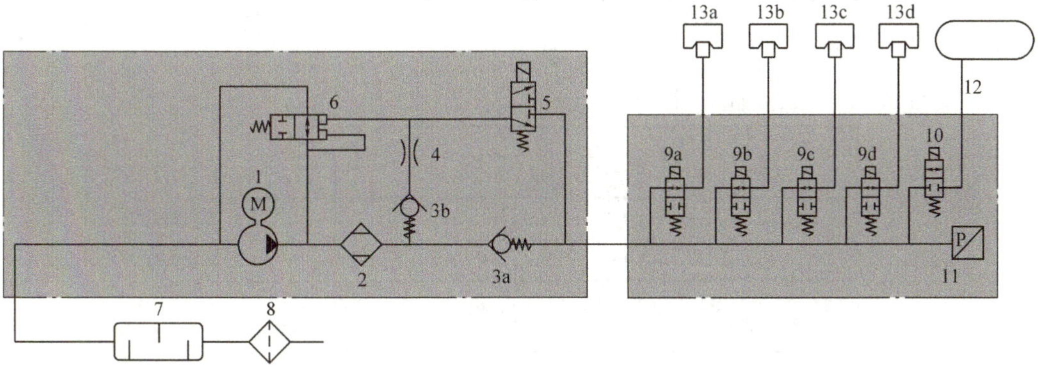

b）

图 2-8　气动系统工作原理

a）气动系统压力建立图　b）气动系统卸压图

1—压缩机　2—空气干燥器　3a、3b—单向阀　4—排气节流阀　5—电控排气阀 N111　6—气动排气阀　7—辅助消声器　8—空气滤清器　9a—左前减振支柱阀 N148　9b—右前减振支柱阀 N149　9c—左后减振支柱阀 N150　9d—右后减振支柱阀 N151　10—蓄压器阀 N311　11—压力传感器 G291　12—蓄压器　13a—左前减振支柱　13b—右前减振支柱　13c—左后减振支柱　13d—右后减振支柱

载质量）和车桥部件的特性（非簧载质量）。该系统使用3个传感器测量车身的加速度，其中有2个位于前桥的弹簧支柱拱顶上，第3个位于右后轮罩内，通过处理车身高度传感器的信号来获取车轴部件（非簧载质量）的加速度。

车身加速度传感器用螺栓将支架和传感器固定在车身上，传感器和支架通过卷曲折边的方式连接（注意：不允许对卷曲折边进行任何作业）。在维修工作中，必须将传感器和支架一同换下；安装好后，传感器外壳上的箭头应朝上，如图2-9所示。

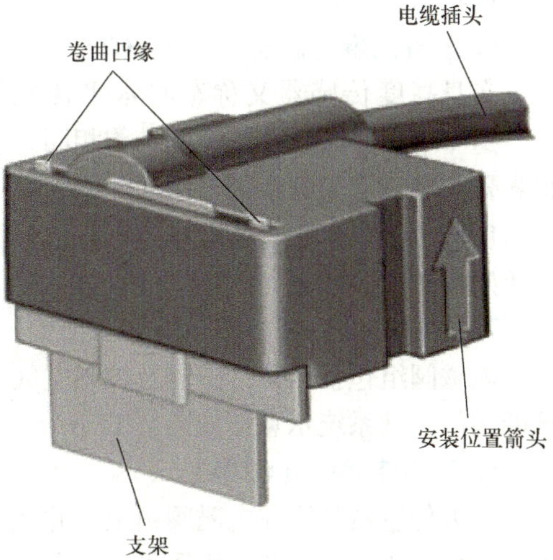

图 2-9　车身加速度传感器

车身加速度传感器的传感元件由多层硅片和玻璃组成，中间硅片制成弹性定位的簧片（可振动质量）。传感器的灵敏度主要由簧片刚度和簧

片质量来决定。金属涂层的可振物体作为一个可动电极，分别和上、下对应电极各形成一个电容器，此电容器的电容量取决于电极的面积以及两极之间的距离，如图 2-10 所示。

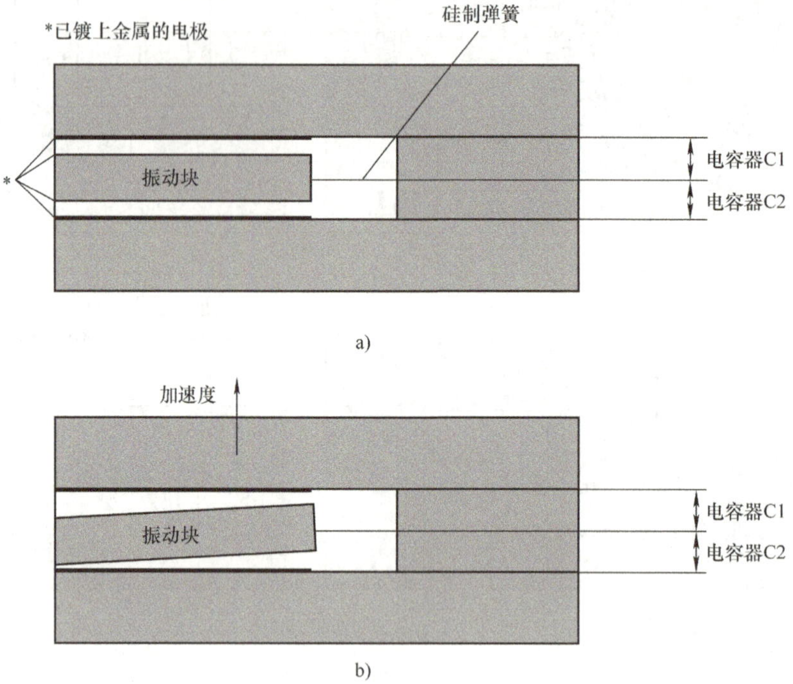

图 2-10　车身加速度传感器原理

处于静止状态时，如图 2-10a 所示，可振物体恰好位于对应电极的中间，两个电容器 C1 和 C2 的电容量是一样的。加速状态下，如图 2-10b 所示，振动块由于惯性作用会偏离中间位置，电极之间的距离改变，距离缩短时，电容量增大。电容 C2 的电容量相对于静止状态时增大，而电容 C1 的电容量减小。由此，通过 C1、C2 电容量的变化即可反映出车辆的加减速状态。

6. 车身高度传感器（G76、G77、G78、G79）

车身高度传感器又称车身水平传感器，共有 4 个。这 4 个车身高度传感器的结构相同，它们通过测得悬臂与车身之间的距离来判断车辆的高度状态。车身高度传感器以 800Hz 的频率进行感应探测。车身高度传感器的安装位置如图 2-11 所示。

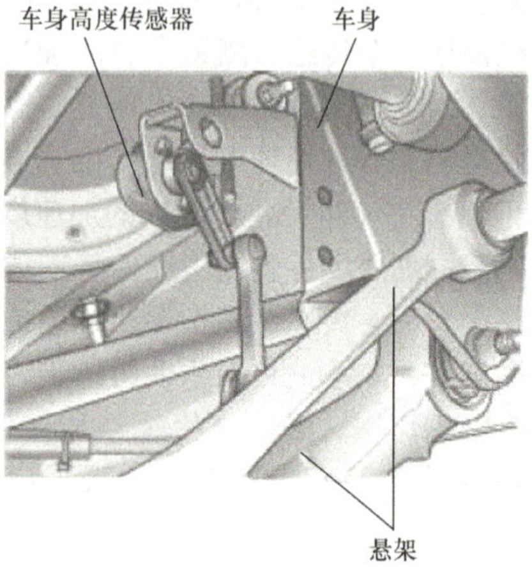

图 2-11　车身高度传感器的安装位置

7. 电磁阀组

电磁阀组包括压力传感器及控制空气弹簧和储压罐的阀门，其系统示意图如图 2-12 所示。

8. 压力传感器（G291）

压力传感器浇注在电磁阀组上，并且不能从外部进行操作。压力传感器用于测量前桥和后桥空气弹簧支柱或储压罐内的压力。

G291 根据电容测量原理工作，如图 2-13 所示。需要测量的压力（*P*）引起了陶瓷膜的偏转，由此导致安装在薄膜上的电极 1 和固定在传感器外壳上的对应电极 2 之间的距离发生了变化。两个电极形成了一个电容，电极间的距离越小，电容的电容量就越大。压力传感器通过集成的电子装置测量电容并将其转换为线性的输出信号。

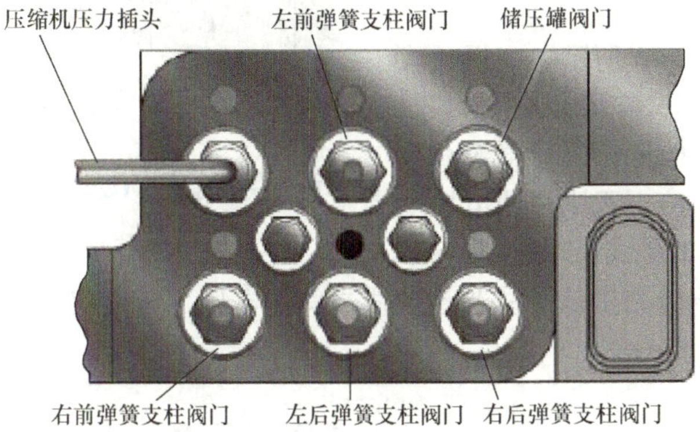

图 2-12　电磁阀组系统示意图

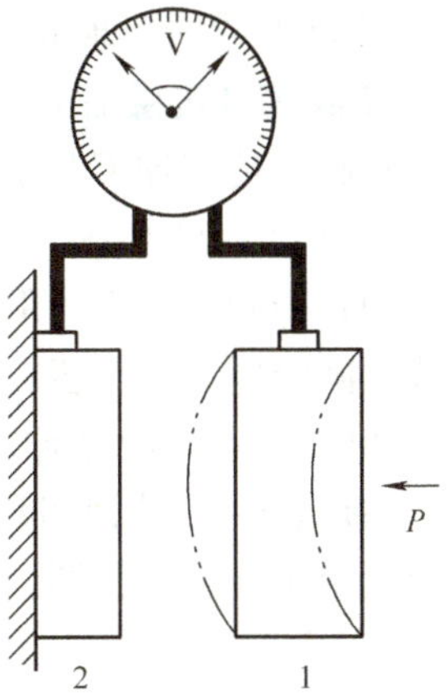

图 2-13　压力传感器工作原理

三、电控空气悬架系统的工作原理

电控空气悬架系统（AAS）利用传感器（包括开关）对汽车行驶时的路面状况和车身状态进行检测，将检测信号输入计算机进行处理，计算机通过驱动电路控制悬架系统的执行器动作，完成悬架特性参数的调整。即在车辆行驶过程中，根据实际需要，使悬架系统的基本控制参数，如刚度、阻尼等可随时调节，从而达到最佳的平顺性与稳定的行车状态。

【项目实施】

任务　电控空气悬架系统各零部件检修

1. 压力传感器 G291 的检测

压力传感器 G291 接线图如图 2-14 所示。三根导线均与电控单元 J197 相连，分别为电源线、信号线、接地线。

1）打开点火开关，用万能表 20V 电压档测量电源线与接地线之间的电压，其值应与标准值对应，否则说明电控单元 J197 出现故障或传感器与 J197 之间的导线出现故障。

2）运转发动机，用万能表 20V 电压档测量信号线与接地线之间的电压，其值应与标准值对应，否则说明传感器损坏。

2. 压缩机温度传感器 G290 的检测

压缩机温度传感器 G290 接线图如图 2-15 所示。两根导线均与电控单元 J197 相连，分别为信号线、接地线。

1）断开传感器插接器，测量传感器电阻应与标准值对应，否则说明传感器损坏。

2）打开点火开关，测量信号线与接地线之间的电压应与标准值对应，否则说明电控单元 J197 出现故障或传感器与 J197 之间的导线出现故障。

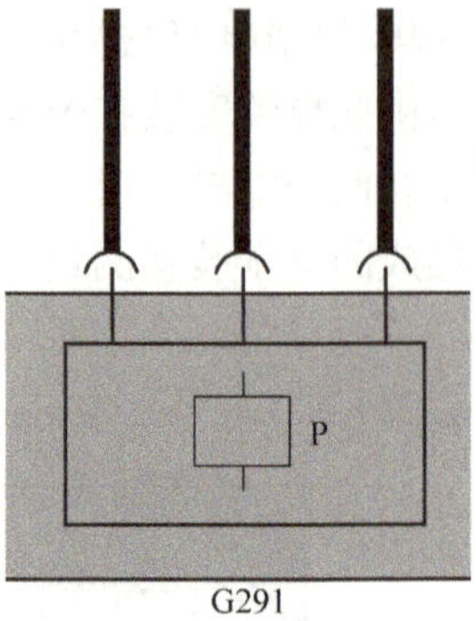

图 2-14 压力传感器 G291 接线图

3. 车身高度传感器 G77 的检测

车身高度传感器 G77 接线图如图 2-16 所示。三根导线均与电控单元 J197 相连，分别为接地线、信号线、电源线。

1）打开点火开关，用万能表 20V 电压档测量电源线与接地线之间的电压，其值应与标准值对应，否则说明电控单元 J197 出现故障或传感器与 J197 之间的导线出现故障。

2）弹跳车身，用万能表 20V 电压档测量信号线与接地线之间的电压，其值应产生变化，否则说明传感器损坏。

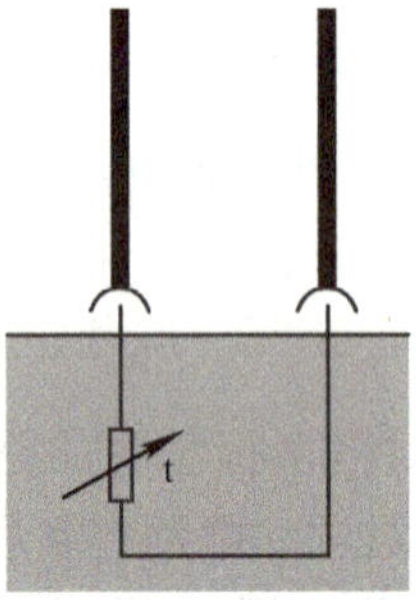

图 2-15 压缩机温度传感器 G290 接线图

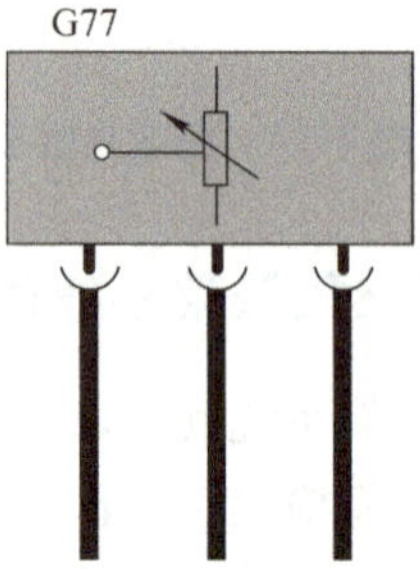

图 2-16 车身高度传感器 G77 接线图

4. 车身加速度传感器 G343 的检测

车身加速度传感器 G343 接线图如图 2-17 所示。三根导线均与电控单元 J197 相连，分别为接地线、信号线、电源线。

1）打开点火开关，用万能表 20V 电压档测量电源线与接地线之间的电压，其值应与标准值对应，否则说明电控单元 J197 出现故障或传感器与 J197 之间的导线出现故障。

2）在快速移动传感器的过程中，用万能表 20V 电压档测量信号线与接地线之间的电压，其值应产生变化，否则说明传感器损坏。

5. 压缩机继电器 J403 的检测

压缩机继电器 J403 接线图如图 2-18 所示。四根导线中的第一根和第四根与电控单元 J197 相连，分别为接地线、ECU 供电线；第二根、第三根分别为压缩机供电线、蓄电池电源线。

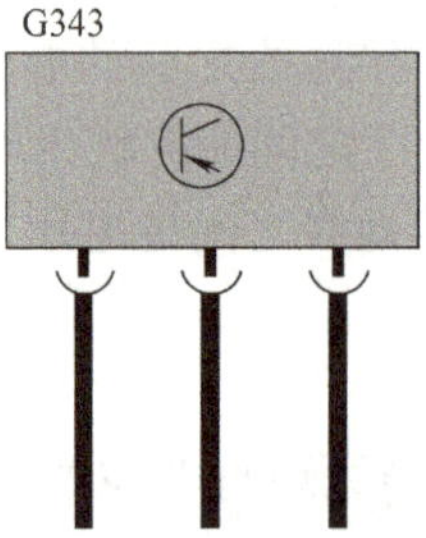

图 2-17 车身加速度传感器 G343 接线图

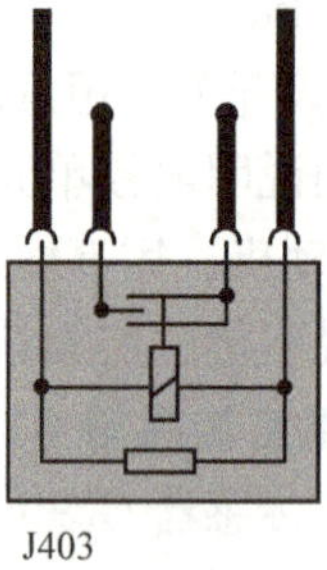

图 2-18 压缩机继电器 J403 接线图

1）断开继电器插接器，打开点火开关，用万能表 20V 电压档测量第一根线与第四根线之间的电压，其值应与标准值对应，否则说明电控单元 J197 出现故障或继电器与 J197 之间的导线出现故障；测量第三根线的电压应为蓄电池电压，否则说明该线至蓄电池之间的电路有故障。

2）连接继电器插接器，打开点火开关，用万能表 20V 电压档测量第二根线，即压缩机供电线应为蓄电池电压，否则说明继电器损坏。

6. 压缩机电动机 V66 的检测

压缩机电动机 V66 仅有两根导线，它们分别为压缩机电动机接地线和供电线。

1）断开电动机插接器，测量电动机阻值应与标准值对应，否则说明电动机损坏。

2）打开点火开关，用万能表 20V 电压档测量供电线电压应与标准值对应，否则检查压缩机继电器。

3）关闭点火开关，用万能表电阻档测量电动机接地线搭铁是否良好，若不良好则说明电路故障。

7. 减振器调节阀 N336 的检测

减振器调节阀 N336 的接线图如图 2-19 所示。两根导线均与电控单元 J197 相连，分别为信号线、接地线。

1）断开调节阀插接器，测量调节阀阻值应与标准值对应，否则说明调节阀损坏。

2）打开点火开关，模拟调节阀的工作条件，用万能表 20V 交流电压档测量信号线与接地线之间的电压，其值应与标准值对应，否则说明电控单元 J197 出现故障或调节阀与 J197 之间的导线出现故障。

8. 减振支柱阀 N148 的检测

减振支柱阀 N148 的接线图如图 2-20 所示。两根导线均与电控单元 J197 相连，分别为电源线、信号线。

1）断开支柱阀插接器，测量支柱阀阻值应与标准值对应，否则说明支柱阀损坏。

2）打开点火开关，用万能表 20V 电压档测量电源线电压应与标准值对应，否则说明电控单元 J197 出现故障或减振支柱阀与 J197 之间的导线出现故障。

3）打开点火开关，模拟支柱阀的工作条件，用万能表 20V 交流电压档测量信号线与接地之间的电压变化应与标准值对应，否则说明电控单元 J197 出现故障或支柱阀与 J197 之间的导线出现故障。

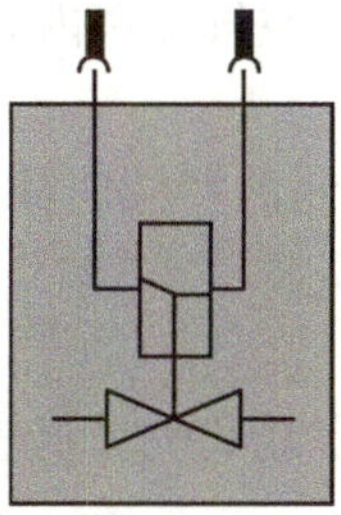

N336

图 2-19　减振器调节阀 N336 接线图

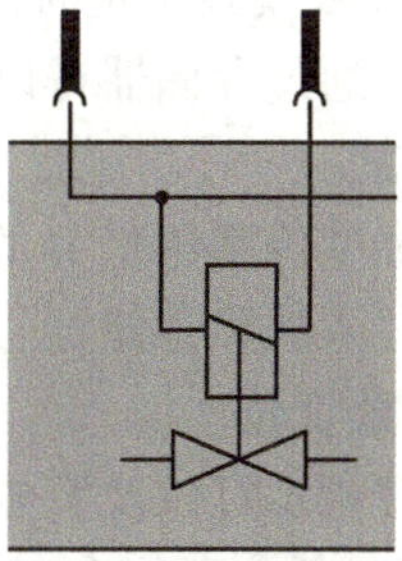

N148

图 2-20　减振支柱阀 N148 接线图

9. 排气阀 N111 的检测

排气阀 N111 的接线图如图 2-21 所示。两根导线均与电控单元 J197 相连，分别为信号线、接地线。

1）断开排气阀插接器，测量排气阀阻值应与标准值对应，否则说明排气阀损坏。

2）打开点火开关，模拟排气阀的工作条件，用万能表 20V 电压档测量信号线与接地线之间的电压应与标准值对应，否则说明电控单元 J197 出现故障或排气阀与 J197 之间的导线出现故障。

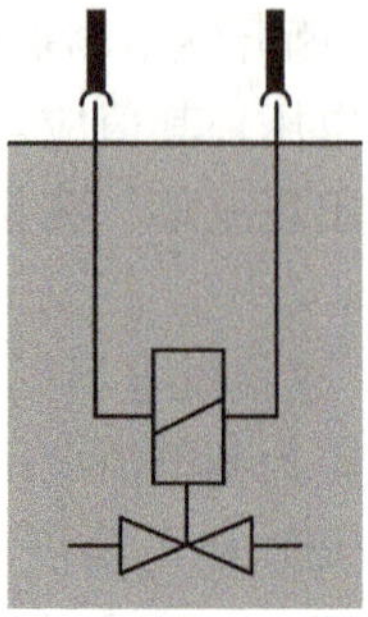

图 2-21 排气阀 N111 接线图

【知识拓展】

目前，汽车的悬架系统通常分为传统被动式、半主动式、主动式三类。其中，半主动式又分为有级半主动式（阻尼力有级可调）和无级半主动市式（阻尼力连续可调）两种。主动式根据频带和能量消耗的不同，又分为全主动式（频带宽大于 15Hz，能量消耗很大）和慢全主动式（频带宽为 3 ~6Hz，能量消耗大）；而根据驱动机构和介质的不同，又可分为由电磁阀驱动的油气主动式悬架和由步进电动机驱动的空气主动式悬架。

主动式悬架是一种具有作功能力的悬架，它在悬架系统中附加了一个可控制作用力的装置，因此需要一套提供能量的设备。主动式悬架可根据汽车载荷、路面状况（好坏路况）、行驶速度（高低路况），以及起动、制动、转向等行驶条件的变化自动调整悬架的刚度、阻尼及车身高度等控制参数，同时满足汽车行驶平顺性和操纵稳定性的要求。通常把用于提高平顺性的控制称为路面感应控制，而将用于增加稳定性的控制称为车身姿势控制。此外，车身高度控制也是主动式悬架的重要控制功能。主动式悬架的主要缺点是能量消耗大、成本高、液压装置噪声较大。

1. 随动模式

随动模式能将系统从睡眠模式唤醒并进入随动状态。例如，点火开关关闭后，在随动模式下，调控因乘员下车或卸载行李而造成的车身高度差。

2. 睡眠模式

在进入随动模式 60s 后没有输入信号的情况下，系统进入保证能量节约的睡眠模式。在 2.5h 和 10h 后，睡眠模式将短时间关闭，以便再次检查车身高度状况。在一定情况下，与额定值的高度差异通过存储器得以补偿（例如，通过冷却空气弹簧内的气体来补偿）。

3. 升降台模式

通过对车身高度传感器信号的处理以及静止车辆控制的持续时间来识别升降台运行状态。没有故障被写入故障存储器。此模式不会通过指示灯显示。

4. 车身高度最低位

通过高度低位指示灯以及警告灯的闪烁显示车身高度最低位（低于正常水平高度 65mm 以上）。车身高度最低位可能在车辆长时间静止后出现。

5. 车身高度最高位

通过警告灯的闪烁显示车身高度最高位（高于正常水平高度 50mm 以上）。在卸载重物时，可能出现短时间的车身高度最高位。

6. 紧急运行方案

当系统主要部件失灵或信号缺失时，紧急运行程序起动，故障被存入故障存储器，组合总成上的警告灯发出警告。紧急运行的前提是车辆的行车稳定性好，因此应防止将减振调控得太柔和。在系统调控设备完全失灵的情况下，减振控制系统处于无电状态，因此减振被调控得强硬。

7. 维修模式（使用千斤顶）

维修模式是不会被自动识别出来的。如果要使用千斤顶，必须先关闭自适应空气悬架，这时要操作 CAR －＞ SETUP 菜单中的 MMI 控制按钮才行。有两种方法可以关闭这种模式：在 MMI 中设定（“Wagenhebermodus” 就是千斤顶模式），或者以超过 15km/h 的车速行车。

8. 挂车运行状态

挂车在与车辆完成电气连接后会被自动识别出来。使用 SETUP 按钮可以查询系统状态（即挂车模式现在是处于接通还是关闭状态），必要时可通过 MMI 控制按钮来激活该模式。

对于标准底盘的汽车来说，处于“挂车模式”时，“dynamic”（动态）模式就处于不可用状态。

【课后习题】

一、填空题

1. 电子控制悬架系统的功能有________、________和________。

2. 电子控制悬架系统的控制单元通过________和________信号来监视车身的侧倾情况。

3. 当汽车在________、________或________时，电子控制悬架系统的控制单元将中断任何高度变化。

二、判断题

1. 带空气悬架的奥迪 A8 轿车在高速公路上高速行驶时，不存在“底盘下沉”现象。（　　）

2. 奥迪 A8 轿车在采用紧急运行模式时，减振被调控得强硬。（　　）

三、简答题

1. 简述奥迪 A8 轿车的自适应空气悬架系统车身高度调节的基本原则。

2. 奥迪 A8 轿车供选装的底盘有哪几种？每种底盘都有几种控制模式，分别是什么？

项目三

电控助力转向系统检修

3

【项目描述】

电控助力转向系统（EPS，Electric Power Steering）是一种直接依靠电动机提供辅助力矩的动力转向系统，与传统的液压助力转向系统（HPS，Hydraulic Power Steering）相比，EPS 系统具有很多优点。EPS 系统主要由转矩传感器、车速传感器、电动机、减速机构和电子控制单元（ECU）等组成。

本项目主要认识电控助力转向系统的结构和工作原理，并在此基础上掌握其基本检查项目和检修方法。

【知识准备】

一、电控助力转向系统的结构

以大众速腾汽车为例，电控助力转向系统在车上的实际安装位置如图 3-1 所示。

图 3-1　电控助力转向系统的安装位置

EPS 系统由转向盘、带转向盘转角传感器 G85 的转向柱控制单元 J527、转向柱、转向力矩传感器 G269、转向齿轮、电子机械助力转向电动机 V187 和转向助力辅助控制单元 J500 等机构或元件组成，如图 3-2 所示。

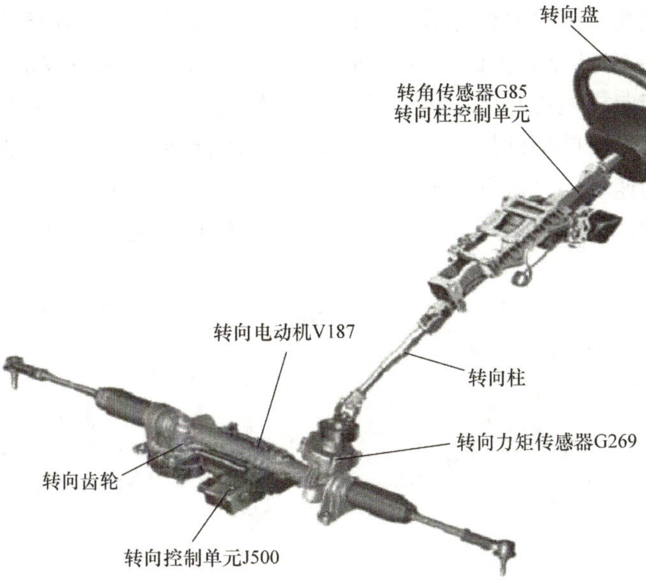

图 3-2　大众速腾电控助力转向系统立体图

二、电控助力转向系统的组成

1. 转角传感器 G85

转角传感器 G85 的作用是检测转向盘的转动角度和转动方向，其检测值是电动助力的依据之一。转角传感器 G85 安装在转向柱上，位于转向开关与转向盘之间，与安全气囊时钟弹簧集成为一体，其实物图如图 3-3 所示。

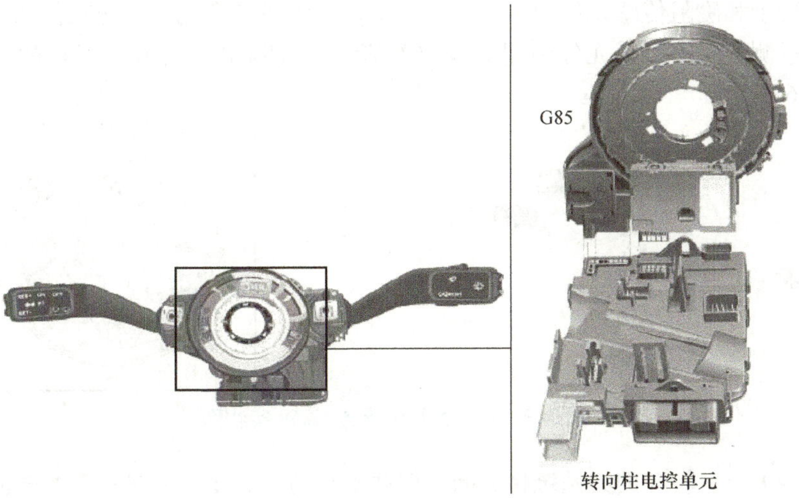

图 3-3　转角传感器 G85 实物图

转角传感器由转子、发光二极管、光敏二极管和放大器等组成。它利用发光二极管作为信号源，光敏二极管作为接收源。随着转子转动，当透光孔与发光二极管对正时，光线照射到光敏二极管上产生高电位，经放大电路放大后输送给 ECU，如图 3-4a 所示；当透光孔与发光二极管错开时，光线不能照射到光敏二极管上，光敏二极管无电压信号输出，产生低电位输送给 ECU，如图 3-4b 所示；如此反复，即形成了图 3-4c 所示的方波信号，并通过 CAN 总线将该信号传递给转向柱电控单元 J527。J527 分析转角信号，将处理后的转向盘转角信号、转角速度信号传递给转向辅助控制单元 J500，J500 接合转向力矩传感器 G269、车速传感器信号、电动机转动速度信号进行处理，从而实时调整转向助力的大小。

当发现信号失效时，故障指示灯 K161 常亮，应急运转模式起动，电子助力转向依然起作用。

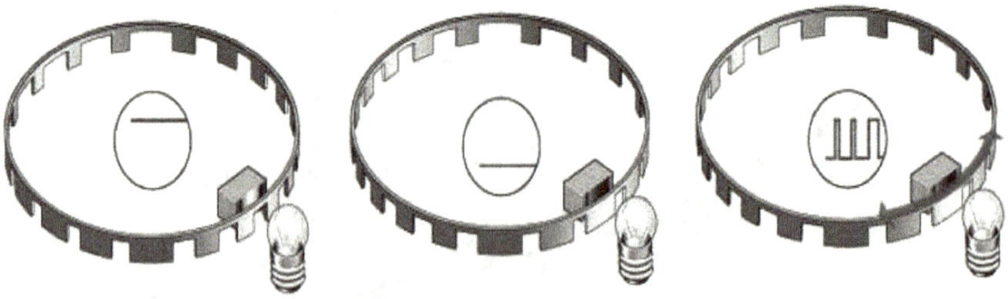

a)　　b)　　c)

图 3-4　转角传感器的工作原理

a）光敏元件导通光　b）光敏元件截止　c）信号盘连续转动

2. 转向力矩传感器 G269

转矩力矩传感器 G269 的作用是测量转向盘与转向器之间的相对转矩，其值是电动助力的依据之一。G269 实物图如图 3-5 所示。

磁性转子和转向柱连接块集成为一体，磁阻传感元件和转向小齿轮连接块集成为一体，当转动转向盘时，转向柱连接块和转向小齿轮连接块之间因车轮阻力扭转杆变形而产生相位差，即磁性转子和磁阻传感元件间产生相对转动，发生磁场变化，在磁阻传感元件两端产生电位差。通过测量磁阻传感元件两端的电位差值，即可测得转向力（矩）的大小，其工作原理如图 3-6 所示。

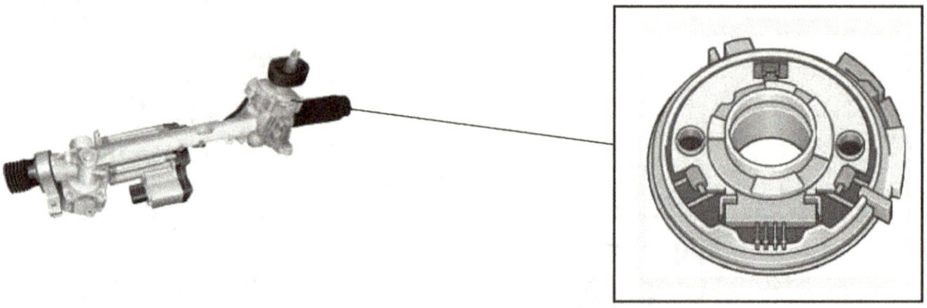

图 3-5　转向力矩传感器 G269 实物图

如果信号失效，转向助力系统将关闭，但并不是马上关闭，而是一个柔软的逐步关闭的过程。在此过程中，故障警告灯 K161 亮起，此时转向助力的大小由控制单元通过电动机转子角度和转向盘转角等信号计算出的值所代替。

3. 转向电动机 V187

转向电动机 V187 是一个无刷式异步伺服电动机，它具有无转矩波动、低噪声、无磁性材料、抗泥污、无额外摩擦、转速范围和温度范围较宽等优点。其平均工作电流约为 2.5A，最大电流约为 80A，实物图如图 3-7 所示。

转向电动机需要正反转控制，图 3-8 所示为一种比较简单实用的控制电路，图中 a_1、a_2 为触发信号端。当 a_1 端得到输入信号时，晶体管 VT_3 导通，VT_2 得到基极电流而导通，电流经 VT_2、电动机 M、VT_3、搭铁构成回路，于是电动机正转；当 a_2 端得到输入信号时，电流则经 VT_1、M、VT_4、搭铁构成回路，电动机因电流方向相反而反转。控制触发信号端电流的大小，就可以控制通过电动机电流的大小。

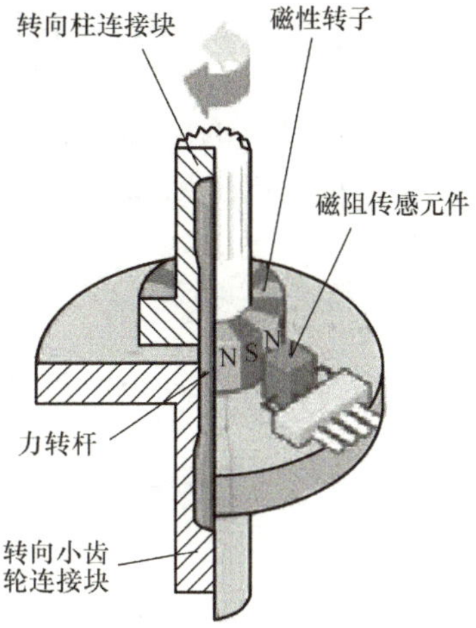

图 3-6　转向力矩传感器 G269 的工作原理

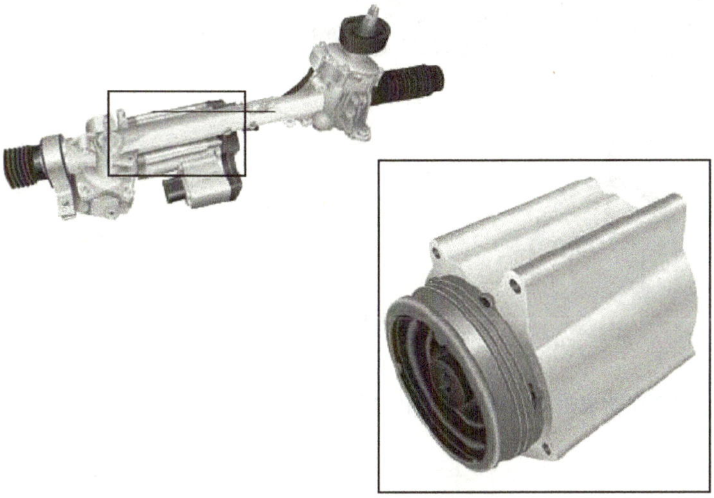

图 3-7　转向电动机 V187 实物图

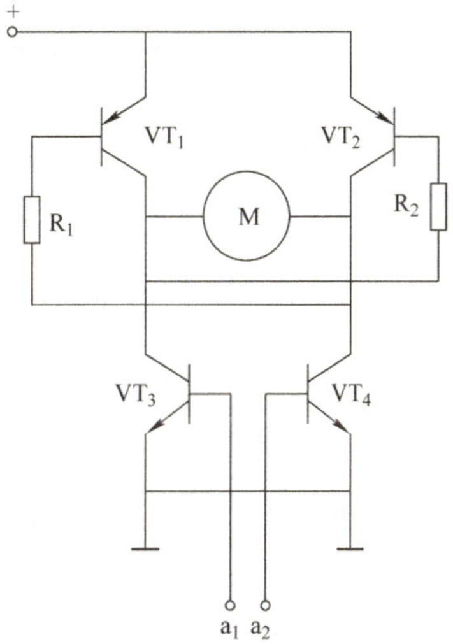

图 3-8　电动机正反转控制电路图

三、电控助力转向系统的工作原理

电控助力转向系统利用直流电动机作为动力源，电子控制单元根据各传感器提供的信号控制电动机转矩的大小和方向，其工作原理如图 3-9 所示。

当操纵转向盘时，装在转向盘轴上的转角传感器、转矩传感器不断地测出转向轴的转角、转矩信号，并将其与车速信号同时输入电子控制单元。电子控制单元根据这些输入信号确定助力转矩的大小和方向，即选定电动机的电流和转向，调整转向辅助动力的大小。电动机的转矩通过减速机构减速增矩后，施加在汽车的转向机构上，使之得到一个与工况相适应的转向作用力。其传动原理如图 3-10 所示。

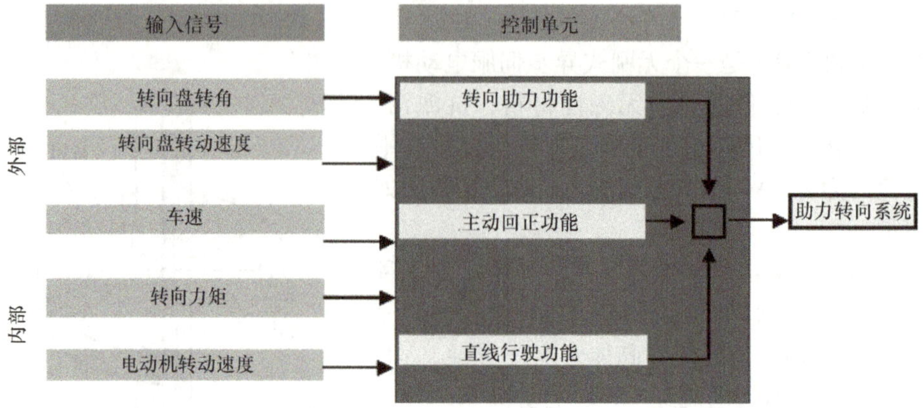

图 3-9　EPS 系统的工作原理

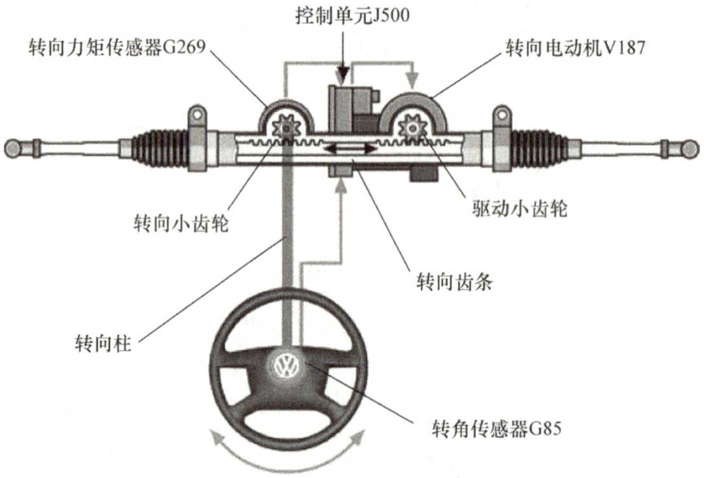

图 3-10　大众速腾电控助力转向系统传动原理图

【项目实施】

任务　传感器的检测

一、转角传感器 G85 的检测

转向传感器 G85 接线图如图 3-11 所示，十根导线均与转向柱电控单元 J527 相连，分别为电源线、接地线、CAN 总线（高）、CAN 总线（低）。

1）打开点火开关，用万能表 20V 电压档测量电源线与接地线之间的电压，其值应与标准值对应，否则说明电控单元 J527 出现故障或传感器与 J527 之间的导线出现故障。

2）将诊断连线的一端与安装有 VAS—5051b 软件的计算机连接，转动转向盘，读取转向传感器信号值应与标准值对应，否则说明传感器损坏。

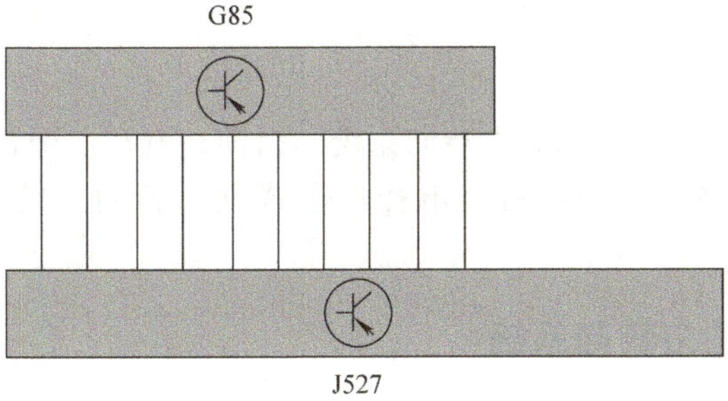

图 3-11　转向传感器 G85 接线图

G85—转向传感器　J527—转向柱控制单元

二、转向力矩传感器 G269 的检测

转向力矩传感器 G269 接线图如图 3-12 所示。四根导线均与转向辅助控制单元 J500 相连，分别为电源线、信号线 1、信号线 2、接地线。

1）打开点火开关，用万能表 20V 电压档测量电源线与接地线之间的电压，其值应与标准值对应，否则说明电控单元 J527 出现故障或传感器与 J500 之间的导线出现故障。

2）转动转向盘，用万能表 20V 电压档测量信号线 1 与信号线 2 之间的电压，其值应与标准值对应，否则说明传感器损坏。

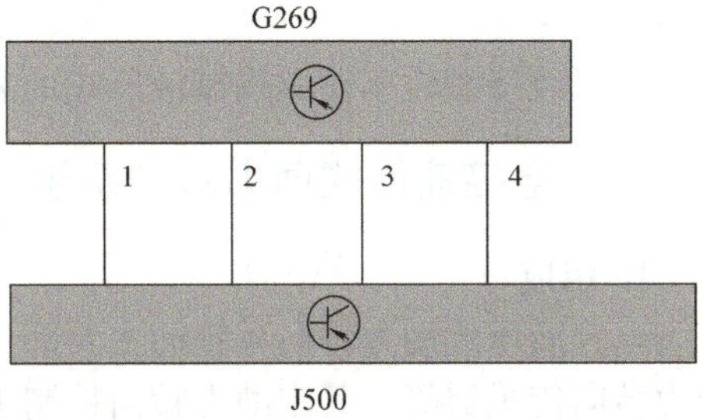

图 3-12　转向力矩传感器 G269 接线图

G269—转向力矩传感器　J500—转向辅助控制单元

三、转向电动机 V187 的检测

转向电动机 V187 接线图如图 3-13 所示。两根导线均与转向辅助控制单元 J500 相连，分别为电源线、接地线。

1）用万能表 20V 电压档测量电源线与搭铁部位之间的电压，其值应与标准值对应，否则说明蓄电池与 J500 之间的导线出现故障。

2）转动转向盘，将万能表串联在蓄电池与 J500 之间或 J500 与接地线之间，用电流档测量电源线、接地线之间的通过电流，其值应与标准值对应，否则说明 V187 或 J500 损坏。

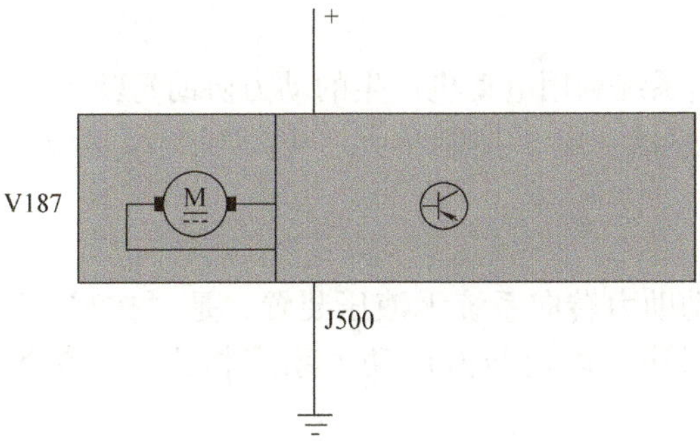

图 3-13　转向电动机 V187 接线图

J500—转向辅助控制单元　V187—转向电动机

【知识拓展】

汽车配置的动力转向系统又称助力转向系统。目前，汽车上配置的助力转向系统可以分为三类，即机械液压式助力转向系统、电控液压式助力转向系统、电控电动式助力转向系统。

一、机械液压式助力转向系统

1. 组成

机械液压式助力转向系统一般由液压泵、油管、压力流量控制阀体、V 带、储油罐等部件构成。

2. 缺点

无论汽车是否转向，该转向系统都要工作。在低车速大转向时，转向略显沉重；在高车速小转向时，则手感较差。一方面，其动力消耗较大；另一方面，其助力特性也有一定不足。

一般经济型轿车使用机械液压式助力系统的比较多。

二、电控液压式助力转向系统

1. 组成

电控液压式助力转向系统的主要部件有储油罐、助力转向控制单元、电动泵、转向机、助力转向传感器等，其中助力转向控制单元和电动泵是一个整体结构。

2. 工作原理

电控液压式助力转向系统克服了传统机械液压式助力转向系统的缺点。它所采用的液压泵不再靠发动机 V 带直接驱动，而是采用一个电动泵，其所有的工作的状态都是由电子控制单元根据车辆的行驶速度、转向角度等信号计算出的最理想的状态。简单地说，在低速大转向时，电子控制单元驱动电子液压泵以高速运转输出较大功率，使驾驶人转向省力；汽车高速行驶时，液压控制单元则驱动电子液压泵以较低的速度运转，在不至于影响高速转向的同时，节省了一部分发动机功率，同时改善了转向手感和安全性。

三、电控电动式助力转向系统（EPS）

1. 组成

电控电动式助力转向系统利用电动机产生的动力协助驾驶人进行转向。它一般由转向角度传感器、转向力矩传感器、电子控制单元、电动机、减速器、机械转向器、蓄电池等构成。

2. 特点

（1）能耗降低　电动助力转向系统无液压装置，是“按需型”系统，即只有转向时系统才工作，消耗的能量较少。因而与液压动力系统相比，其在各种行驶工况下均可节能 80% ~90% 。

（2）轻量化显著　液压动力系统因有液压缸、液压泵、转阀、液压管道等部件，使系统结构复杂，零件数目多，占用空间大，布置不方便。电动助力转向系统则表现出了明显的优势，系统结构紧凑，重量减轻，无油渗漏问题，且系统易于布置。

（3）优化助力控制特性　液压助力的增减有一定的滞后性，反应敏感性较差，随动性不够。电动助力转向系统由于采用电子控制，可以使转向系统的转向性能得到优化，增强了随动性。

（4）系统安全保护　当电动助力转向系统出现故障时，即切断电动机与助力齿轮机构的动力传送，迅速转入人工－机械转向状态。

（5）变传动比转向

四、助力转向系统的维护

1. 机械液压式助力转向系统

平时应多检查储液罐中的助力油是否缺失；转弯时转向盘打死的时间尽量不要太长。如果出现转向沉重、噪声等现象，应及时从液压泵 V 带、内部压力等方面进行检查。

2. 电控液压式助力转向系统

平时多注意助力油的多少，警告灯亮时则必须予以检查。

3. 电控电动式助力转向系统

电控电动式助力转向系统的结构相对简单，但保养起来并不容易，如果出现转向沉、发飘等问题时，应尽快进行检测修理。

电控电动式助力转向系统具有安全功能，此功能可确保转向系统正常工作，即使在某些部分出现故障时，转向系统也能连续安全运行。系统能迅速地检测出故障，以便采取相应的安全措施，通常采用的安全措施是停止助力转矩控制或限制助力转矩控制。

（1）停止助力转矩控制　当系统的基本部件，如转向力矩传感器、转向电动机及其连接线等出现故障时，离合器断开，电源继电器释放，从而停止助力转矩控制。

（2）限制助力转矩控制　为防止系统可能出现的故障，一旦出现蓄电池电压降低、动力装置过热等易于导致系统故障的现象，系统就会执行该功能。此外，为防止过热，系统会对连续几分钟之内的电流消耗进行监督，且保持电流消耗不超过预先规定的数值，当平均电流消耗过大时，系统也会执行该功能。

【课后习题】

一、填空题

1. 电控助力转向系统由________、________、________和减速机构组成。

2. 根据控制方式不同，液压式电子控制助力转向系统可分为________、________、________三种形式。

3. 为了有更好的“路感”，在低速行驶时应有________的转向助力，而在高速行驶时有________的转向助力。

4. 在电控助力转向系统中，当汽车直线行驶时，动力转向机构处于________状态。

二、简答题

1. 简述电动电控式助力转向系统的优点。

2. 四轮驱动汽车在低速和中高速时的转向特性如何？

项目四

液力变矩器检修

4

【项目描述】

液力变矩器是自动变速器的动力转递装置，它是由液力耦合器演变而来的。对自动变速器动力传递装置的研究开发可以分为三个阶段，第一阶段是液力耦合器，第二阶段是液力变矩器，第三阶段是综合式液力变矩器。

本项目主要认识液力耦合器和液力变矩器的结构和工作原理，并在此基础上掌握液力变矩器的基本检查项目和检修方法。

【知识准备】

一、液力变矩器的作用

手动变速器汽车的驾驶室里有三个踏板，分别为加速踏板、制动踏板、离合器踏板。自动变速器汽车中则只有两个踏板，分别为加速踏板和制动踏板，没有离合器踏板。在自动变速器汽车上，发动机与变速器是通过液力变矩器连接起来的。

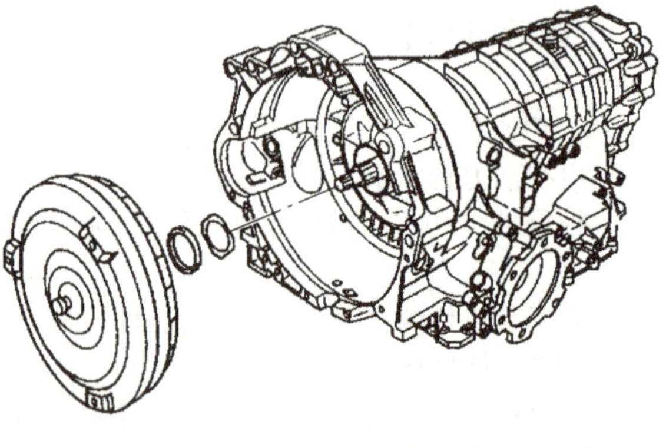

图 4-1　液力变矩器在变速器上的安装位置

液力变矩器的安装位置与离合器一样，介于发动机与变速器之间。变矩器在变速器上的安装位置如图 4-1 所示。

液力变矩器是连接发动机曲轴和变速器输入轴的动力传递装置，它与液力耦合器一样，可以平稳地把发动机的动力传给变速器。液力变矩器允许发动机曲轴与变速器输入轴之间有一定的相对滑转，从而在停车时不脱开行驶档也能维持发动机怠速运转。液力变矩器也可在汽车承受大负荷时起增大转矩的作用，以改善汽车的动力性能。

液力变矩器是自动变速器不可缺少的核心组成部分，其在发动机上的安装形式如图 4-2 所示。

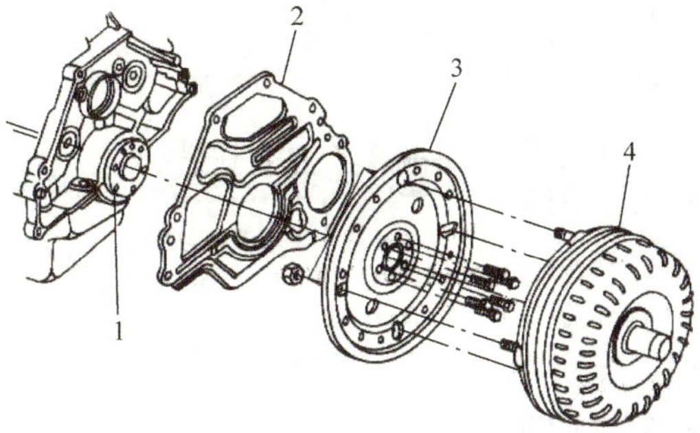

图 4-2　变矩器安装在发动机飞轮上

1—发动机曲轴　2—发动机后端盖板　3—飞轮（挠性板）　4—液力变矩器

二、液力变矩器的结构

常用的液力变矩器由泵轮、涡轮及导轮三个基本元件组成，如图 4-3 所示（见彩插），故也称之为三元件变矩器。现在汽车所用液力变矩器的工作轮一般都是由钢板冲压而成的，而工程机械和一些军用车辆所用液力变矩器的工作轮则用铝合金精密铸造而成。

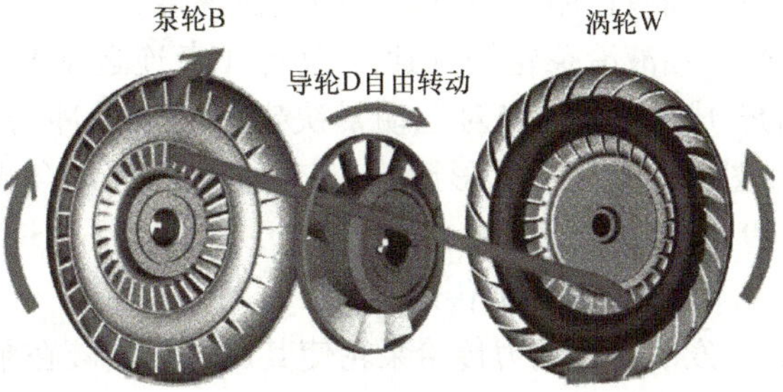

图 4-3　液力变矩器的结构

（1）泵轮　泵轮由壳体、多个叶片及导流环组成，它是主动件，可在发动机的驱动下把机械能转化成液体的动能形成螺旋流冲向涡轮，如图 4-4 所示（见彩插）。

（2）涡轮　涡轮同样由壳体、叶片、导流环组成，由液体的动能驱动，如图 4-5 所示（见彩插）。

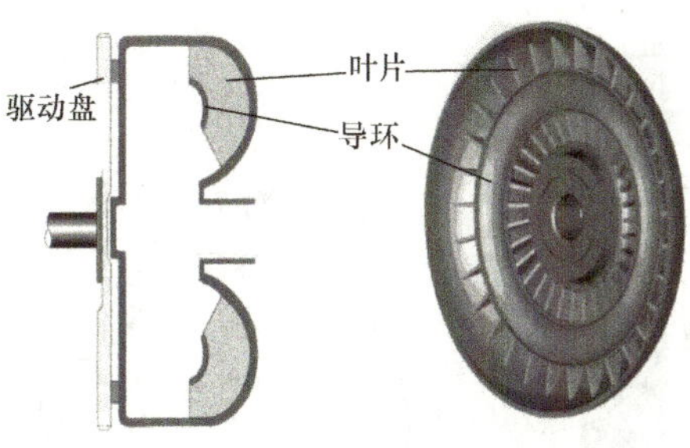

图 4-4　泵轮结构图

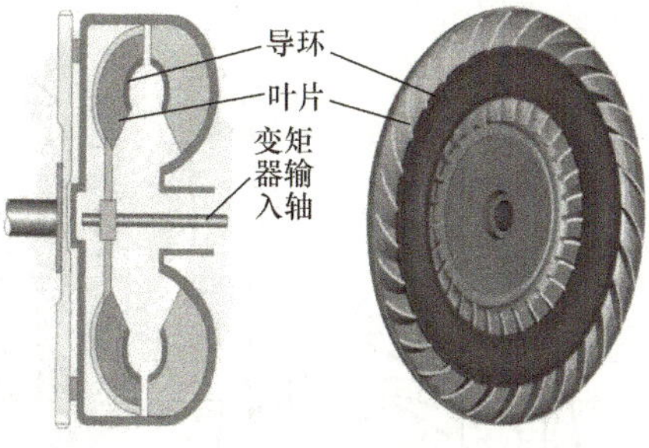

图 4-5　涡轮结构图

（3）导轮　导轮安装于泵轮和涡轮之间，其与泵轮、涡轮无直接机械连接，而是通过单向离合器安装在导轮轴上，用来改变涡轮冲回泵轮的液流方向，起到变矩的作用，如图

4-6所示（见彩插）。

导轮轴从变速器壳前端伸出，并固定在变速器壳体上。单向离合器使导轮只能朝着泵轮的旋转方向转动，当泵轮与涡轮处于减矩工况时，由涡轮出来的油液冲击不到导轮叶片的正面，而是冲击到导轮叶片的背面。此时，如果导轮固定不动，则会阻碍泵轮的转动。此时单向离合器放松，导轮随着泵轮的旋转方向一起转动。

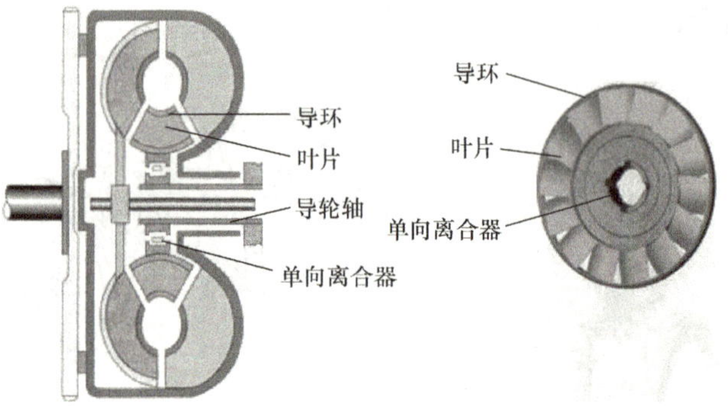

图 4-6　导轮结构图

三、液力变矩器的工作原理

1. 变矩器内的液流运动

变矩器装配后，三个工作轮形成的环状体断面称为变矩器的循环圆如图 4-7 所示（见彩插）。油液在循环圆内形成的涡流速度为 v_2（相对运动），油液沿泵轮轴的速度为 v_1（牵连运动），两者的合成速度 v（绝对运动）决定了液流的冲击方向，如图 4-8 所示（见彩插）。三种速度的矢量合成如图 4-9 所示（见彩插）。

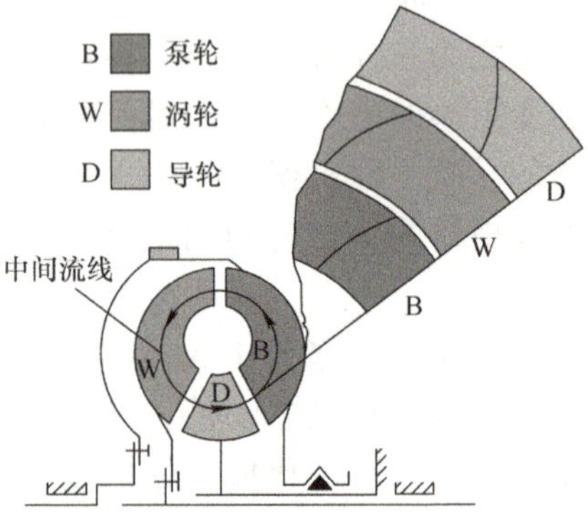

图 4-7　液力变矩器工作轮展开图

2. 变矩器动力传递

发动机将动力传给泵轮使其旋转，油液在泵轮两叶片间形成径向流动，产生相对运动速度 v_1；泵轮旋转在其周向形成周向流动，产生牵连运动速度 v_2。两者合成产生的螺旋流动又称绝对运动速度 v，它冲击涡轮两叶片间产生动力传递，液流冲出涡轮，冲击导轮两叶片后流回泵轮。

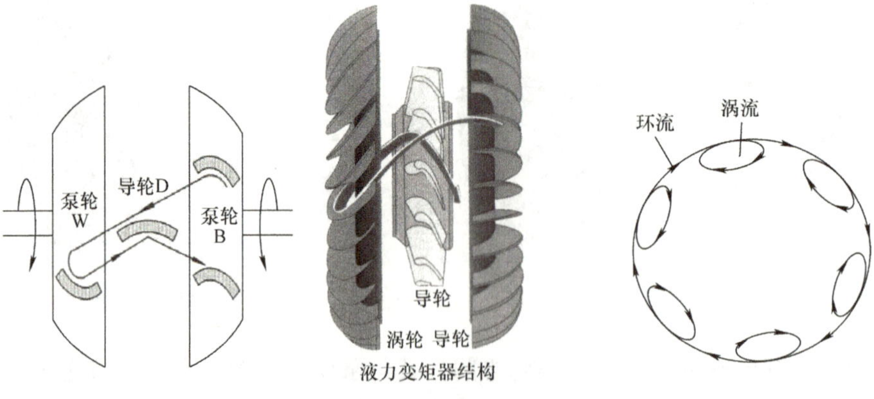

图 4-8　液力变矩器液流方向示意图

变矩器动力传递过程如下：

1）冲击导轮正面时增矩（图4-10，见彩插）。导轮流出的液流冲击泵轮背面帮助其旋转，涡轮速度为0时增矩最大。

2）不冲击导轮正、背面时耦合。当涡轮的速度达到泵轮速度的80%时，液流从导轮的两叶片之间流出，直接冲回泵轮，此时为耦合工况，如图4-11所示（见彩插）。

3）冲击导轮背面时减矩。当涡轮的速度达到泵轮速度的80%以上时，液流冲击导轮背面，此时如果导轮固定不动，则其流出的液流将冲击泵轮正面而阻碍泵轮转动。此时单向离合器放松，导轮随着泵轮的旋转一起转动，仍为耦合状态；但为提高效率而锁止了离合器泵轮和涡轮。

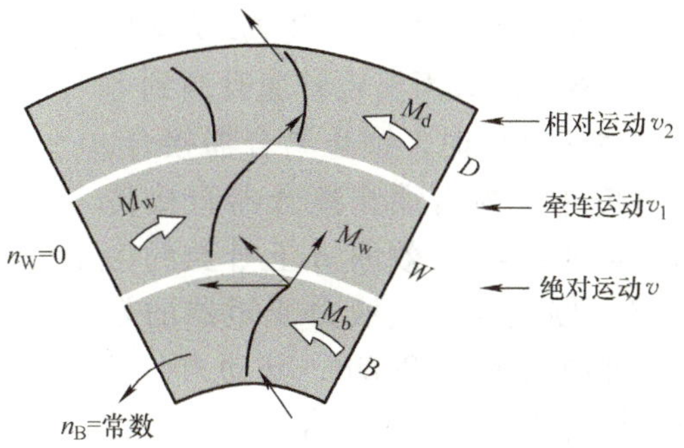

图4-9 液力变矩器矢量合成

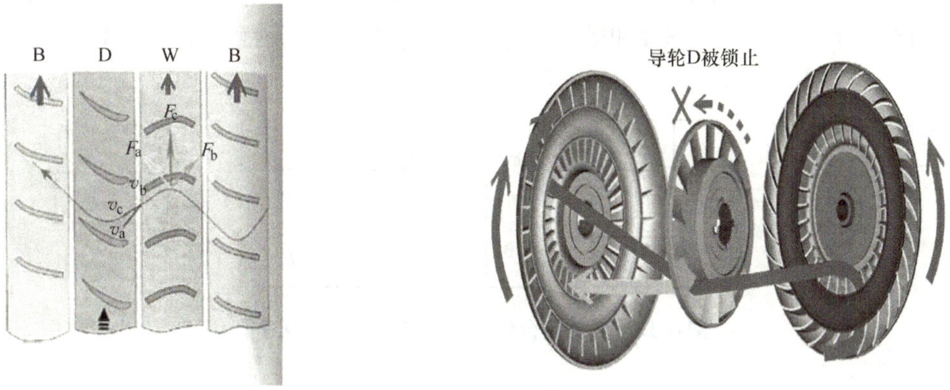

图4-10 增矩过程

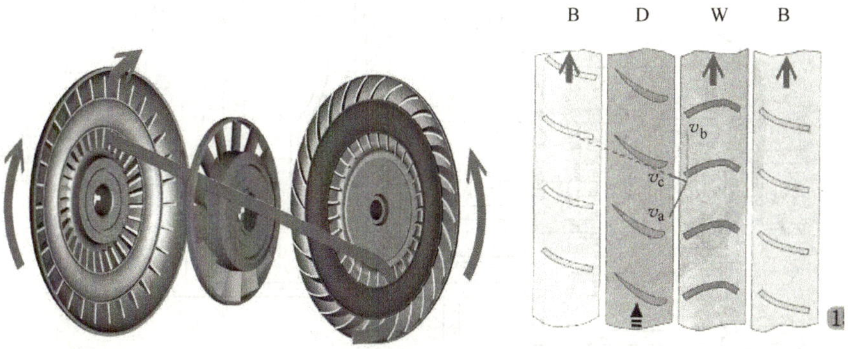

图4-11 耦合工作状态

3. 变矩器锁止

带锁止离合器的综合式液力变矩器的特性曲线如图4-12所示。在$i<i_1$区域，$K>1$，为变矩工况；在 $i_1 \leqslant i \leqslant i_2$ 区域，$K=1$，为耦合器工况。当涡轮转速升高到 i_2（η 约为 0.8）时，锁止离合器接合，动力传递变为由锁止离合器直接传动，此时 $K=1$，效率 η 上升至约为 100%。锁止综合式液力变矩器的效率特性曲线为 $OABCDE$，其动力、经济性均较理想，故在小汽车上已广泛采用，尤其是现代电子控制液力自动变速器基本上都采用锁止综合式液力变矩器。

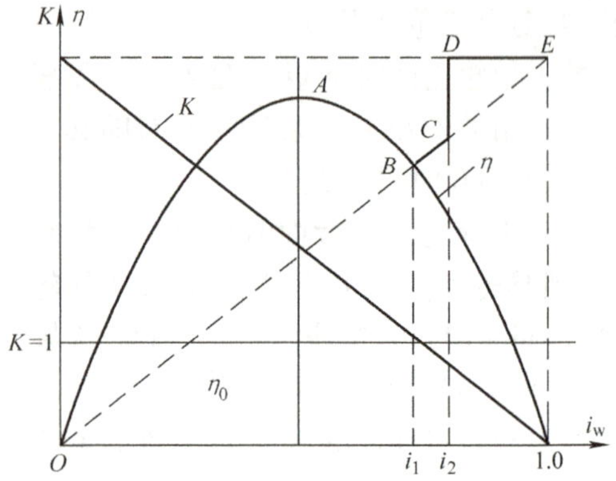

图 4-12　带锁止离合器的液力变矩器的特性曲线

K—变矩曲线　i—涡轮与泵轮的速度比　η—效率曲线

锁止离合器机械地将发动机功率直接连接至自动变速器，可以减小液力变矩器使用液流间接地传递功率所产生的功率损失，如图 4-13 所示。锁止离合器在汽车满足一定行驶条件（档位、车速、负荷、温度等）时由 ECT 控制其锁止，以提高功率性和燃油经济性。其结构及控制示意图如图 4-14 所示。

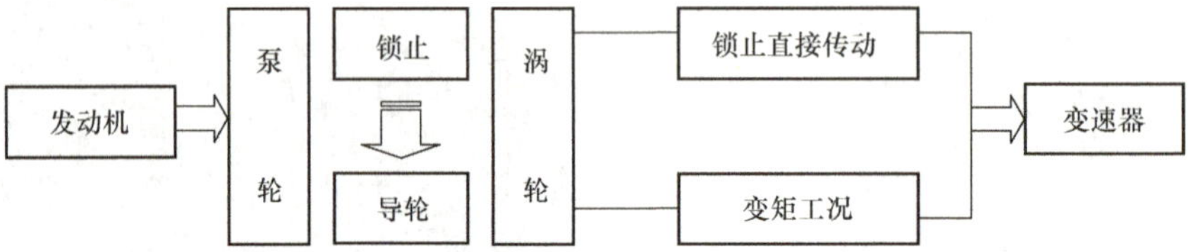

图 4-13　锁止离合器式液力变矩器工作原理图

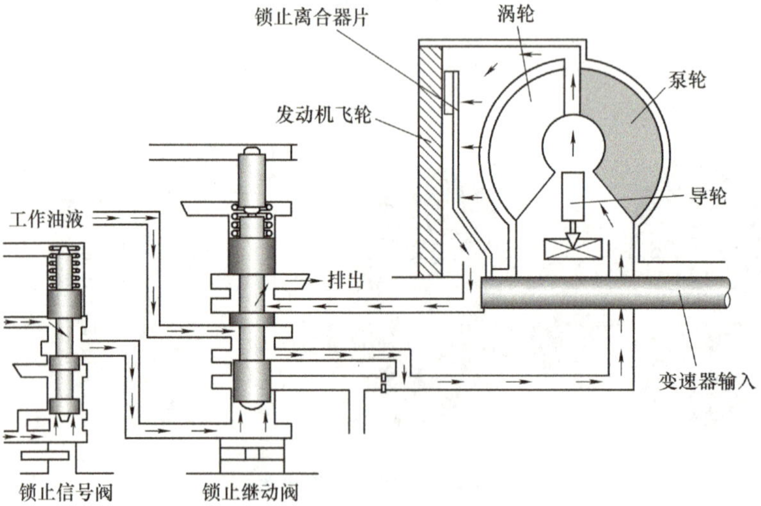

图 4-14　带锁止离合器的液力变矩器的结构及控制示意图

【项目实施】

任务一　液力变矩器的检测

1. 检查液力变矩器轮毂的导入轨迹

液力变矩器轮毂标记如图 4-15 所示。由于变矩器是整体焊接的，所以不能对其进行解体检查，出现损坏或缺陷时要整个更换，不能自行修理。

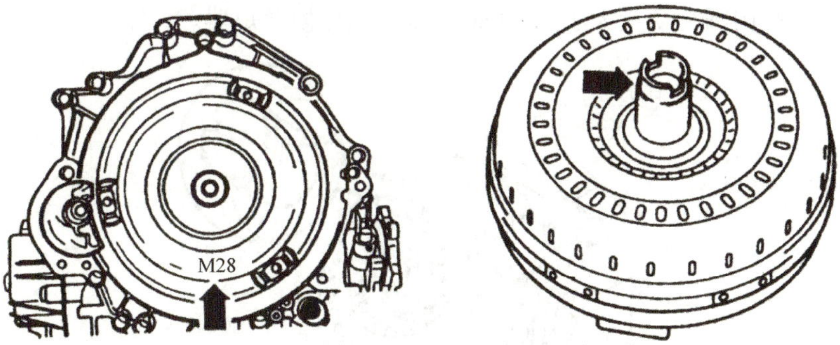

图 4-15　液力变矩器轮毂标记

单向离合器的检查方法如下：

1）将专用工具插入单向离合器的内圈，如图 4-16a 所示。

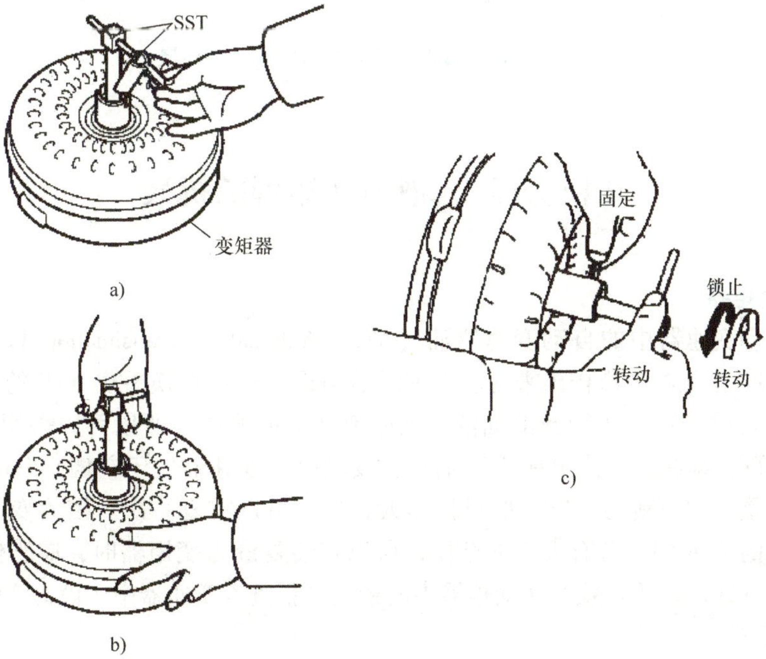

图 4-16　单向离合器的检查

2）安装专用工具，将其装配到变矩器毂的缺口和单向离合器的另一座圈中，如图4-16b所示。

3）将液力变矩器侧立，逆时针转动时单向离合器应锁定，顺时针转动时离合器应自由而平稳地转动，如图4-16c 所示。

如果有必要，应清洁变矩器并重新测试离合器。如果单向离合器经检测不合格，由于变矩器是整体焊接的，故应更换整个液力变矩器。

2. 测量传动板及变矩器轴套的轴向圆跳动

将百分表架固定在发动机缸体后端面上，先测曲轴和变矩器的连接装置（挠性板）的轴向圆跳动量，如图4-17 所示。如果挠性板的轴向圆跳动量大于0.20mm，则必须更换挠性板；如挠性板合格，将变矩器在挠性板上固定好，再检测变矩器驱动轴套的径向圆跳动量，如果驱动轴套的径向圆跳动量大于0.30mm，则必须更换变矩器。

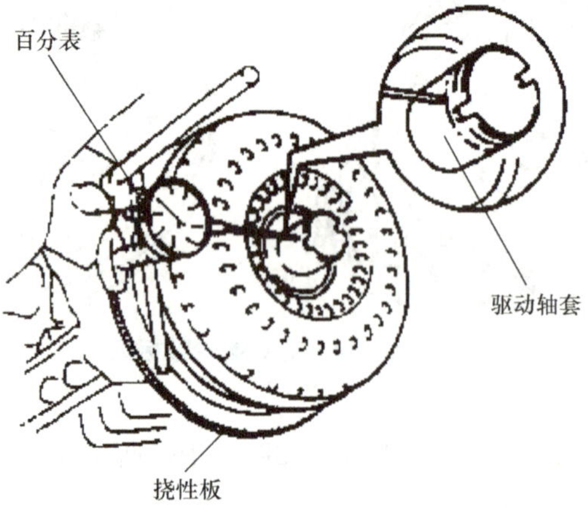

图4-17　测量传动板及变矩器轴套的跳动量

任务二　液力变矩器的拆装

1. 排空变矩器

在更换自动变速器中的自动变速器油（ATF，Automatice Transimation Fuel）时，液力变矩器中的ATF是无法全部排出来的。当ATF太脏时，仅仅更换一次ATF的话，在变矩器里残留的油液杂质仍然会污染新的油液，加剧变速器的磨损。所以可以采用“反复换油”的方式更换ATF。即在第一次更换ATF后运行发动机（变速器置于空档）5min左右，然后放出ATF，再重新加注新的ATF，如果仍然太脏的话可以重复一次。因为变速器磨损大修时，变矩器中的ATF中会含有大量的杂质，所以在装复液力变矩器时，应当使用抽油机抽出变矩器中的ATF，以防止残留在变矩器中的杂质重新进入变速器中。液力变矩器的排空操作如图4-18 所示。

2. 更换液力变矩器油封专用工具

拆卸液力变矩器油封的专用工具 VW681 如图4-19 所示，安装油封的专用工具3295 如

图 4-20 所示。

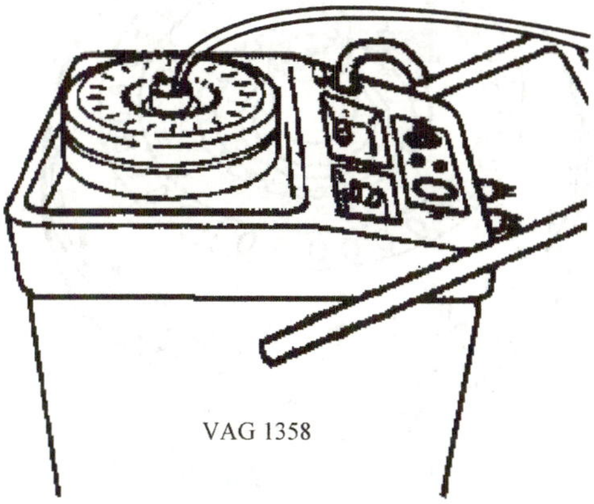

图 4-18　液力变矩器的排空操作

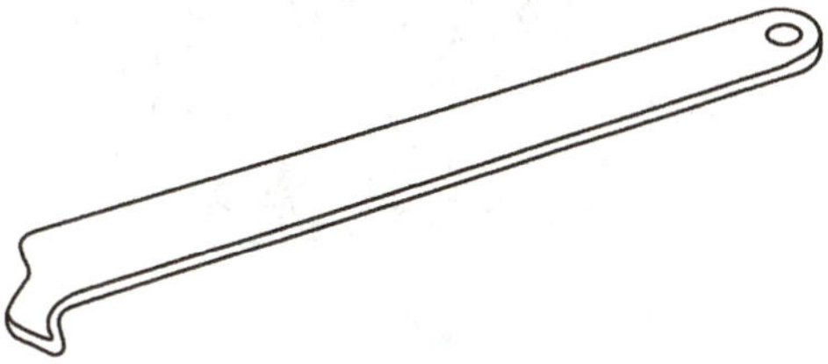

图 4-19　油封拆卸专用工具 VW681

3. 液力变矩器油封的拆卸

拆下变速器，将变速器固定到装配支架上。将油封拆卸专用工具 VW681 放到密封环上拆下油封，如图 4-21 所示。这样可避免下面的轴承环损坏。

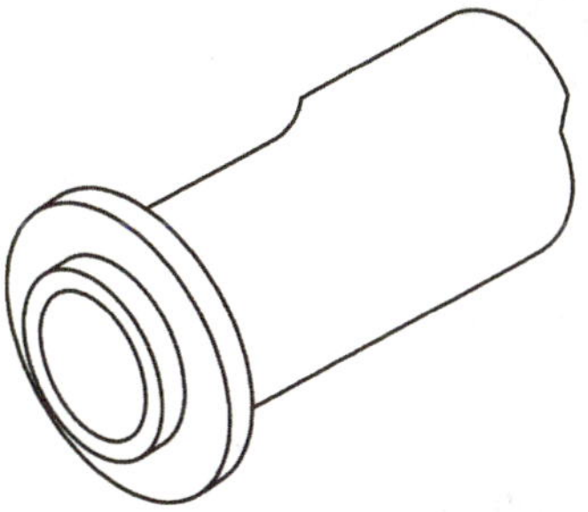

图 4-20　油封安装专用工具 3295

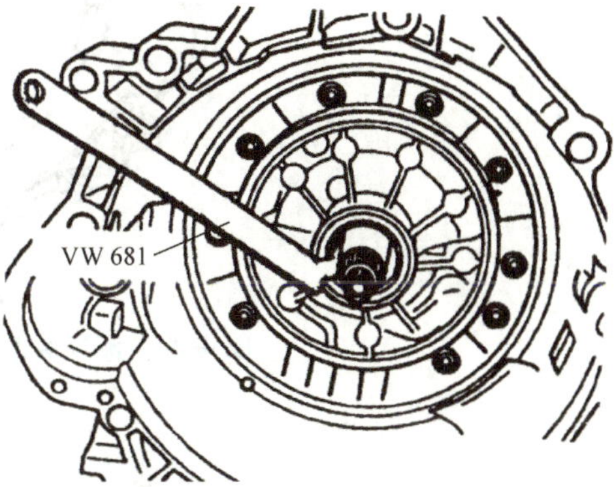

图 4-21　拆卸液力变矩器油封

4. 液力变矩器油封的安装

安装密封圈之前，应当在密封环外沿和唇口处涂抹一些自动变速器油，然后用油封安装专用工具 3295 压入密封环，如图 4-22 所示。安装液力变矩器油封时，密封环的开口侧应当指向变速器一侧，切不可装反。

5. 液力变矩器的安装

先装入轮毂，然后将液力变矩器轻轻向里旋转，直到液力变矩器轮毂的驱动槽进入到泵轮的接合杆中，再将变矩器向里推安装到位。驱动槽的结构如图 4-23 所示。

液力变矩器的安装是否到位可通过测量变速器固定面（变矩器罩与发动机连接的接合面）到液力变矩器端面的距离来确认。如果液力变矩器安装正确，则此距离应符合规定值（如某型号变速器为 23mm），否则，说明液力变矩器没有安装到位，如图 4-24 所示。

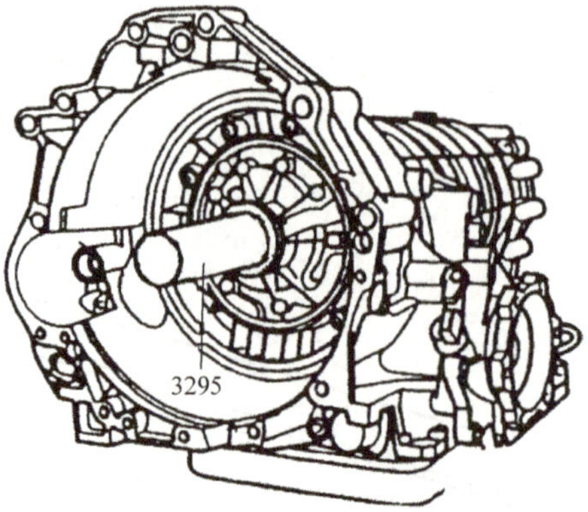

图 4-22　安装液力变矩器油封

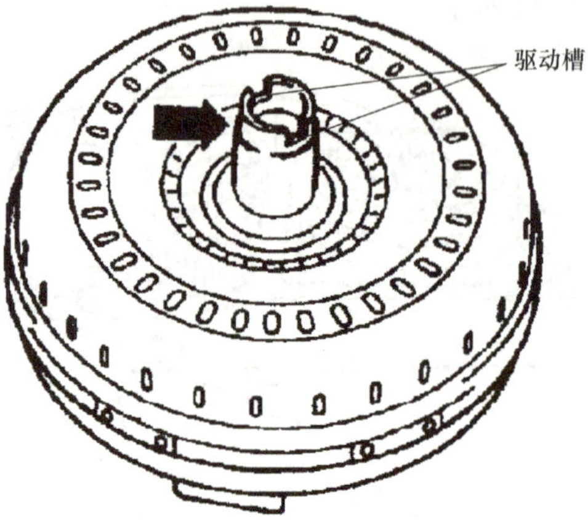

图 4-23　液力变矩器驱动槽结构图

注意：如果液力变矩器安装错误会造成液力变矩器的接合杆及自动变速器液压泵损坏，那么安装变矩器后一定要按照上述要求进行检查。

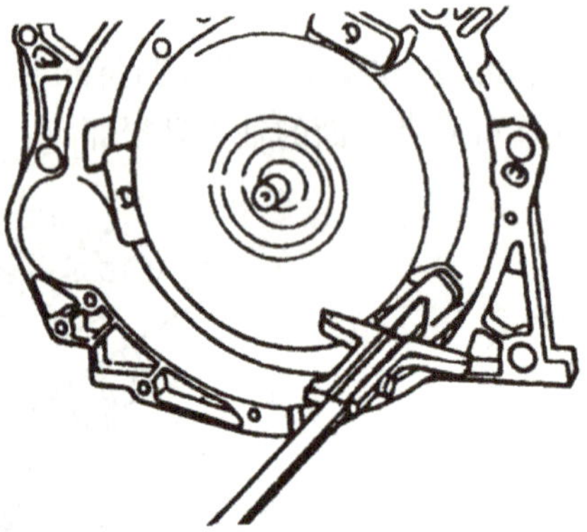

图 4-24　测量变速器固定面到变矩器槽面距离

任务三　液力变矩器的诊断

1. 锁止离合器的故障诊断

锁止离合器接合后，液力变矩器的泵轮和涡轮就机械地连接在一起了，即发动机的曲轴与变速器的输入轴机械地连接在了一起。所以，当汽车行驶在锁止离合器锁止状态时，如果突然将加速踏板踩下，在变速器负载的作用下，发动机的转速在踏下加速踏板的瞬间不会发生明显变化，就证明锁止离合器的工作状况正常；反之，则说明锁止离合器打滑或没有接合。

2. 单向离合器故障诊断

当对变速器进行失速试验时，发动机转速一般为：4 缸发动机 2200～2600r/min，6～8 缸发动机 2400～2700r/min。当发动机失速转速低于 1800r/min 时，说明发动机功率不足；当失速转速低于 1600r/min 时，说明自动变速器的变矩器失去变矩能力（导轮叶片损坏或导轮单向离合器打滑）。当车辆在 30～50km/h 以下出现加速不良、车速上升缓慢、过了低速区后加速正常的故障时，很可能是由液力变矩器内支承导轮的单向离合器打滑引起的。反过来，如果汽车起步加速和中低速行驶正常，但没有高速，温和踩加速踏板最高车速为 80～90km/h；加大节气门开度，最高车速也只有 110～120km/h。油液颜色正常，用故障诊断仪也找不到故障，发动机失速转速正常，此时很有可能是导轮单向离合器卡滞造成的。

3. 变矩器其他常见故障的诊断及处理措施

（1）导轮与涡轮或泵轮发生运动干涉

1）故障现象：汽车在中高速行驶中急剧改变车速时，液力变矩器内发出剧烈的金属撞击声，严重时会像紧急制动一样使汽车立即停驶，在重新起动后又可以正常行驶。

2）故障诊断方法：此故障可通过失速试验来检测，做失速试验时如听到发动机处传出金属撞击声，则说明导轮与涡轮或泵轮发生运动干涉。

3）故障分析：失速试验时涡轮处于静止状态，只有液压泵和变矩器的泵轮随发动机同步旋转，发动机内部或液压泵内部如发生运动干涉，发出金属撞击声，则汽车肯定无法行驶。在发生金属撞击声响的同时，汽车就像紧急制动一样，使汽车停驶的原因是导轮叶片与泵轮或涡轮的叶片连接到一起产生运动干涉，重新起动时在离心力的作用下泵轮与涡轮又分离开，所以重新起动后又可以正常行驶。

4）维修方法：更换液力变矩。

（2）液力变矩器涡轮的花键毂磨损

1）故障现象：事先没有任何预兆，汽车正常行驶时突然听到一阵剧烈而短暂的金属撞击声，随后发动机可以正常运转，但汽车不能行驶。此类故障在汽车行驶里程多为 8 万～9 万 km 以上时容易出现。

2）故障诊断方法：做主油压检测并用故障诊断仪调取故障码，如自动变速器油压检测正常，电控系统也没有故障码，则应拆下变矩器检查其内端的花键毂（外端的花键毂是支承导轮的）是否发生磨损。

3）故障分析：涡轮负责驱动变速器输入轴，如果涡轮花键毂发生磨损，变速器将变成空档，所以汽车无法行驶。造成涡轮花键毂发生磨损的原因有两个。

① 材质问题。个别型号的变速器在车辆行驶 8 万～9 万 km 后就可能发生此类故障。

② 变速器输入轴的轴向位移量过大。变速器输入轴的轴向位移量是由输入轴上的止推垫和推力轴承的数量决定的，若漏装了止推垫片或推力轴承，则会导致输入轴轴向位移量过大，从而会使输入轴花键和涡轮花键毂间的冲击载荷和啮合区减少，造成其早期磨损。

4）维修方法：更换液力变矩器。

【知识拓展】

变矩器的失速点和耦合点

1. 失速点

失速点是指泵轮正常运转，而涡轮不运动的情况。此时泵轮和涡轮之间的转速差最大。

液力变矩器的最大转矩比位于失速点（一般在1.7~2.5范围内），传递效率为0。

提示：在自动变速器的失速试验中，液力变矩器的性能和发动机输出性能是通过发动机在此失速点以节气门全开（满负荷）运转为前提进行试验的。

2. 耦合点

在涡轮开始转动而转速增加时，涡轮和泵轮之间的转速差开始减小；但在此时，传动效率开始增加。传动效率在刚到耦合点之前为最大（约为1）。当转速比达到一定时，转矩比也几乎成为1:1。换言之，导轮在耦合开始旋转而液力变矩器如同液力耦合器一样开始工作在耦合点，以防转矩比降至1以下。

3. 失速试验

该试验用于检查发动机和变速器（行星齿轮装置的离合器和制动器）的总体性能。试验时，使汽车驱动轮固定不转，然后将变速器变速杆分别拨到“D”或“R”位，在将加速踏板踩到底的同时测量发动机的最高转速。

【课后习题】

一、填空题

1. 现代自动变速器汽车所采用的液力变矩器主要由________、________和________三部分构成，因此也成为三元件液力变矩器。

2. 在安装液力变矩器油封时，需先在油封上涂抹一些________；并且油封环的开口侧应________变速器。

3. 液力变矩器之所以能够变矩，主要是由于________的存在。

4. 锁止离合器的作用是________。

二、简答题

1. 液力变矩器主要由哪几部分构成？各部分的作用是什么？

2. 在由于磨损而进行大修的自动变速器后，为什么要彻底清洗液力变矩器？

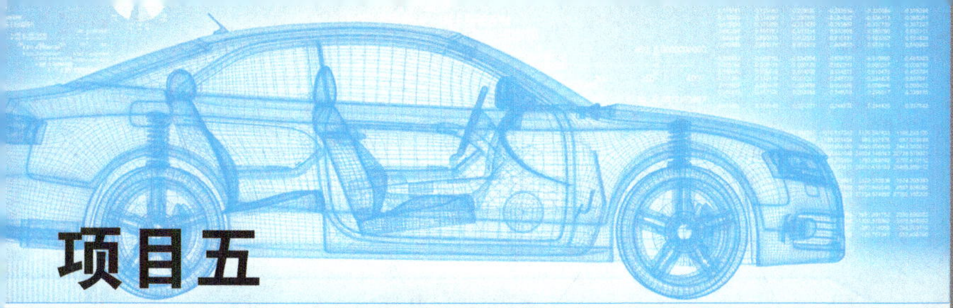

项目五

自动变速器检修

5

【项目描述】

装配有自动变速器（AT，Automatic Transimission）的汽车在驾驶中，其离合器的操纵和变速器的操纵都实现了自动化。自动变速器主要由机械变速器、液压控制系统、电子控制系统、冷却滤油装置四部分组成。

本项目主要认识自动变速器的结构和工作原理，并在此基础上掌握其常见故障的诊断与维修。

【知识准备】

一、自动变速器机械传动部分

1. 行星齿轮机构

（1）行星齿轮机构的结构和类型　最简单的行星齿轮机构是由一个太阳轮、一个齿圈、一个行星架和几个行星齿轮组成的，称为一个行星排。如图 5-1 所示（见彩插），太阳轮、齿圈及行星架具有一个共同的旋转轴线，行星齿轮支承在固定于行星架的行星齿轮轴上，并同时与太阳轮和齿圈相啮合。当行星齿轮机构运转时，空套在行星架上的行星齿轮一方面可以绕自身的轴线旋转，另一方面又可以随行星架一起绕着太阳轮轴心旋转。太阳轮、齿圈和行星架是构成一个行星排的三个基本元件。

根据太阳轮和齿圈之间行星齿轮个数的不同，行星齿轮机构可以分为单行星齿轮式和双行星齿轮式。双行星齿轮机构与单行星齿轮机构在其他条件相同的情况下，齿圈可以得到反向传动，如图 5-2 所示。

（2）行星齿轮机构的变速原理　根据机械原理可知，要想使组成机构的各构件具有确定的相对运动，则必须使机构的原动件数目与机构的自由度数目相等。而对于单排行星齿轮

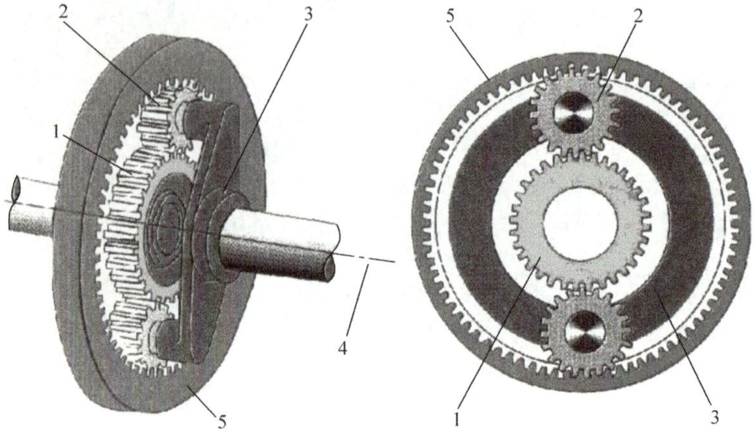

图 5-1　单排行星轮机构

1—太阳轮　2—行星齿轮　3—行星架　4—传动轴　5—齿圈

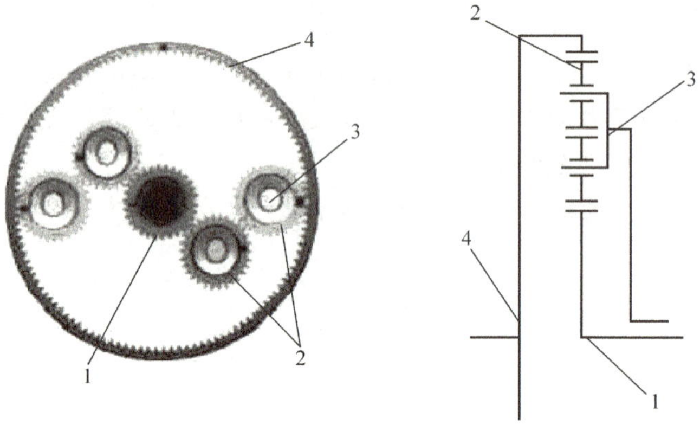

图 5-2　双行星齿轮机构

1—太阳轮　2—行星轮　3—行星架　4—齿圈

机构来说，从图 5-1 可知，行星架、太阳轮以及齿圈与外部零件组成了三个转动副；行星架又与行星齿轮组成了一个转动副；相互啮合的太阳轮、行星轮和齿圈组成了两个高副。根据平面机构自由度的计算公式可知：

$$F = 3n - (2P_L + P_H) \tag{5-1}$$

式中　F——自由度数目；

n——平面机构中活动构件的数目；

P_L——各构件组成的低副数目；

P_H——各构件组成的高副数目。

由上式可知单排行星齿轮机构的自由度为

$$F = 3n - (2P_L + P_H) = 3 \times 4 - (2 \times 4 + 2) = 2 \tag{5-2}$$

单排行星齿轮机构有两个自由度，但有三个自由运动件，所以为了使行星排能够组成具有一定传动比的传动机构，必须将太阳轮、齿圈和行星架这三个基本元件中的一个加以固定或使其运动受到一定的约束（也可将某两个基本元件互相连接在一起），使行星排变为只有一个自由度的机构，以获得确定的传动比，自动变速器中的制动器 B、离合器 C 就是为此而设计的。

(3) 单排行星齿轮机构传动比的计算　单排行星齿轮机构传动比的计算是学习行星齿轮变速器传动原理的基础，为了了解行星齿轮变速器的作用原理，下面先分析单排行星齿轮机构的运动规律。图 5-3 所示为一单排行星齿轮机构的示意图，图上标出了行星轮所受到作用力。

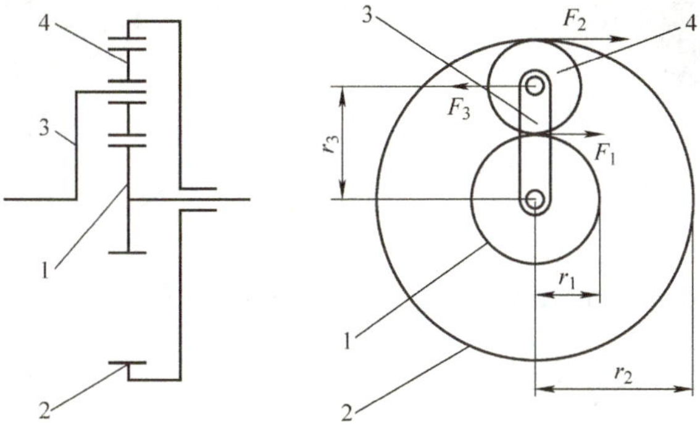

图 5-3　单排行星齿轮机构及作用力示意图

1—太阳轮　2—齿圈　3—行星架　4—行星轮

根据受力平衡原理，可以推导出单行星排行星齿轮机构一般运动规律的特性方程式（过程略）

$$n_1 + \alpha n_2 - (1 + \alpha) n_3 = 0 \quad (5\text{-}3)$$

式中　n_1——太阳轮转速；

n_2——齿圈转速；

n_3——行星架转速；

α——系数，$\alpha = Z_2/Z_1$。

式 (5-3) 就是单排行星齿轮传动比的计算公式，也称运动特性方程。在一个行星排中，只要知道输入元件、输出元件和固定元件，就可以根据上面的公式计算出其传动比。

对于双行星轮齿轮机构，其传动比的计算公式就发生了一定的变化。由于双行星齿轮传动计算公式的推导过程较为复杂，在此便不详细列出，只给出公式结果。

$$n_1 - \alpha n_2 - (1 - \alpha) n_3 = 0 \quad (5\text{-}4)$$

式中　n_1——太阳轮转速；

n_2——齿圈转速；

n_3——行星架转速；

α—— 系数，$\alpha = Z_2/Z_1$。

上述两种行星齿轮传动机构的灵活组合构成了市面上绝大多数的行星齿轮变速器。

(4) 单排行星齿轮传动机构的八种组合　当行星齿轮机构工作时，将太阳轮、齿圈和行星架中的任一元件作为主动件，使其与输入轴相连；将另一元件作为被动件，使其与输出轴相连；再将第三个元件加以约束，这样整个行星齿轮机构即以一定的传动比传递动力。这三个基本元件都有三种运动状态（主动件、从动件、约束件）可以选择，有六种不同的组合方案，再加上两个特例——行星排中没有被约束的零件（自由转动）和将任意两个零件锁为一体（行星排将成为一体，直接传递动力），一共有八种组合。为了便于大家的学习和使用，图5-4（见彩插）~图5-9和表5-1列出了单行星齿轮机构的各种传动组合方案。

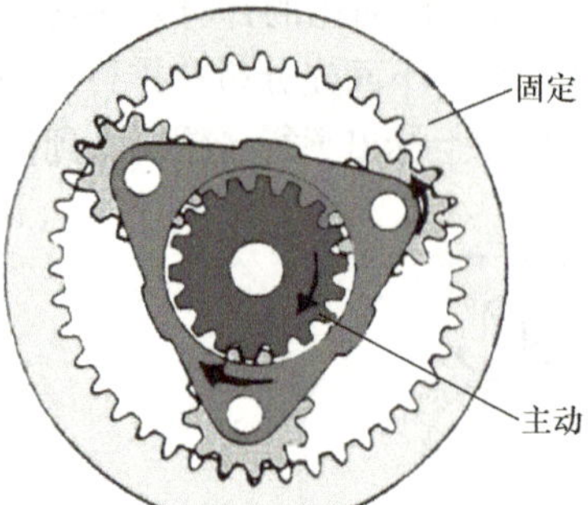

图5-4 齿圈固定，行星架主动，太阳轮从动

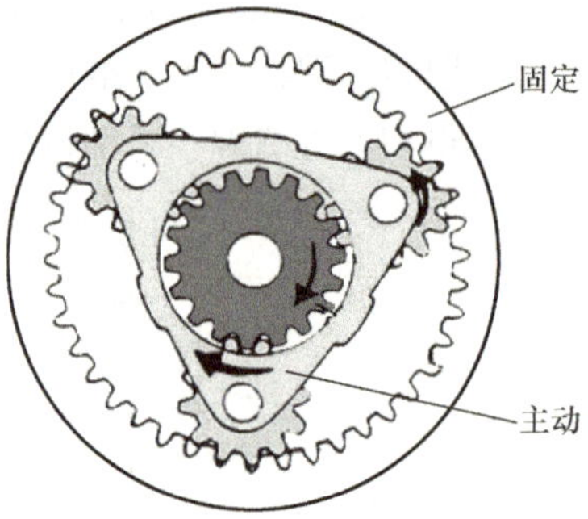

图5-5 齿圈固定，太阳轮主动，行星架从动

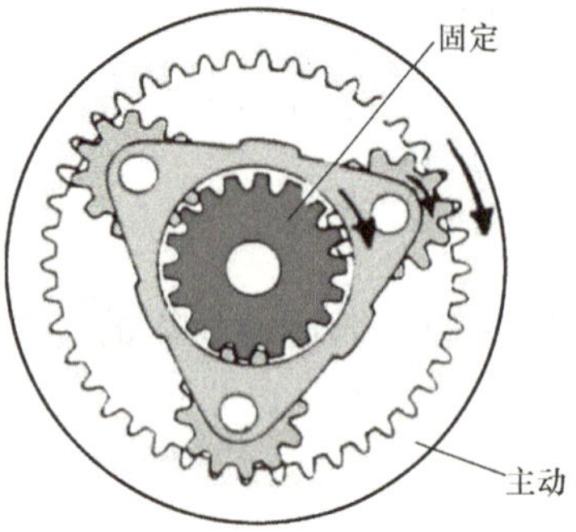

图5-6 太阳轮固定，齿圈主动，行星架从动

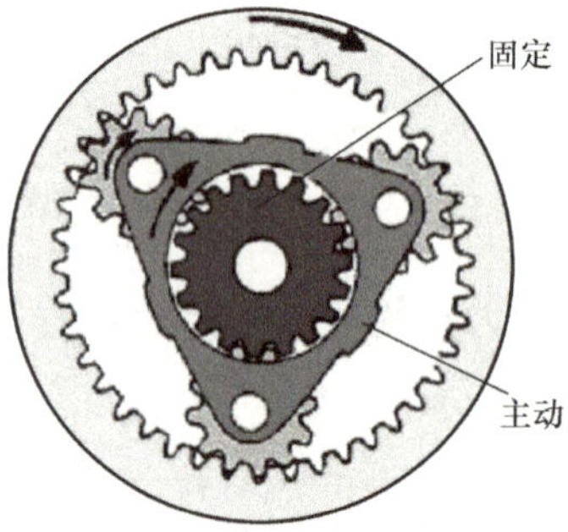

图5-7 太阳轮固定，行星架主动，齿圈从动

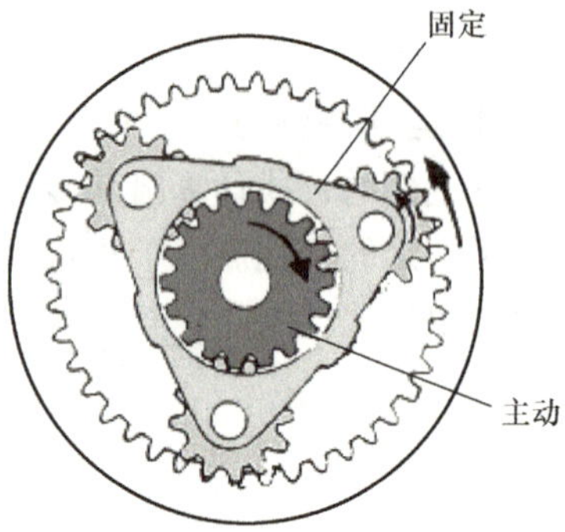

图5-8 行星架固定，太阳轮主动，齿圈从动

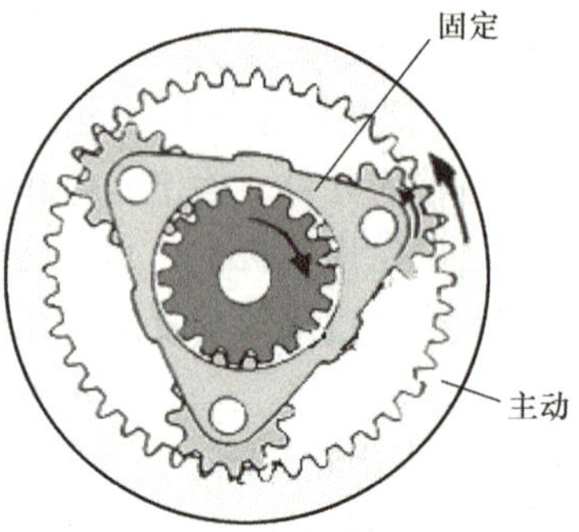

图5-9 行星架固定，齿圈主动，太阳轮从动

表5-1 单行星齿轮机构的八种传动方案

方案	主动件	从动件	固定件	传动比	备注
1	太阳轮	行星架	齿圈	$1+\alpha$	减速增矩
2	齿圈	行星架	太阳轮	$(1+\alpha)/\alpha$	
3	太阳轮	齿圈	行星架	$-\alpha$	

（续）

方案	主动件	从动件	固定件	传动比	备注
4	行星架	齿圈	太阳轮	$\alpha/(1+\alpha)$	增速减矩
5	行星架	太阳轮	齿圈	$1/(1+\alpha)$	
6	齿圈	太阳轮	行星架	$-1/\alpha$	
7	任意两个连成一体			1	直接传动
8	既无任一元件制动，又无任二元件连成一体			三元件自由转动	不传递动力

注：传动比中的负号表示形成倒档。

通过以上图表可以发现，当行星架作为主动件时，传动比肯定小于1；当其作为从动件时，传动比肯定大于1。所以在以后的传动分析中，可以把行星架假想成一个齿轮。它的齿数在行星排中最多，因此直径也最大，所以只要将它作为主动件，则整个行星排肯定是升速传动，反之则是降速传动。这个关系可以为分析行星齿轮传动机构的传动路线提供很大的方便。

由于单个行星排的传动比变化范围有限，不能很好地满足汽车多种行驶工况的要求，所以实用的行星齿轮变速器都是由两个或多个行星排经过灵活组合而成的。在计算各种行星齿轮机构的传动比时，可以先从分析最简单的单排行星齿轮机构传动比的计算方法入手，其他各种形式的行星齿轮机构的传动比可以用同样的方法导出。因此，式（5-1）和式（5-2）是分析任何一款行星齿轮变速器传动路线的基础。只有明白了传动路线，才能针对故障现象分析出所要维修的自动变速器的故障原因所在，从而可以在很大程度上避免工作的盲目性，提高维修工作的效率。

2. 行星齿轮变速器执行元件

在行星齿轮变速器中，常用的执行元件有离合器和制动器。其中离合器根据结构形式分为湿式多片式离合器和单向离合器；制动器根据结构形式可分为多片湿式制动器和带式制动器，下面分别来学习这些执行原件的工作原理。

（1）离合器的结构及工作原理　离合器的作用是将两个能独立运动的零件连接起来，使之成为一体。离合器有多种形式，如多片湿式离合器、单向离合器等，下面分别讲述这两种离合器的工作原理。

1）湿式多片式离合器。

① 湿式多片式离合器的作用。在自动变速器中，湿式多片式离合器的主要作用是连接，即将行星排中两个运动的零件连接在一起，以约束行星排中某两个基本件的运动。在实践中，常用大写字母“C”表示离合器；如果变速器中有多个离合器，则在C的右下角加一个数字脚标，如 C_1 等。

图5-10　湿式离合器的摩擦片与卡环

② 湿式多片式离合器的结构。湿式多片式离合器通常由离合器鼓、离合器活塞、复位弹簧、弹簧座、钢片、摩擦片与卡环（图5-10）、调整垫片、离合器毂及几个密封圈组成，如图5-11所示。

离合器活塞安装在离合器鼓内，它是一种环状活塞，由活塞内、外圈上的橡胶密封圈与离合器鼓紧密接触保证密封，从而和离合器鼓一起形成一个密封的环状液压缸，并通过离合器轴颈上的进油孔和控制油道相通，如图 5-12 所示。

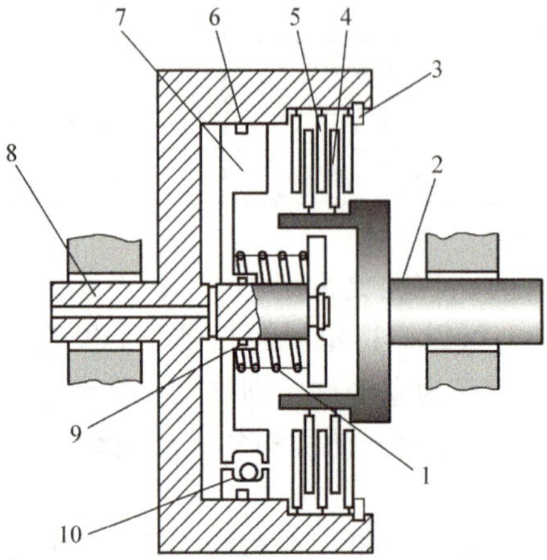

图 5-11 湿式多片式离合器

1—复位弹簧 2—输出轴 3—卡环 4—摩擦片 5—钢片
6—活塞密封圈 7—活塞 8—输入轴 9—密封圈 10—单向阀

图 5-12 执行元件—离合器

单向阀 10（图 5-11）是为了保证离合器能够分离彻底而设计的。离合器旋转时，将带动液压油产生较大的离心力；离合器分离时，活塞腔中的一部分油液由于离心力的作用残留在液压缸内并对活塞产生一定的压力，这会引起离合器分离不彻底。为防止此类问题，就在活塞的外圆处设有止回阀，如图 5-13 所示。

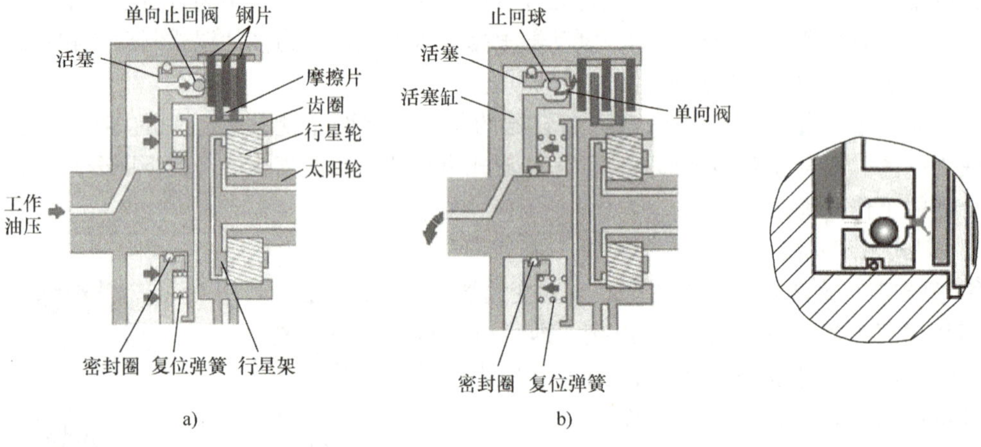

图 5-13 离合器单向止回阀工作示意图

a）结合 b）分离

③ 湿式多片式离合器的特点。由于湿式多片式离合器的表面积较大，故其所传递的转矩也较大，摩擦材料磨损均匀。通过增减摩擦片的数目和改变施加压力的大小，就可以改变其传递功率的大小。这样就可以使同一外形尺寸的变速器适用于不同排量的发动机，从而减

少零件尺寸规格，方便维修。

2）单向离合器。

单向离合器作为离合器的一种特别形式，广泛用于行星齿轮变速器及综合式液力变矩器中。该执行元件是依靠其单向锁止原理来发挥固定或连接作用的，当与之相连接的元件的受力方向与锁止方向相同时，该元件即被固定或连接；当受力方向与锁止方向相反时，该元件即被释放或脱离连接，如图5-14所示。在汽车维修中，常用大写字母“F”表示单向离合器。

图5-14　单向离合器示意图

单向离合器的工作无需控制机构，完全由与之相连接元件的受力方向来控制。它在与之相连接的基本元件的受力方向发生变化的瞬时即发生接合或脱离，反应迅速，可保证平顺、无换档冲击，同时大大简化了变速器的液压控制系统。

行星齿轮变速器中采用的单向离合器有楔块式和滚柱式两种。在楔块式单向离合器中，内、外圈都是圆形的，利用内、外圈之间的楔形块工作，如图5-15所示。而在滚柱式单向离合器中，内圈和滚柱体是圆形的，利用滚柱在其外圈上楔形槽中不同的位置来工作，如图5-16所示。

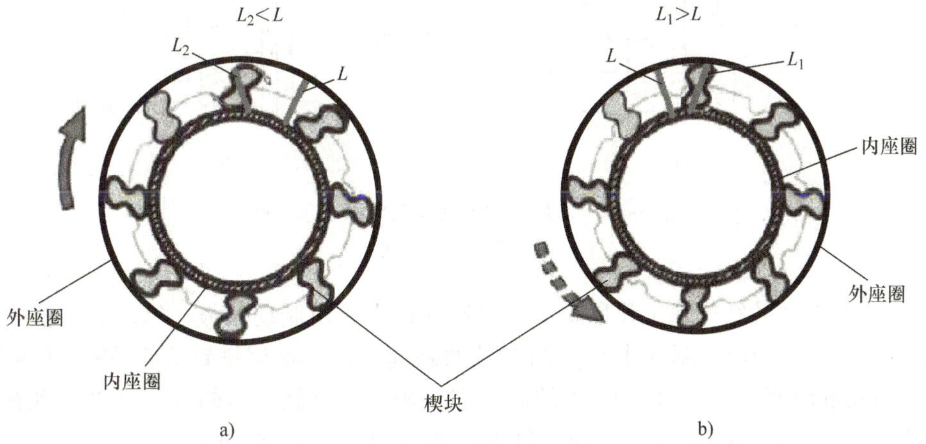

图5-15　楔块式单向离合器工作原理示意图

a）顺时针方向旋转　b）逆时针方向旋转

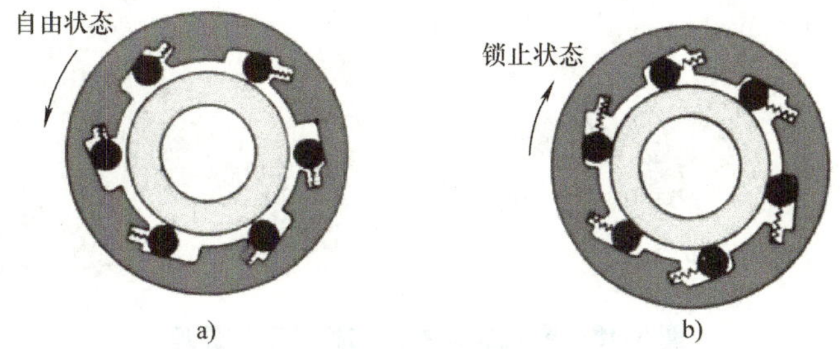

图5-16　滚柱式单向离合器工作原理示意图

注意：单向离合器的锁止方向完全取决于安装方向，所以维修时切记正确的安装方向，不可装反，否则会影响自动变速器的正常工作，甚至会损坏变速器。

(2) 制动器的结构及工作原理　制动器能将一个运动的零件与一个固定的零件连接起来，从而使该零件不能运动。制动器也有多种形式，在自动变速器中常用的制动器有多片湿式制动器和带式制动器两种。

1）多片湿式制动器的结构及工作原理。多片湿式制动器实际上与多片式离合器具有相同的结构，其主要的区别在于离合器的壳体是一个运动件，而制动器的壳体和液压缸是固定不动的。

多片湿式制动器的工作原理和多片式离合器基本相同。当液压油进入活塞缸时，活塞在缸体内向右移动，促使制动器的摩擦片与钢片接触，在两片之间产生高摩擦力，与行星架连接的制动器毂就被固定，即不能旋转，如图5-17a所示。当液压油从活塞缸排出时，复位弹簧将活塞复位至原始位置，导致制动器脱开，制动器毂便可以自由旋转，如图5-17b所示。

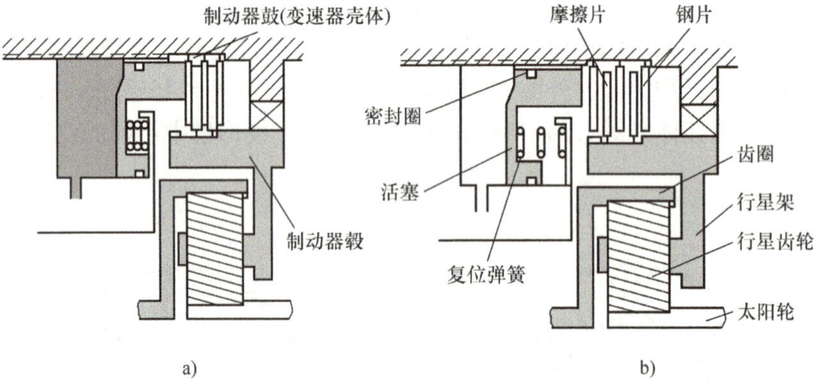

图5-17　多片湿式制动器工作原理示意图

a）结合　b）分离

2）带式制动器的结构及工作原理。带式制动器主要由制动器鼓、制动带、液压缸及活塞组成，如图5-18所示。制动带绕在制动鼓的圆周上，一端用销钉固定在变速器壳体上，另一端与制动缸活塞接触。图5-19中的调整螺钉用于调整制动器的自由间隙，现在自动变速器上已经取消了调整螺钉这一结构，自由间隙的调整是通过更换不同长度的推杆来实现的，通常备有两种不同长度的推杆供选用。

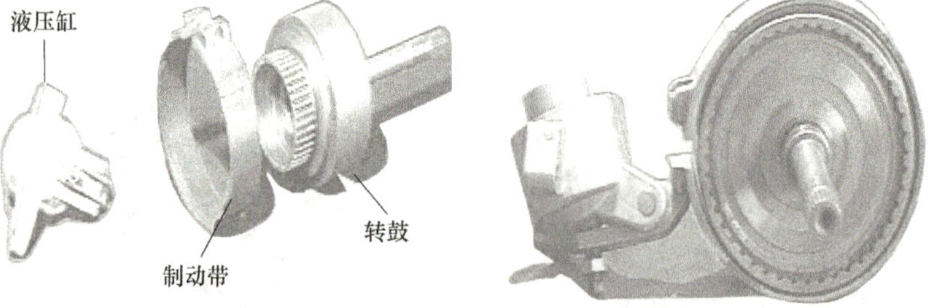

图5-18　带式制动器的结构及工作原理

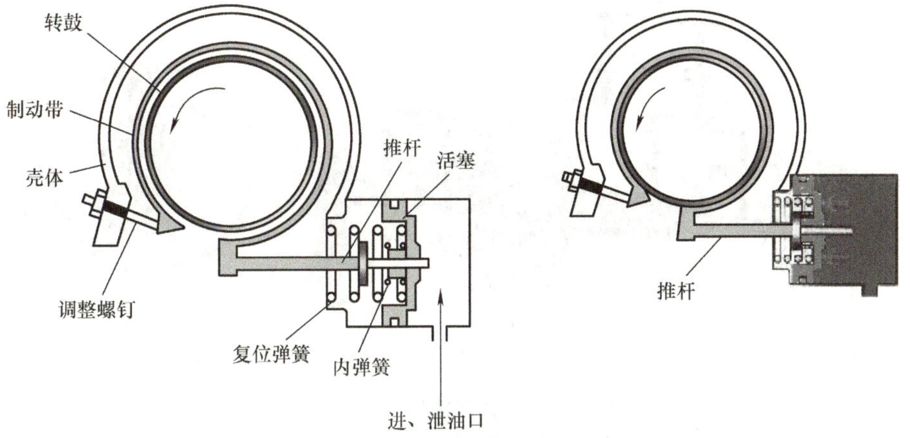

图 5-19 带式制动器工作原理示意图

带式制动器的制动过程分为两个阶段：第一个阶段，当液压缸内的油压升高时，活塞向左移动推动内弹簧，内弹簧被压缩并将力传给推杆，推杆推动制动带夹持制动鼓（注：此时制动力不是很大，所以制动鼓只是降速而没有完全被制动）；第二个阶段，缸体内的油压继续升高，压缩内、外弹簧推动活塞继续移动，当活塞与推杆垫片接触时，活塞便直接推动推杆，制动带便以更大的制动力夹持制动鼓。此时，在制动带和鼓之间产生了更高的摩擦力，以促使制动鼓被固定。当液压油从缸体内排出时，活塞和推杆被外弹簧推回，制动鼓释放，制动解除。这样的结构可以非常有效地防止制动器在起作用时产生振动。

二、大众车系行星齿轮变速器传动分析

单排行星齿轮机构传动比的变化范围有限，而且在实际应用中，有些传动方案是不宜用或不能用的。现代汽车为了得到较好的动力性能和经济性能，要求变速器的档位较多，以拓宽液力自动变速器的高效区域，从而充分利用发动机的功率。因此，在实际应用的行星齿轮变速器中，多采用 2～3 个单排行星齿轮机构组合成的行星齿轮变速器。在组合行星排机构中，最典型的结构是拉维娜结构（主要应用在大众车上）和辛普森结构（主要应用在丰田车上）。

1. 拉维娜式行星齿轮变速机构

01N 行星行齿轮部分传动简图如图 5-20 所示（见彩插）。这种行星齿轮变速机构由一个单行星齿轮式行星排和一个双行星齿轮式行星排组合而成，两个行星排共用一个齿圈和一个行星架。它自 20 世纪 70 年代开始应用于许多轿车自动变速器上，特别是前轮驱动式轿车的自动变速器，如奥迪、大众、福特、马自达、奇瑞等车型的自动变速器。该变速器有多种变种，如 096、097、098 以及它们分别演化而成的 01M、01N、01V 等。

2. 变速器档位

桑塔纳 2000 俊杰轿车采用 01N 型 4 速电控液力自动变速器，它有四个前进档、一个倒档，可供变速杆选择的位置有 P、R、N、D、3、2、1。其各个档位的使用说明如下。

(1) P 位（停车档）　只有在车辆完全停稳时才可挂入该档，挂入该档后驱动车轮被机械装置锁止而无法转动，如图 5-21 所示。若想将变速杆移动到该位置，需踩下制动踏板，

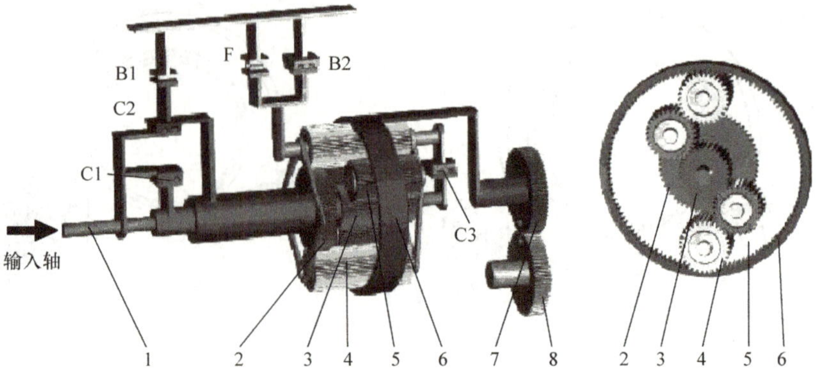

图 5-20　01N 行星齿轮部分传动简图

1—输入轴　2—行星架　3—小太阳轮　4—长行星轮
5—短行星轮　6—齿圈　7—输出轴　8—输出中间齿轮

并按下变速杆手柄上的档位锁止解除按钮。

(2) R 位（倒车档）　只有在车辆静止且发动机怠速运转时才可挂入该档，按下变速杆手柄上的锁止按钮，即可将变速杆移出或移入倒车档。在车辆前行时，不要误将变速杆挂入 R 位。

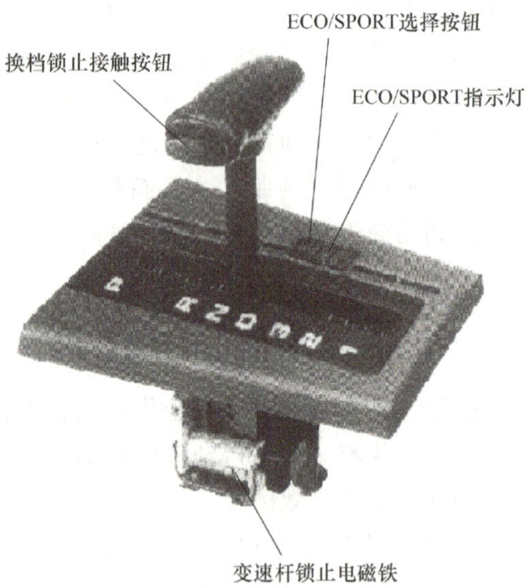

图 5-21　变速杆手柄外形图

(3) N 位（空档）　在点火开关打开的状态下，当车辆静止或车速低于 5km/h 时，挂入该档后变速杆会被锁止电磁铁锁止。若想移出该档，需踩下制动踏板，同时按下锁止按钮。在车速高于 5km/h 时，只需按下锁止按钮，即可将变速杆移入或移出 N 位。

(4) D 位（前进档）　一般情况下选用该档，变速器控制单元根据车速及发动机负荷等参数，控制变速器在 1 ~ 4 档间自动切换。

(5) 3 档（坡路档）　在有坡度的路面上行驶时可挂入该档，此时变速器会在 1 ~ 3 档间自动换档，但不会换入 D 位，这样可在下坡时提高发动机的制动效果。

(6) 2 档（长坡档）　遇到较长距离的坡路时选用此档，变速器只根据行驶速度及节气门的开度变化，控制车辆在 1 档和 2 档之间自动换档，这样一方面避免了挂入不必要的高速档，另一方面在下坡时可更好地利用发动机制动。

(7) 1 档（陡坡档）　在下非常陡峭的坡路时选用此档，车辆总处于 1 档行驶状态，而不会换入其他三个前进档位。这样一方面可以保证在爬坡时有足够的动力，另一方面在下坡时可最大限度地利用发动机制动，减轻制动器的负荷。

3. 各档位传动路线分析

由图5-20可知，该变速器设置了三个离合器（C1—1、2、3档离合器，C2—倒档离合器，C3—3档、D位离合器）；两个制动器（B1—倒档制动器，B2—2档、D位制动器）；一个单向离合器（F—1档单向离合器）。可见，使用六个换档执行元件，即可成为一个具有四个前进档和一个倒档的行星齿轮变速器。图5-22（见彩插）和图5-23（见彩插）所示为拉维娜行星齿轮变速器结构示例。下面分别分析各档位的工作情况。

（1）D位1档　在此档位，变速器的C1和F工作，如图5-24所示。

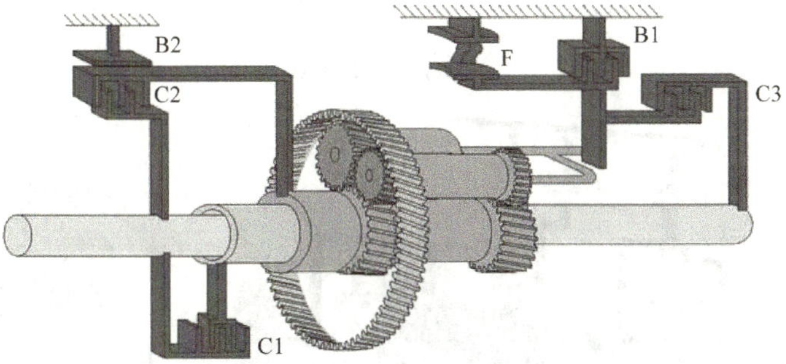

图5-22　拉维娜行星齿轮变速器结构图（1）

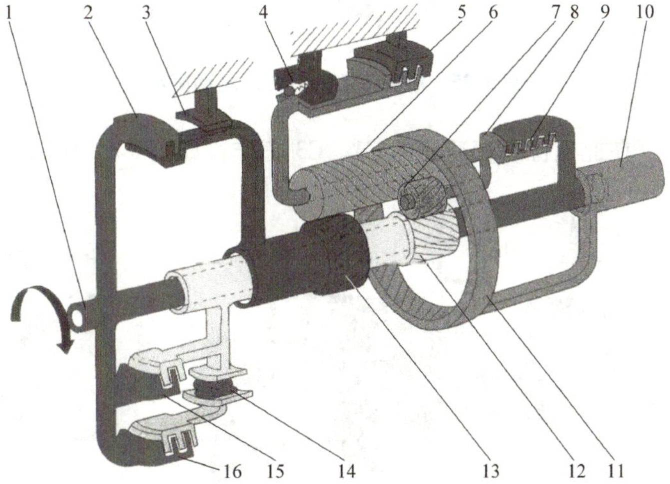

图5-23　拉维娜行星齿轮变速器结构图（2）

1—输入轴　2—离合器C2　3—制动器B1　4—单向离合器F1　5—制动器B2　6—长行星齿轮　7—短行星齿轮　8—公共行星齿轮架　9—离合器C4　10—输出轴　11—公共内齿圈　12—后排太阳齿轮　13—前排太阳齿轮　14—单向离合器F2　15—离合器C3　16—离合器C1

图5-24　D位1档动力传递运动简图

前排相当于一根轴，动力传递到后排时，由于行星架在 F 的作用下固定，故此时长行星架驱动齿圈输出动力。

(2) D 位 2 档　在此档位，变速器的 C1 和 B2 工作，如图 5-25 所示。此时在 B2 的作用下，大太阳轮处于固定状态（$n_1=0$），所以前、后排都参与了档位的形成，故计算传动比时需要联立前、后排运动方程

$$n_1+\alpha n_2-(1+\alpha)n_3=0 \tag{5-5}$$

$$n'_1-\alpha' n_2-(1-\alpha')n_3=0 \tag{5-6}$$

$$i=\frac{n'_1}{n_2}=\frac{\alpha+\alpha'}{1+\alpha} \tag{5-7}$$

图 5-25　D 位 2 档动力传递运动简图

(3) D 位 3 档　在此档位，变速器的 C1、C3 工作，如图 5-26 所示。

图 5-26　D 位 3 档动力传递运动简图

由图 5-26 可以看出，在 D 位 3 档时，C1 和 C3 将行星架和小太阳轮连成一体，所以此时行星排的各个齿轮之间没有相对运动，即输出轴与输入轴的转速和旋转方向一致，为直接档。

(4) D 位 4 档　在此档位，变速器的 C3 和 B2 工作，如图 5-27 所示。

由于 B2 锁定了大太阳轮，此时只有前排起作用，长行星齿轮围绕大太阳轮自转，带动齿圈运动输出动力。

(5) 2 位　2 位各档的传动路线与 D 位各档完全相同，其传动比也与 D 位所对应档位的传动比相同。

(6) 1 位　当变速杆置于 1 位，以 1 档行驶时，与 D 位 1 档基本相同，其区别在于 1 位

图 5-27　D 位 4 档动力传递运动简图

1 档时制动器 B1 与单向离合器 F 共同起作用，从而使行星排中的行星架固定（既不能顺时针方向转动，也不能逆时针方向转动）。这样既能保证按 D 位 1 档的传动路线传动，又能保证在下坡时发动机起制动作用。1 位 1 档的传动比与 D 位 1 档的传动比也相同。

（7）R 位　在此档位，变速器的 C2、B1 工作，如图 5-28 所示。此时只有前排起作用，由于 B1 锁定行星架，动力由大太阳轮输入，长行星轮自转，带动齿圈逆转形成倒档。

图 5-28　倒档动力传递运动简图

4. 执行元件动作表

经过以上对各个档位传动路线的分析，就可以把 01N 自动变速器工作过程中各个离合器、制动器及单向离合器的工作情况做一个总结了。为了方便查阅和总结执行元件的动作规律，可将执行元件的动作情况制成表格的形式，称为执行元件动作表，见表 5-2。

表 5-2　执行元件动作表

档位	执行元件	C1	C2	C3	B1	B2	F
D 位	1 档	●					●
	2 档	●				●	
	3 档	●		●			
	4 档			●	●		

（续）

档位 \ 执行元件		C1	C2	C3	B1	B2	F
2 位	1 档	●					●
	2 档	●				●	
1 位	1 档	●			●		●
R 位			●		●		

注：●—执行元件工作。

由执行元件动作表可以看出各档位执行元件的不同，由此可以确定故障点，这样就在很大程度上减少了工作的盲目性，提高了工作效率。

三、丰田车系行星齿轮变速器传动分析

1. 辛普森行星齿轮变速器机构

丰田 A341E 自动变速器（图 5-29）是丰田公司为 LS400 豪华轿车专门研发的一款四速后驱变速器，该变速器可以传递较大的转矩。其执行元件包括四个制动器（B0—超速档制动器；B1—2 档强制制动器；B2—2 档制动器；B3—低、倒档制动器），三个离合器（C0—超速档离合器；C1—前进档离合器；C2—高、倒档离合器）和三个单向离合器（F0—超速单向离合器；F1—1 号单向离合器；F2—2 号单向离合器），共十个执行元件。该机构的特点是前排行星架与后排齿圈都与输出轴相连（也称前架后圈结构），共用前、后太阳轮。

图 5-29　A341E 自动变速器

2. 变速器档位

A341E 自动变速器的变速杆共有 P、R、N、D、2、L 六个位置，各个档位的使用说明如下。

（1）P 位（停车档）　只有在车辆完全停稳时才可挂入该档，挂入该档后输出轴被机械装置锁止而无法转动。若想将变速杆移动到该位置，需踩下制动踏板，并按下变速杆手柄上的档位锁止解除按钮。变速杆手柄的外形如图 5-30 所示。

（2）R 位（倒车档）　只有在车辆静止且发动机怠速运转时才可挂入该档，按下变速杆手柄上的锁止按钮，即可将变速杆移出或移入倒车档。在车辆前行时，不要误将变速杆挂入 R 位。

（3）N 位（空档）　长时间停车时使用该档，它和 P 位为安全位置（只有在这两个位

置上，发动机才可以起动，其他位置起动机被锁止）。

（4）D位　一般情况下选用该档，变速器控制单元根据车速及发动机负荷等参数，控制变速器在1～4档之间自动切换。

（5）2位（长坡档）　遇到较长距离的坡路时选用此档，变速器只根据车速及节气门的开度变化，在1、2档之间自动换档，这样一方面避免了变速器频繁换档，另一方面在下坡时可更好地利用发动机制动。

（6）L位（陡坡档）　在下非常陡峭的坡路时选用此档，车辆总处于1档行驶状态，而不会换入其他3个前进档位。这样一方面可以保证在爬坡时有足够的动力，另一方面在下坡时可最大限度地利用发动机制动，减轻制动器的负荷。

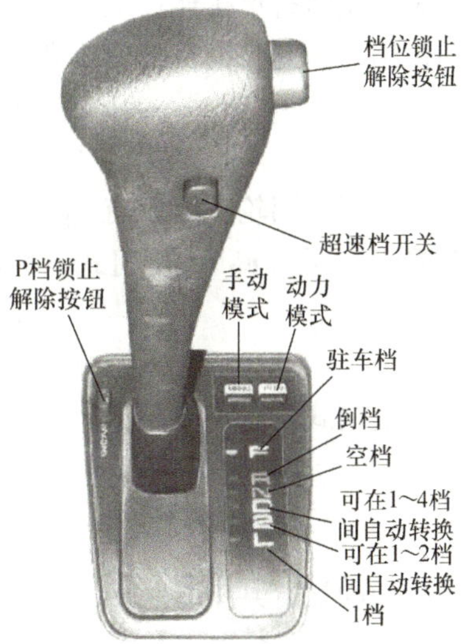

图5-30　丰田A341E自动变速器变速杆手柄外形图

3. 各档位传动路线分析

（1）D位1档　在此档位上，执行元件C0、F0、C1、F2工作，如图5-31和图5-32所示。

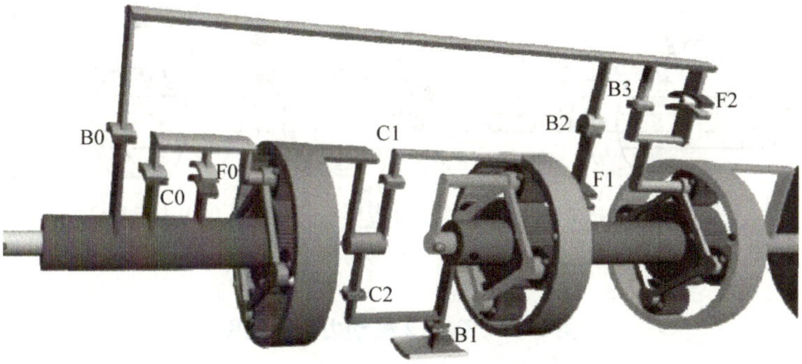

图5-31　A341E行星齿轮机构各档位传动示意图

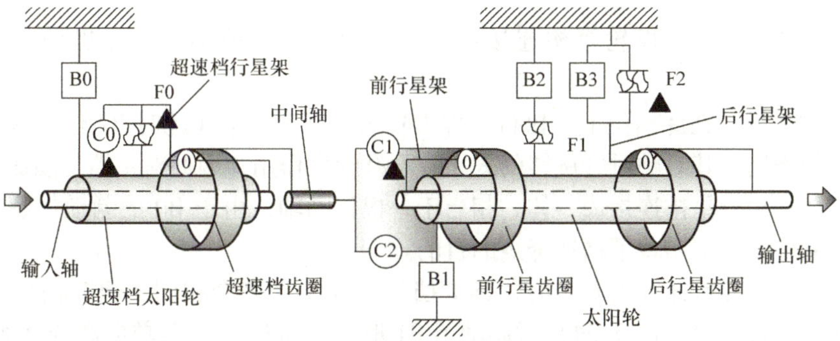

图5-32　D位1档动力传递简图

此时，超速行星排连接成一个整体，相当于一根轴，D 位 1 档的形成需要前、后行星排的共同作用。因此，其档位分析要对前、后行星排的运动方程进行联立

$$n_1 + \alpha n_2 = (1+\alpha) n_3 \tag{5-8}$$

$$n'_1 + \alpha n'_2 = (1+\alpha) n'_3 \tag{5-9}$$

由于共用太阳轮，所以有 $n_1 = n'_1$；前行星架和后齿圈转速相同，即 $n_3 = n'_2$；由于后排行星架受阻，所以 $n'_3 = 0$。将式（5-8）和式（5-9）简化得

$$n_1 + \alpha n_2 = (1+\alpha) n_3 \tag{5-10}$$

$$n'_1 + \alpha n'_2 = 0 \tag{5-11}$$

将以上两式联立得

$$\frac{n_2}{n'_2} = \frac{1+2\alpha}{\alpha} \tag{5-12}$$

即为输出传动比，其中 $\alpha = \frac{Z_2}{Z_1}$。

(2) D 位 2 档　在此档位上，执行元件 C0、F0、C1、B2、F1 工作，如图 5-33 所示。与 D 位 1 档相同，此时超速行星排相当于一根轴，只利用前行星排齿圈带动行星架传动，起到减速增矩作用，后行星排不起作用，直接输出。

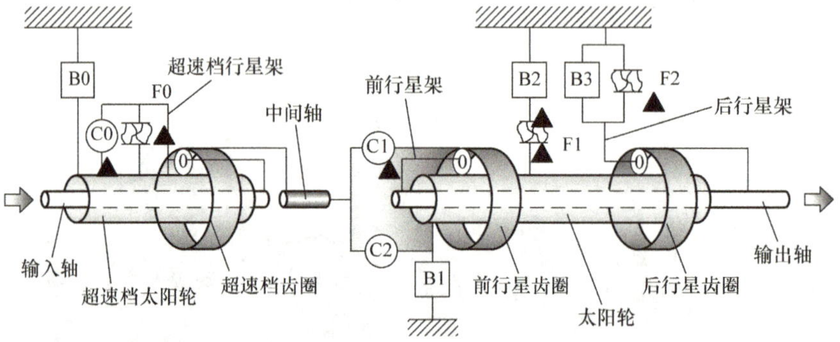

图 5-33　D 位 2 档动力传递简图

(3) D 位 3 档　在此档位上，执行元件 C0、F0、C1、C2 工作（此时 B2 仍然接合，但由于单向离合器的作用，其对顺时针旋转的太阳轮没有约束作用，因此对 3 档传动比没有影响）。

此时，整个自动行星齿轮机构连接成一体，相当于一根轴直接输出动力，即传动比为 1。

(4) D 位 4 档　在此档位上，执行元件 B0、C1、C2 工作（此时 B2 仍然接合，但由于单向离合器的作用，其对顺时针旋转的太阳轮没有约束作用，因此对 4 档传动比没有影响）。

此时，前、后行星排连接成一体，相当于一根传动轴，由于 B0 的制动使超速行星排行星架带动齿圈转动，即实现了增速降矩的目的。

(5) S 位　当变速杆置于 S 位时，其 1 档与 D 位 1 档完全相同；但 2 档与 D 位 2 档不同，区别在于 S 位 2 档（图 5-34）时制动器 B1 取代制动器 B2，与单向离合器 F1 单独起作用，从而使前、后太阳轮组件双向固定（既不能顺时针方向转动，也不能逆时针方向转

动）。这样既可保证按 2 档传动路线传动，又可保证在下坡时发动机起制动作用。S 位 3 档的传动路线与 D 位 3 档完全相同，两者的传动比也相同。

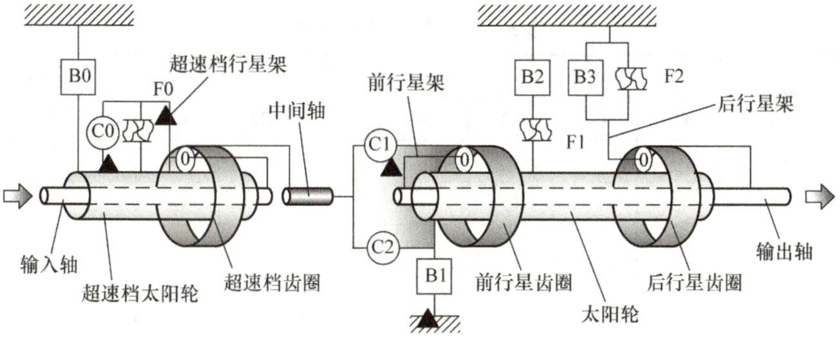

图 5-34　S 位 2 档动力传递简图

（6）L 位　当变速杆置于 L 位时，其 1 档与 D 位 1 档不同，区别在于 L 位 1 档时制动器 B3 取代单向离合器 F2 单独作用，从而使后排行星架双向固定。这样既可保证按 D 位 1 档的传动路线传动，又可保证在下坡时发动机起制动作用，如图 5-35 所示。L 位 2 档与 D 位 2 档完全相同。

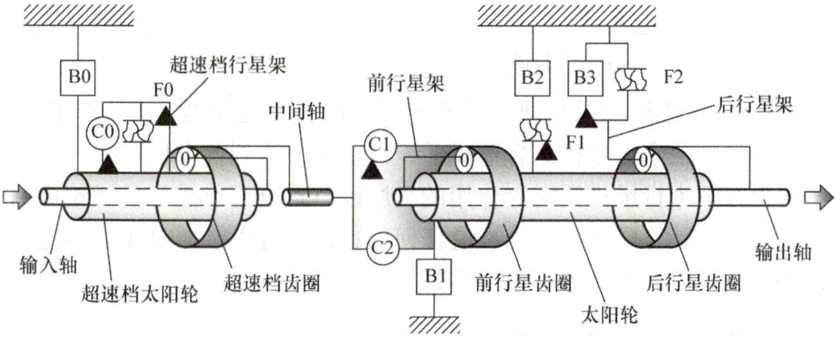

图 5-35　L 位 1 档动力传递简图

（7）倒档　此时，超速行星排仍相当于一根传动轴，动力由前排输入到后排后，由于 B3 锁定了后排行星架，故齿圈逆转，如图 5-36 所示。

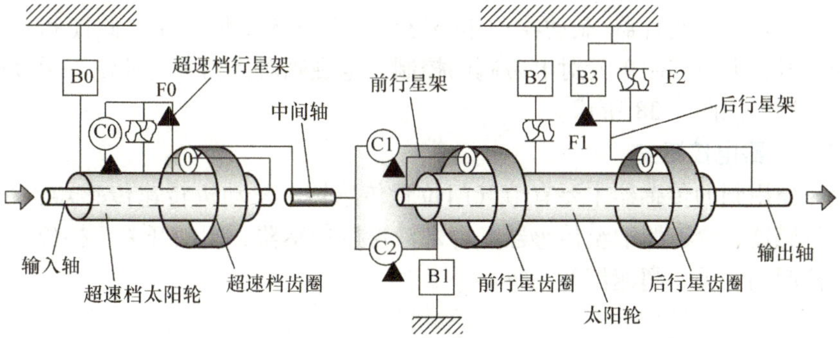

图 5-36　倒档动力传递简图

4. 执行元件动作表

丰田 A341E 自动变速器执行元件动作表见表 5-3。

表 5-3 执行元件动作表

变速杆	档位	离合器			制动器				单向离合器		
		C0	C1	C2	B0	B1	B2	B3	F0	F1	F2
P	停车档										
R	倒档	○		○				○	○		
N	空档										
D	1 档	○	○						○		○
	2 档	○	○				○		○	○	
	3 档	○	○	○			●		○		
	4 档		○	○	○		●				
S	1 档	○	○						○		○
	2 档	○	○			○	●		○	○	
	3 档	○	○	○			●		○		
L	1 档	○	○				●	○	○		
	2 档	○	○				○		○	○	

注：○—接合且传递动力；●—接合但不传递动力。

比较大众 01N 型和丰田 A341E 型两款不同形式的自动变速器，可以发现一个规律：虽然行星齿轮变速器是由几个行星排组合而成的，但是在具体到各个档位时，往往只有一个行星排起作用，很少有两个行星排同时起作用的。所以只要牢记单排行星齿轮传动的八种组合和两种行星排的传动比计算公式，即使没有任何资料，也可以按照变速器的连接关系画出传动路线简图，然后就可以分析出各档位所需的执行元件了。

四、自动变速器电液控制系统

根据前面所学可知，只要控制相应的离合器或制动器的接合与分离，就可以实现行星齿轮机构变速比的变化，也就可以实现变速器最基本的换档要求。图 5-37 所示为自动变速器动力及控制流程图。

由图 5-37 可知，电控自动变速器的控制主线为：传感器→ECU→电磁阀开闭→液压滑阀位置→液压油走向→离合器/制动器动作→行星齿轮系改变传动比。此控制主线可以人为地分为三个阶段：电子控制单元对电磁阀的控制、电磁阀对换档阀的控制、手动阀及换档阀对执行器的控制，如图 5-38 所示。

1. 自动变速器电控系统

自动变速器用到的传感器主要有节气门位置传感器、发动机转速传感器、车速传感器、输入轴转速传感器、变速器油温传感器、冷却液温度传感器、制动开关、档位开关、驾驶模式开关、空档起动开关、超速档开关等。

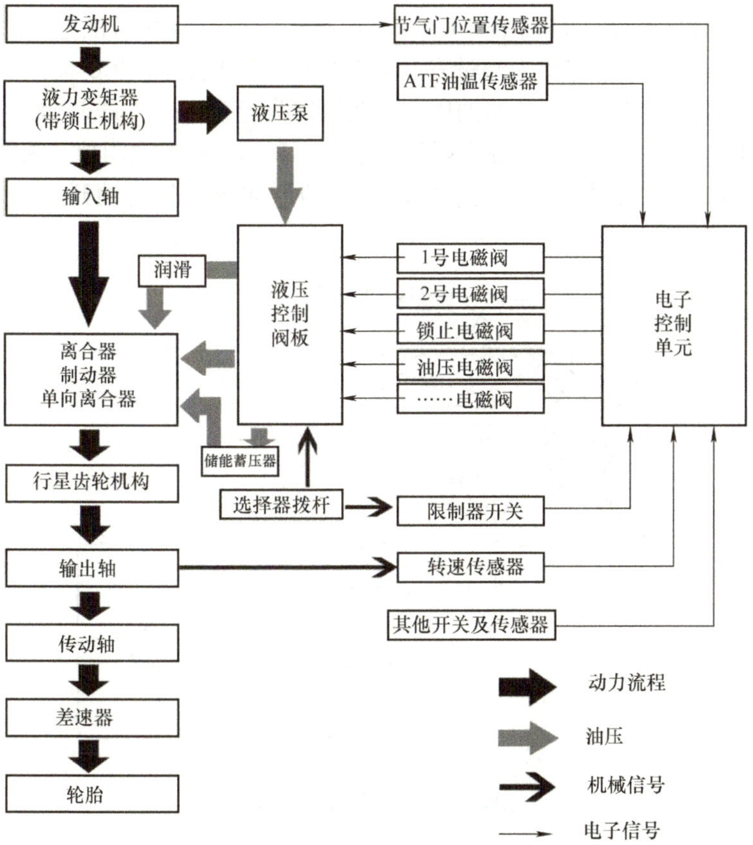

图 5-37 自动变速器动力及控制流程图

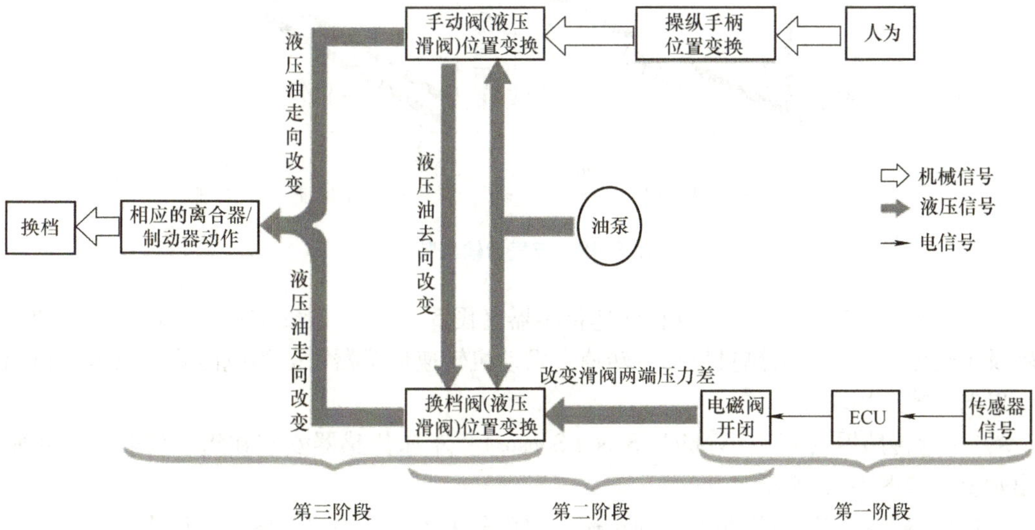

图 5-38 自动变速器控制系统控制流程图

(1) 传感器

1）节气门位置传感器（TPS，Throttle Position Sensor）。节气门位置传感安装在节气门阀体上，与节气门联动。其作用为测量发动机节气门的开度，向 ECU 提供发动机负荷信号以控制自动变速器换档时刻及主油路油压。节气门位置传感器有开关式与线性式两种。节气门位置传感的工作原理：一个触点在电阻体上滑动，利用变化的电阻值，测得与节气门开度对应的线性输出电压，根据输出的电压值，ECU 即可知道节气门的开度，如图 5-39 和图 5-40所示。

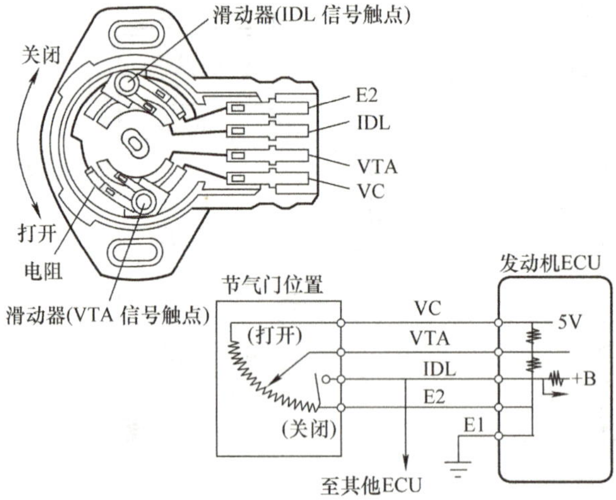

图 5-39　节气门传感器原理

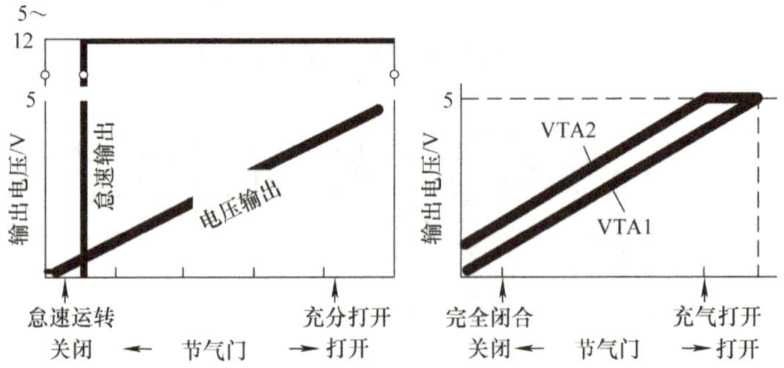

图 5-40　节气门输出特性

2）发动机转速传感器。发动机转速传感器（图 5-41）一般安装在分电器内或曲轴、凸轮轴及飞轮处，其作用为测量发动机转速。发动机转速传感器可分为电磁式、霍尔式和光电式，以电磁式应用较多。

3）车速传感器（VSS，Vehicle Speed Sensor）。车速传感器安装在组合仪表内或变速器输出轴上，如图 5-42 所示。

车速传感器的作用是检测汽车的车速，它可分为舌簧开关式、磁阻元件式、磁电脉冲式和光电式 4 种，目前电磁感应式 VSS 应用较多。

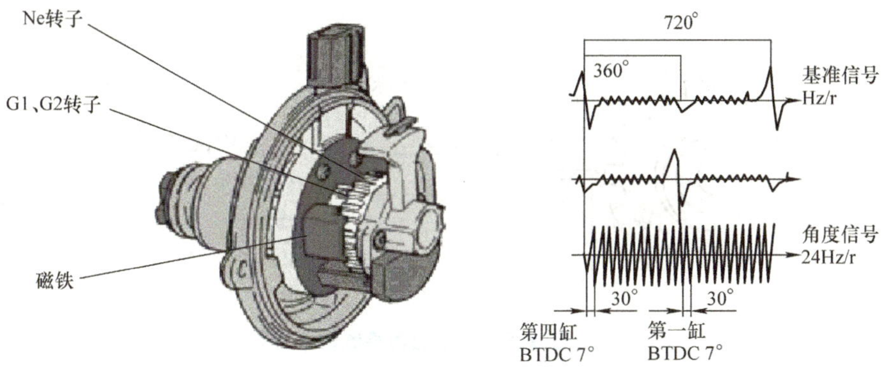

图 5-41　发动机转速传感器

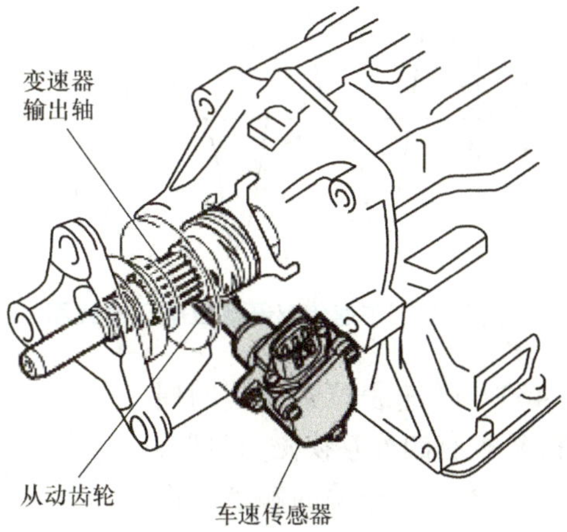

图 5-42　车速传感器安装位置图

下面以电磁感应式、舌簧开关式和光电式车速传感器为例，介绍车速传感器的工作原理。

① 电磁感应式（图 5-43）。当变速器输出轴转动时，线圈的铁心和转子之间的间隙因转子齿的作用而扩大和缩小。这样会使穿过铁心的磁场强度增大和减小，从而在线圈内产生电压，如图 5-44 和图 5-45 所示。

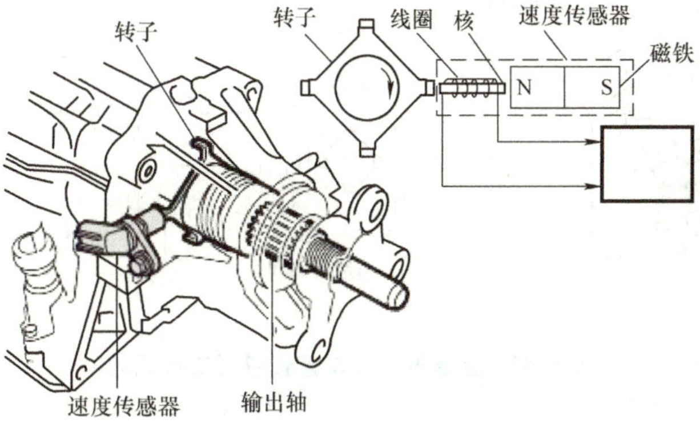

图 5-43　电磁感应式车速传感器

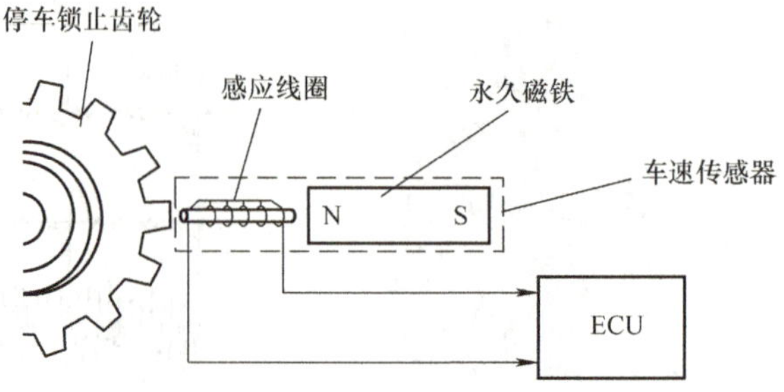

图 5-44　电磁感应式车速传感器的工作原理

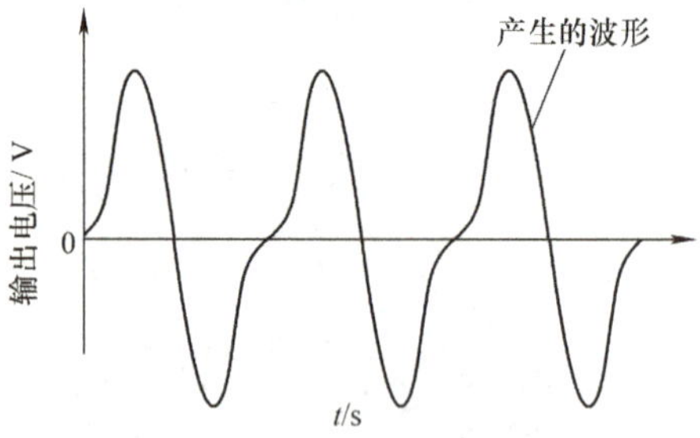

图 5-45　车速传感器感应电压曲线图

② 舌簧开关式（图 5-46）。转速表拉索被其四周的磁铁所环绕，磁铁 Q 极和 V 极有四处互换磁力位置，磁力随磁铁而转动，开启和闭合簧片开关的触点。也就是说，转速表拉索每转一圈，簧片开关将“通”和“断”四次，如图 5-47 所示。

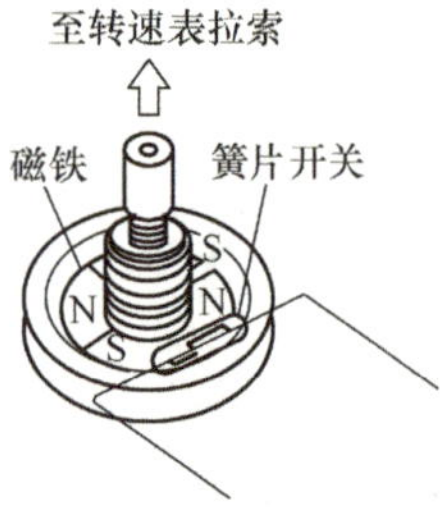

图 5-46　舌簧开关式车速传感器

③ 光电耦合式　OHG 发出的光被转动的槽轮反复地挡住和通过，槽轮四周共有 53 条槽，故电缆每转一圈，将会产生 53 个脉冲信号，如图 5-48 所示。

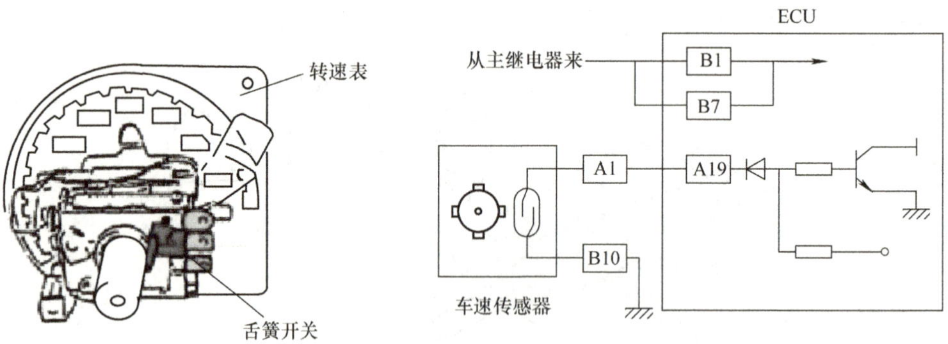

图 5-47　舌簧开关式车速传感器工作原理

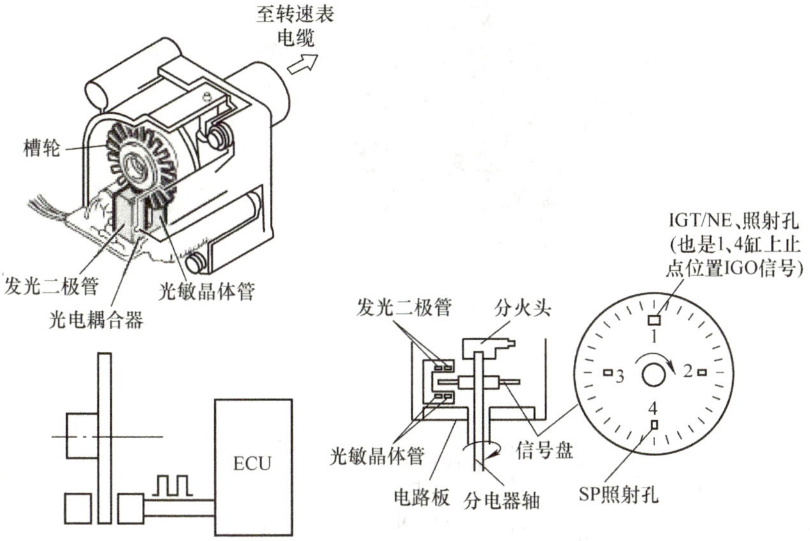

图 5-48　光电耦合式车速传感器工作原理

4）输入轴转速传感器（TISS，Transmission Input Speed Sensor）。输入轴转速传感器（图5-49）安装在行星齿轮变速器输入轴（液力变矩器输出轴）或与输入轴连接的离合器鼓附近的壳体上（图5-50），其作用是检测变速器输入轴的转速，它的工作原理与车速传感器相同。

图 5-49　TISS 外形图

5）变速器油温传感器（TFT，Transmission Fluid Temperature Sensor）。变速器油温传感器安装在自动变速器油底壳内的液压阀阀板上，如图5-51所示。

变速器油温传感器的作用是检测自动变速器中液压油的温度，将其作为ECU换档控制、油压控制、锁止离合器控制的依据。其结构与原理与气温传感器相同，都为负温度系数热敏电阻，如图5-52所示。

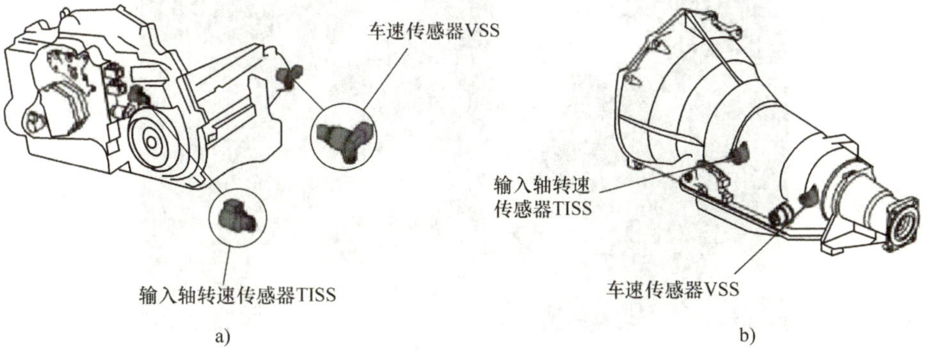

图 5-50　输入轴转速传感器安装位置图

a）前驱车辆　b）后驱车辆

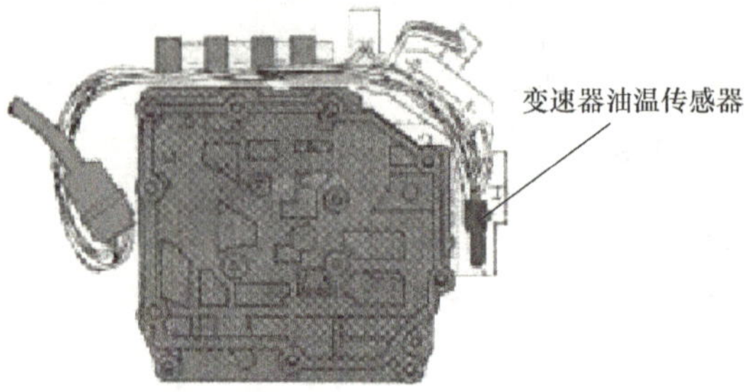

图 5-51　变速器油温传感器安装位置图

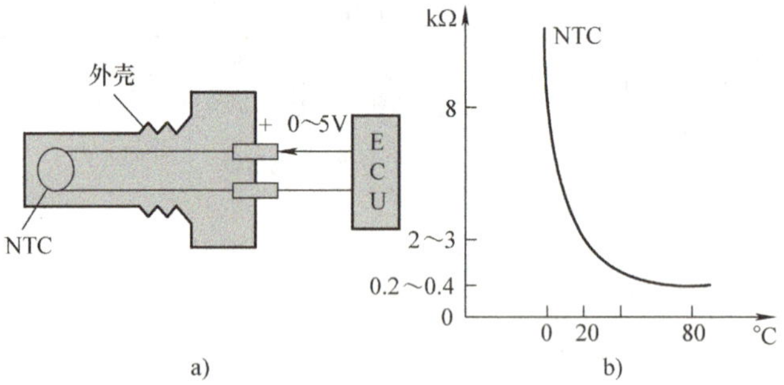

图 5-52　温度传感器结构原理图

a）冷却液温度和气温传感器　b）温度与电阻特性曲线（三点法）

(2) 开关

1）超速档开关和 OD 开关。超速档开关和 OD 开关安装于自动变速器操作手柄上，如图 5-53 所示。其作用是控制自动变速器中的超速档，当超速档开关打开，变速器处于 D 位时，自动变速器可升至超速档；而当开关关闭时，则不能升至超速档。

仪表板上一般有 O/D OFF 指示灯，O/D OFF 指示灯熄灭表示超速档开关处于打开状态。

2）模式选择开关与程序开关。模式选择开关与程序开关安装于自动变速器操纵手柄旁，如图 5-53 所示。其作用是选择自动变速器的控制模式，即选择自动变速器的换档规律，以满足不同的使用要求。

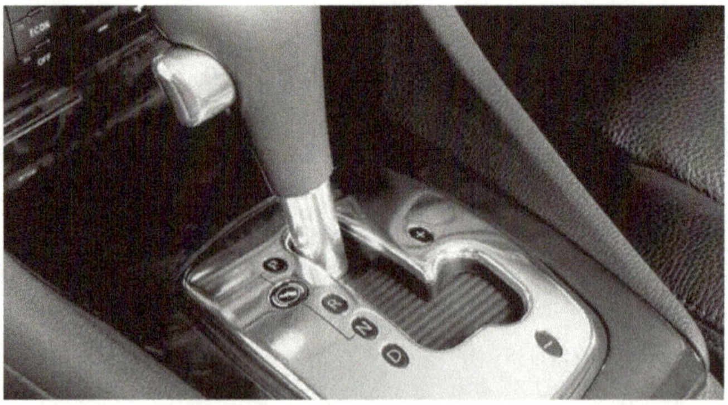

图 5-53　自动变速器操纵手柄图

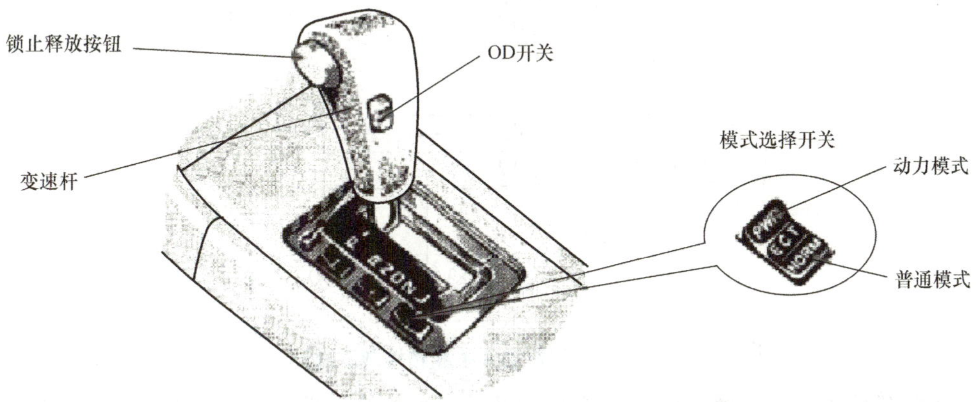

图 5-53　自动变速器操纵手柄图（续）

常见的控制模式如下：

① 经济模式（Economy）：以汽车获得最佳燃油经济性为目标设计换档规律。一般在发动机转速较低时会换入高档，即提前升档，延迟降档。

② 动力模式（Power）：以汽车获得最大动力性为目标设计换档规律。一般在发动机转速较高时换入高档，即延迟升档，提前降档。

③ 普通模式（Normal）：介于经济模式和动力模式之间。既有一定的动力性，又有一定的经济性。

④ 手动模式（Manual）：以手动方式选择档位，使汽车像装了手动变速器一样行驶，可提高驾驶人的驾车乐趣。上述控制模式并不是每一种变速器都具备，一般具有其中几项。

图 5-54　档位开关安装位置图

3）多功能开关与档位开关。多功能开关与档位开关安装于自动变速器壳体的手动阀摇臂轴或操纵手柄上，由变速杆进行控制，如图 5-54 和图 5-55所示。其作用是指示变速杆位置、开启倒档信号灯、控制空档起动（图 5-56）等。

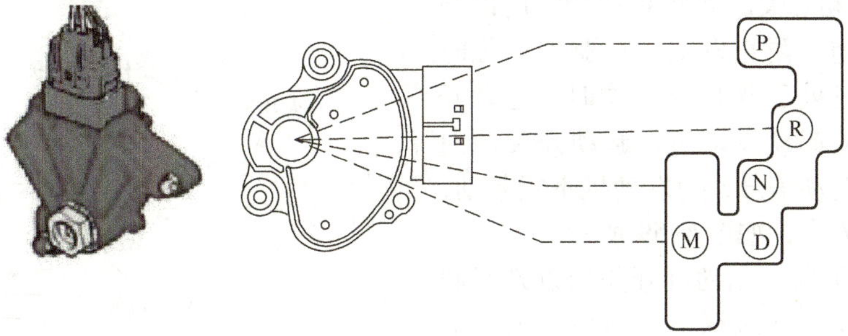

图 5-55　档位开关

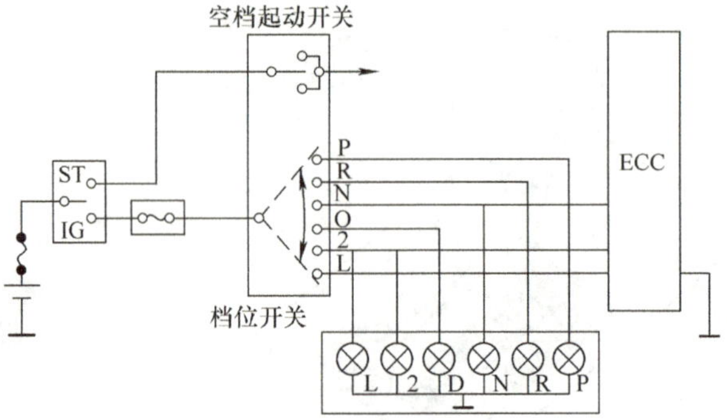

图 5-56　空档起动开关线路控制原理图

多功能开关的工作原理：ECU 根据档位开关信号控制换档，如图 5-57、图 5-58 所示。

4）空档起动开关和制动灯开关。

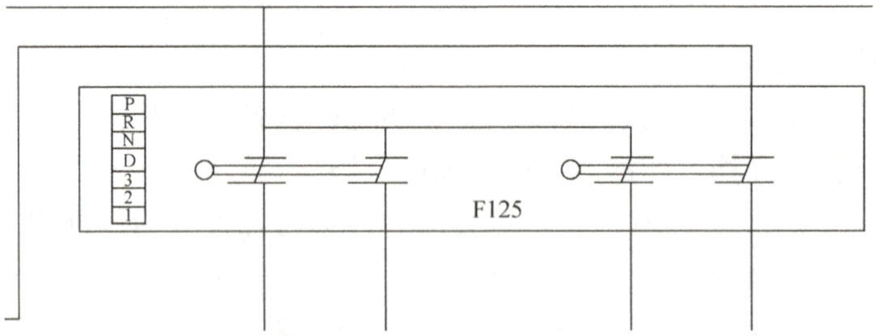

图 5-57　多功能开关示意图

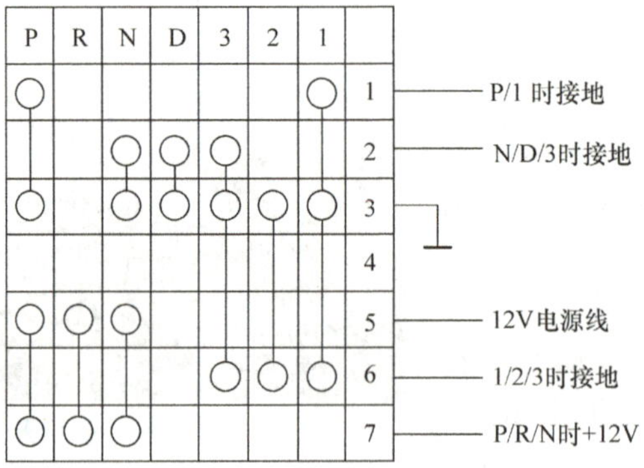

图 5-58　换档数据流

① 空档起动开关。空档起动开关用以判断变速杆的位置，防止发动机在驱动档位时起动。当变速杆处于 N 位或 P 位时，起动开关接通。这时若起动发动机，起动开关便向电控单元输出起动信号，使发动机不能起动，从而保证使用安全，如图 5-59 所示。

② 制动灯开关。制动灯开关用以判断制动踏板是否踩下。如果踩下，则该开关将信号输给电控单元，以解除锁止离合器的接合，防止突然制动时发动机熄灭。

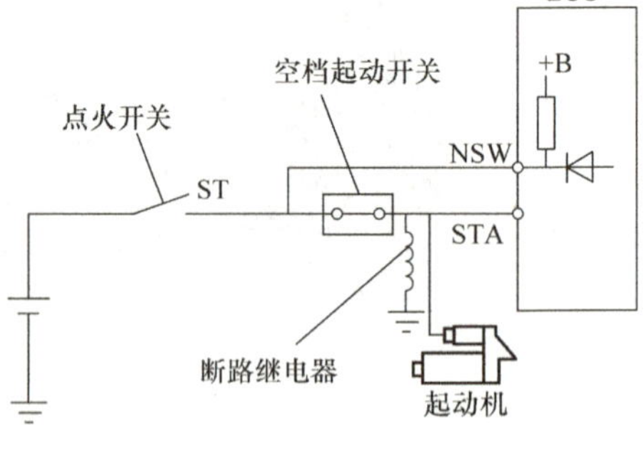

图 5-59　空档起动开关线路控制原理图

2. 自动变速器电控系统执行器及 ECU 综合控制分析

（1）电控执行元件　电控自动变速器的执行元件主要是电磁阀、各种指示灯、点火器和喷油器（控制换档平顺）等，如图 5-60 所示。电磁阀按其作用可分为换档电磁阀、锁止电磁阀和调压电磁阀、平顺电磁阀；按其工作方式可分为开关式电磁阀和线性式电磁阀。

图 5-60　换档控制阀体实物图

A—液压泵吸油口　B—主调压阀　C—锁止控制阀　D—锁止控制电磁阀　E　蓄压器背压控制电磁阀　F—截止阀　G—蓄压器控制阀　H、I—换档电磁阀　J—滤清器　K—跟踪惯性调节阀　L—跟踪惯性调节阀　M—1、2 档换档阀　N—手动阀

1）开关式电磁阀（图 5-61）。开关式电磁阀的作用是开启和关闭变速器油路，用于控

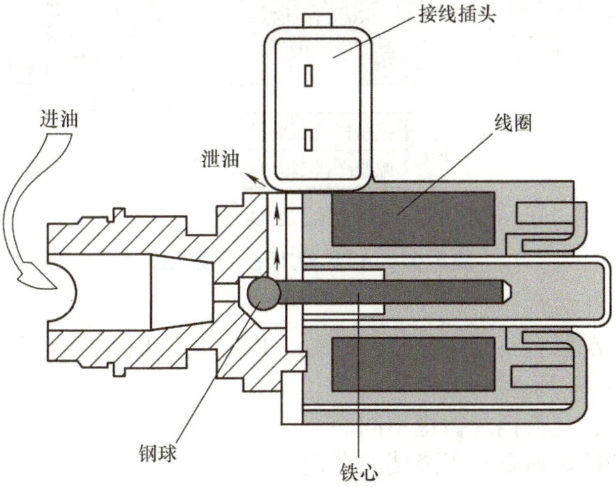

图 5-61　开关式电磁阀结构原理图

制换档阀及闭锁离合器锁止阀。线圈断电时，打开泄油孔，油路压力位 0；线圈通电时，关闭泄油口，油路压力上升。

2）线性式电磁阀（图 5-62）。线性式电磁阀的作用是控制油路中油压的大小以及控制电磁阀电流。

线性式电磁阀用于锁止电磁阀、调压电磁阀以及一些用于控制换档品质的油路中。

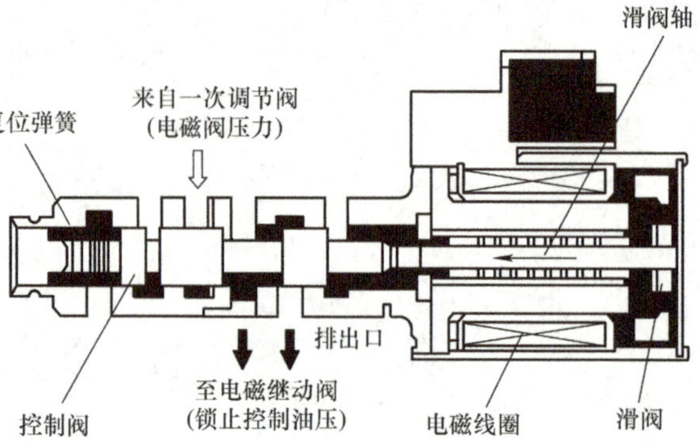

图 5-62　线性式电磁阀结构原理图

3）执行器的检查。电磁阀的电阻应符合标准要求，开关式电磁阀的电阻为 10 ~ 30Ω，脉冲式电磁阀的电阻为 2 ~ 10Ω。

① 开关式电磁阀：将 12V 电源加在电磁阀上，应能听到“嗒嗒”声。

② 脉冲式电磁阀：拆下电磁阀，将蓄电池串联一个 8 ~ 10W 的灯泡，然后与电磁阀线圈相连。通电时，电磁阀的阀芯应向外伸出；断电时，阀芯应向内缩回。

（2）控制单元 ECU　电控自动变速器可和发动机控制系统共用一个 ECU，也可使用独立的 ECU。电控自动变速器的 ECU 具有以下功能（图 5-63）。

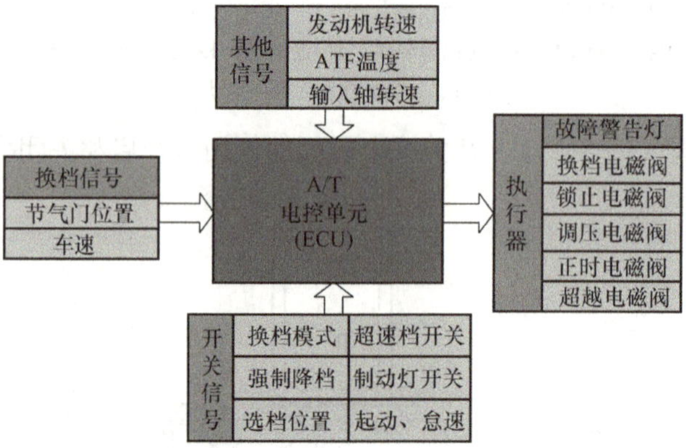

图 5-63　ATF ECU 控制功能图

1）换档时刻控制。

① 汽车在每一工况都有一个最佳换档时刻，ECU 将不同使用条件下的最佳换档规律存储在 RAM 中，如图 5-64 所示。

② 使用条件不同，其换档规律也不同。

③ 换档时，升档的车速要高于降档的车速。

④ 车速一定时，松加速踏板升档，踩加速踏板降档。

2）主油路油压控制。新型电控自动变速器取消了由节气门拉索控制的节气门阀，而以

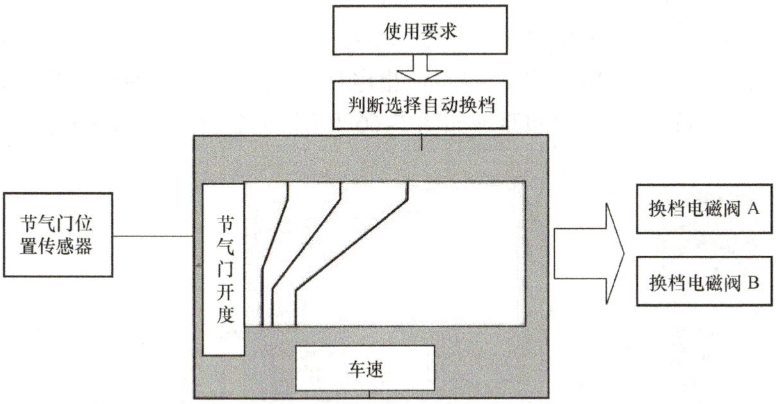

图 5-64　自动换档控制图

调压电磁阀来产生节气门油压。调压电磁阀是一种线性式电磁阀，ECU 根据节气门位置、车速、油温等传感器信号，控制调压电磁阀脉冲信号的占空比，以产生主油路的油压。根据档位开关信号在 R 位时提高节气门油压，使 R 位时的主油压升高。

另外，计算机还根据自动变速器的工作条件，在一些特殊情况下，对主油路油压做适当的修正，使油路压力控制获得最佳效果。

3）锁止离合器控制。锁止离合器控制阀包括锁止电磁阀、锁止信号阀和锁止继动阀，它们在油路中的位置如图 5-65 所示（见彩插）。

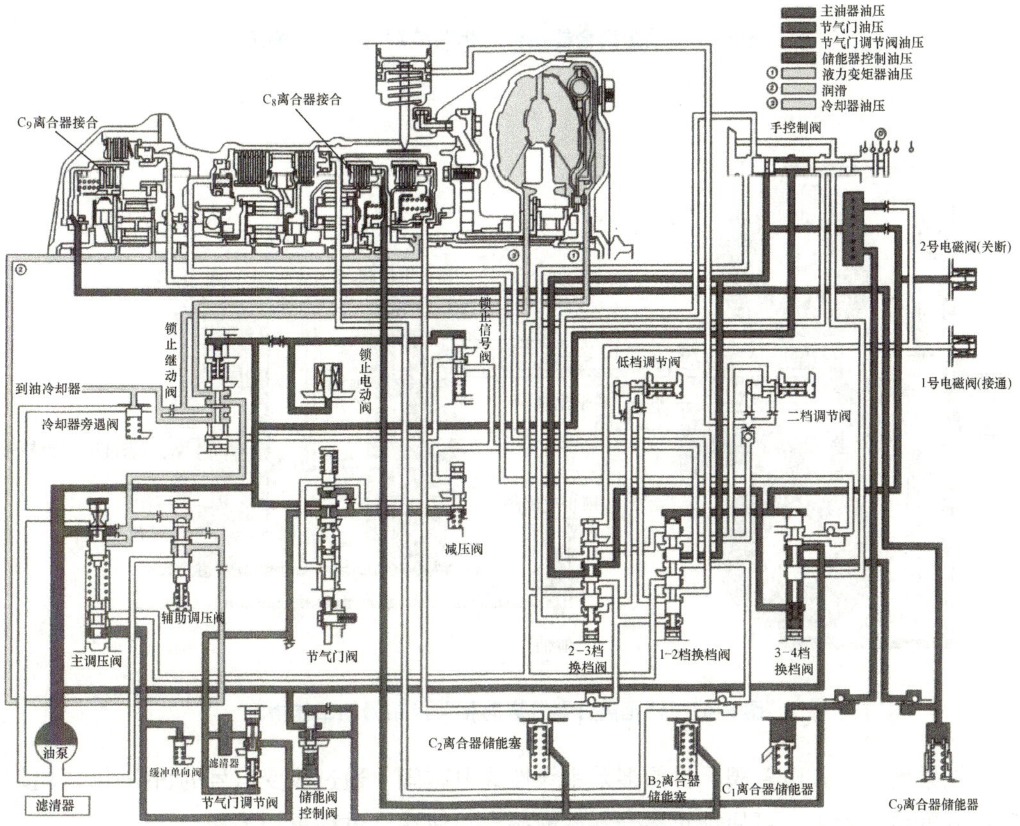

图 5-65　相关元件在油路中的位置

由锁止电磁阀控制锁止离合器的接合和分离。

各种工作条件下的最佳锁止控制程序事先储存在存储器内。当条件（车速、自动变速器油温、节气门开度）满足时，ECU 即向锁止电磁阀输出信号，使锁止离合器接合，变矩器锁止。锁止离合器的控制过程和原理如图 5-66 和图 5-67 所示（见彩插）。

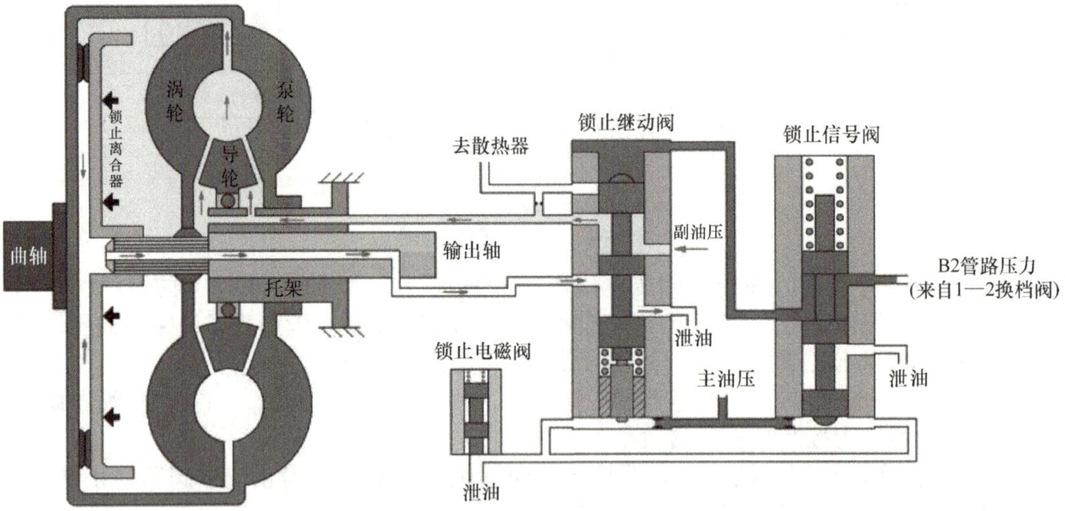

图 5-66　锁止离合器接合时相关控制阀的工作情况

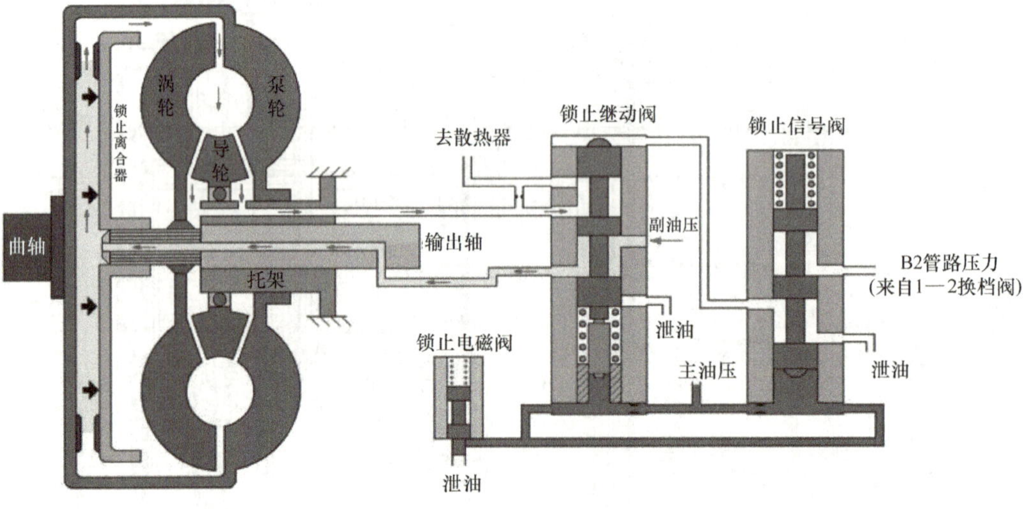

图 5-67　锁止离合器分离时相关控制阀的工作情况

早期采用开关式电磁阀，目前多采用线性式电磁阀。通过改变信号的占空比，让锁止电磁阀的开度缓慢增大，可使锁止离合器逐渐接合，使接合过程更加柔和。

4）换档品质控制。换档品质是指换档过程的平顺性，即希望换档过程平稳而无冲击，它是衡量自动变速器性能的一项重要指标。对换档平顺性的具体要求：换档过程中，车速变化平顺，不出现过高的瞬时减速度，以减少乘坐者的不舒适感和减小传动系统中各零件的动载荷。

① 换档油压控制：

a. 在升档或降档的瞬间，适当降低主油路油压，以减小换档冲击。

b. 通过电磁阀在换档时减小减振器活塞的背压，以减缓离合器或制动器的液压缸内油压的增长速度，达到减小换档冲击的目的。

② 减扭矩控制：

a. 在换档瞬间，通过延迟发动机的点火时间或减少喷油量，暂时减小发动机的输出转矩，以减小换档冲击和输出轴的转矩波动。

b. 在由 N 位或 P 位换至 D 位或 R 位时，利用换档开关信号来调整发动机喷油量，将发动机的转速变化减至最小程度，以改善换档感觉。

5）自动模式选择控制。

① 取消模式开关，由 ECU 根据传感器信号进行运算分析，自动选择采用经济模式、普通模式或动力模式进行换档控制，以满足不同的操作要求。

② 在进行自动模式选择控制时，主要参考换档手柄的位置及加速踏板被踩下的速率，来判断驾驶人的操作目的，自动选择控制模式。

a. 在 S、L 位或 2、1 档时，计算机只选择动力模式。

b. 在 D 位且加速踏板被踩下的速率降低时，计算机选择经济模式；当加速踏板被踩下的速率超过控制程序中所设定的速率时，由经济模式转变为动力模式，一般车速越低或节气门开度越大，越容易选择动力模式。

c. 在 D 位时，计算机选择动力模式之后，一旦节气门开度低于 1/8，即由动力模式转换为经济模式。

6）发动机制动作用控制。在满足一定条件（如位于前进低档，且车速大于 10km/h，节气门开度小于 1/8）时，ECU 向强制离合器电磁阀或强制制动变速器电磁阀发出电信号，使之接合或制动，让自动变速器具有反向传递动力的能力，从而在汽车下长坡滑行时实现发动机制动。

7）输入轴转速传感器控制。通过输入轴转速传感器可计算变矩器传动比以及曲轴和输入轴转速差。ECU 在进行换档油路压力控制、减转矩控制、锁止离合器控制时，利用这一参数，可使控制的持续时间更加精确，从而获得最佳的换档感觉和乘坐舒适性。

3. 电控系统电路图的识读

（1）辛普森自动变速器控制图分析

1）A341E 自动变速器 ECU 控制框图如图 5-68 所示。

2）丰田花冠自动变速器计算机控制图如图 5-69 所示。

（2）01M 自动变速器计算机控制图分析

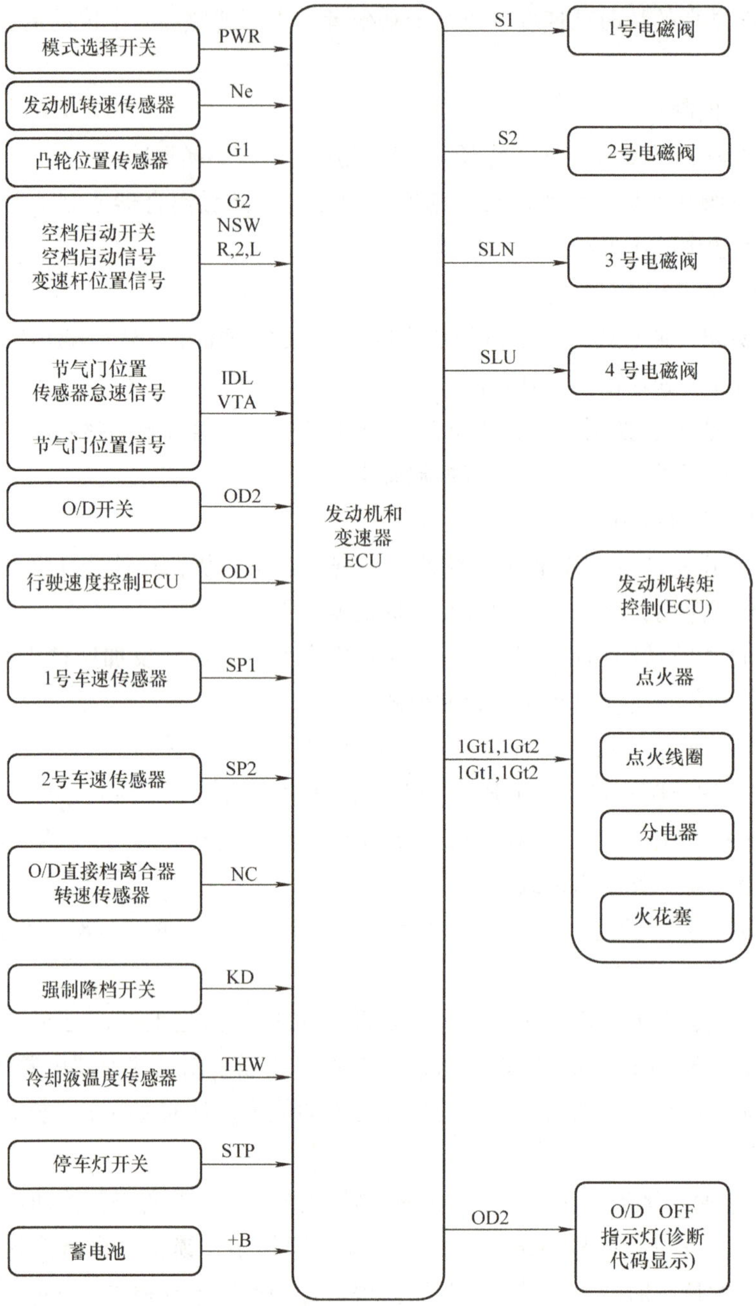

图 5-68 A341E 自动变速器 ECU 控制框图

1）01M 自动变速器控制电路如图 5-70 所示（见彩插）。

2）电控单元端子的信号类型、功能或连接部位见表 5-4。

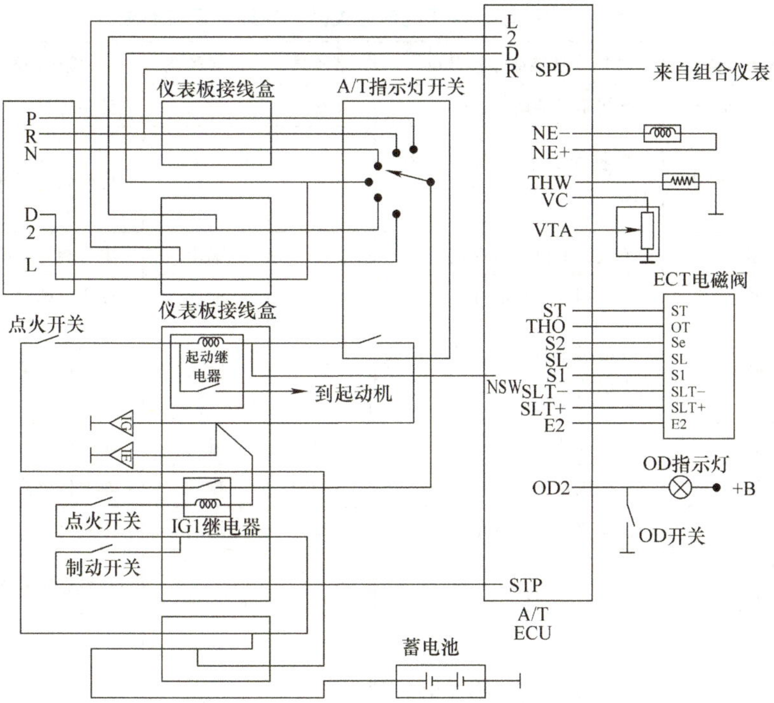

图 5-69　丰田花冠自动变速器计算机控制图

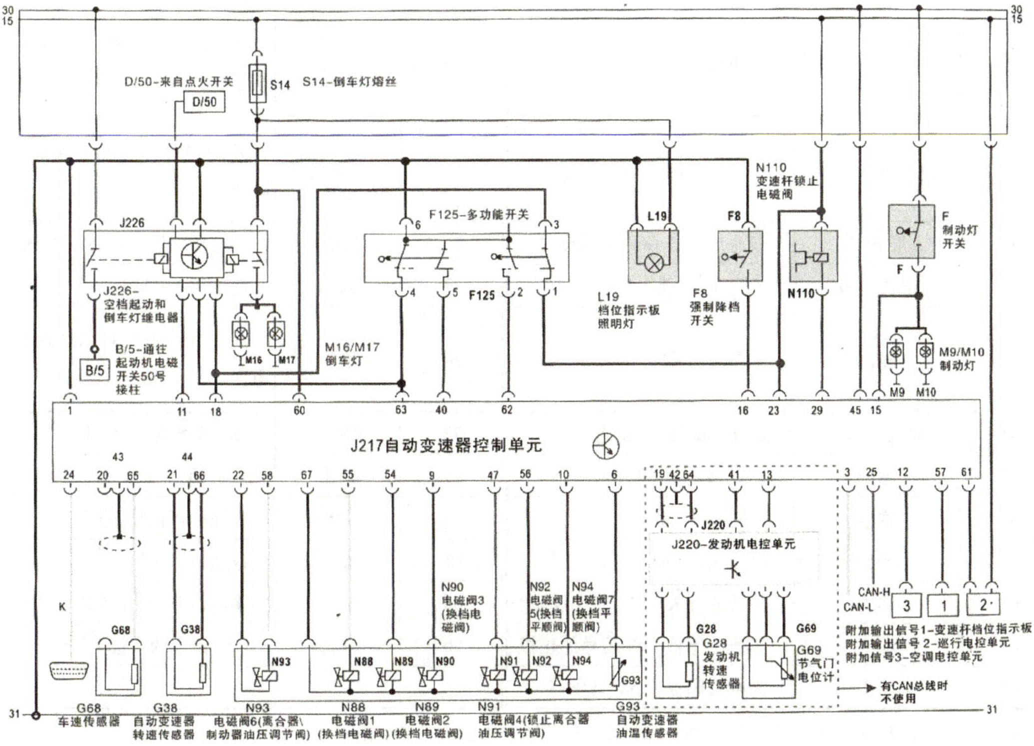

图 5-70　01M 自动变速器控制电路

表 5-4　电控单元端子的信号类型、功能或连接部位

端子号	信号类型	信号功能或连接部位	端子号	信号类型	信号功能或连接部位
1	电源负极	通往车身接地	6	输入	油温传感器信号 G39
3	输入、输出	数据总线低位线（CAN－LOW）	9	输出	电磁阀 3－N90
5*	输入	节气门电位计 G69 信号	10	输出	电磁阀 7－N94
11	输出	停车档或空档信号	12*	输出	使用空调时低档信号
13*	输出	发动机电控单元 J220，控制点火提前角	15	输入	制动灯开关 F 信号
16	输入	强制降档开关 F8 信号	18	输入	多功能开关 F125 信号
19*	输入	发动机转速传感器 G28 信号	20	输入	车速传感器 G68 信号
21	输入	自动变速器 G38 信号	22	输出	电磁阀 6－N93，提供 5V 电压
23	电源正极	来自 15 号线	24	输入、输出	故障诊断插接器 7 号端子，自诊断 K 线
25	输入、输出	数据总线高位线（CAN－HIGH）	26	屏蔽线	用于数据总线或不使用
28*	输入	节气门电位计 G69 地线	29	输出	变速杆锁止电磁阀 N110
39	输入	不使用	40	输入	多功能开关 F125 号的 2 号端子
41	输入	节气门电位计 G69 信号	42	屏蔽线	发动机转速传感器 G28 的屏蔽线
43	屏蔽线	车速传感器 G68 的屏蔽线	44	屏蔽线	转速传感器 G38 的屏蔽线
45	电源正极	来自 30 号线	47	输出	电磁阀 4－N91
48	输出	单向离合器	50	输出	向节气门电位计 G69 提供 5V 电压
51	输入、输出	通往 OBD 或不使用	52	输入	用于降档或不使用
54	输出	电磁阀 2－N89	55	输出	电磁阀 1－N88
56	输出	电磁阀 5-92	57	输出	变速杆档位指示灯
58	输出	电磁阀 6－93	61	输出	巡航控制系统
62	输入	多功能开关 F125 的 6 号端子	63	输入	多功能开关 F125 的 1 号端子
65	输入	车速传感器 G68 信号的正极	66	输出	G38 信号的正极
67	输出	为电磁阀提供 5V 电压			

注：1. 2、4、7、14、17、27、30～38、46、49、53、59、60、64 和 68 未使用。

2. 带＊号的端子用于不使用数据总线的车辆。

【项目实施】

任务一　执行元件的检修

在所有型号的自动变速器中，其离合器、制动器及单向离合器的工作原理及检查项目都相差无几，但是具体结构形式及拆装方式却各不相同，所以在此仅介绍三种执行元件的检修方法及检修注意事项，而不讲解其拆装过程。

1. 湿式多片式离合器的检修

湿式多片式离合器装配后，在卡簧和压板之间要预留一定的间隙，称为自由间隙，平均每片摩擦片的自由间隙为0.3～0.5mm，总间隙因片数不同而不同，一般为2～5mm。湿式多片式离合器在使用中必须十分注意自由间隙的大小，若间隙过小，则离合器分离不彻底；若间隙过大，则可能出现当复位弹簧已被压紧至极限状态时，而离合器仍未完全接合的情况，离合器将严重打滑，不能传递动力。离合器片是易损件，极易磨损，其磨损后会造成汽车在行驶中出现离合器打滑故障，使ATF油温升高，若自动变速器ATF冷却器和发动机冷却器装在一起，还可能引起发动机冷却液温度过高故障。

湿式多片式离合器的检修项目如下：

1）检查离合器活塞的行程，若不符合要求，应检查每一部件。

2）检查离合器摩擦片（图5-71），如果其摩擦层剥落、变色，则应更换摩擦片。许多自动变速器的摩擦片表面印有符号，这些符号除了表示摩擦片的规格外，当其被磨去后，还可说明摩擦片已磨损至极限，必须更换。

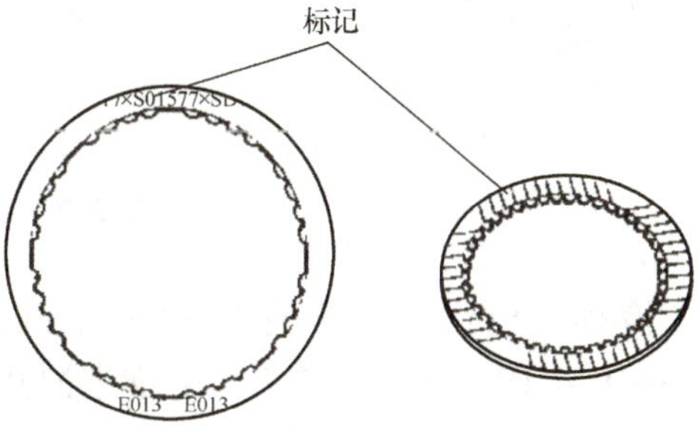

图5-71　摩擦片外形

3）摩擦片的摩擦表面上有一层保持自动变速器油的含油层。新拆下来的摩擦片用无毛布将其表面擦干，用手轻按摩擦表面时应有较多的自动变速器油析出；轻按时如不出油，则说明摩擦片含油层（隔离层）已被耗尽，无法保持自动变速器油，必须予以更换。

4）压盘和从动片上的齿要完好，不能拉毛，拉毛容易造成卡滞。压盘和从动片表面如有蓝色过热斑迹，则应放在平台上用高度尺测量其高度，可将两片叠在一起，检查其是否变形。出现变形或表面有裂纹时必须更换。

5）检查离合器活塞密封圈是否已经老化，此件一经拆卸必须更换。

6）活塞止回阀要用压缩空气吹净，不能被脏物堵住；球阀在孔中应活动自如，用煤油检查应能密封，如图5-72所示。

7）检查离合器毂外圆表面是否被制动带拉毛，必要时可在外圆磨床上修磨。

8）检查复位弹簧是否因不正常使用而变形，如果其中心线弯曲，则会与活塞发生干涉，必要时应更换新弹簧。

9）检查离合器毂内圆表面进油口两侧与密封环接触处是否被严重拉毛。

10）装配时，离合器片必须在自动变速器油中浸泡30min以上，否则容易造成表面摩擦材料过早脱落。

11）每个离合器装配后，都应检查活塞工作是否正常。可按照分解时的方法向油道内吹入压缩空气，检查活塞能否向上移动将钢片和摩擦片压紧，如图5-73a所示。若吹入压缩空气后活塞不能移动，应检查漏气部位，修复后重新安装。

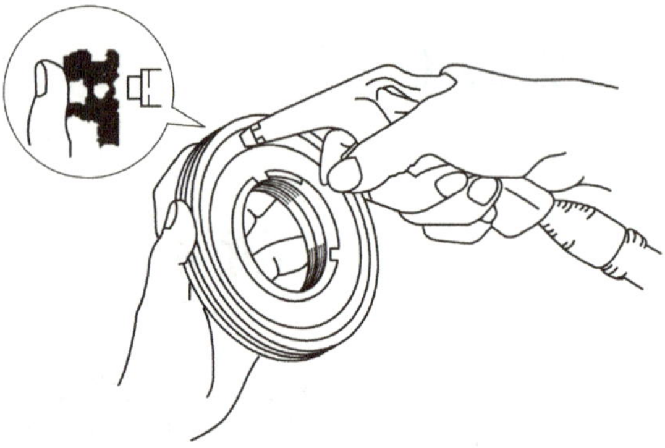

图5-72　检查离合器活塞单向止回阀

12）用塞尺测量离合器的自由间隙，如图5-73b所示，也可按图5-73c所示方法，用百分表测量离合器的自由间隙，若自由间隙不符合要求，可采用更换不同厚度挡圈的方法调整至合适间隙。

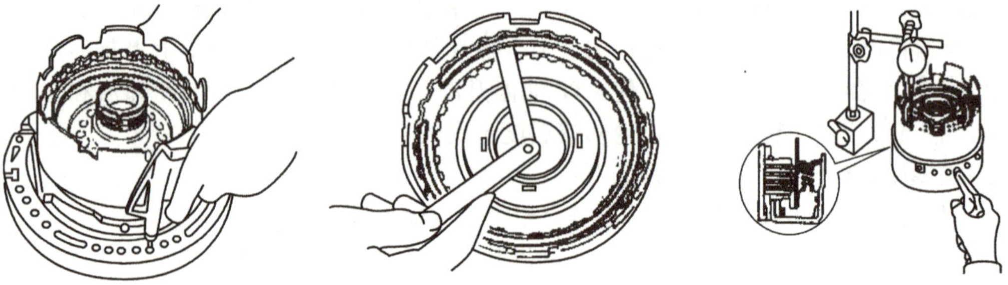

a)　　b)　　c)

图5-73　离合器检修示意图

检测工作行程时，需使用空气压缩机、压缩空气枪、百分表和磁力表架。压缩空气压力保持在0.4MPa，把压缩空气枪对准进油孔，固定好离合器，用百分表抵住外侧压盘；开动压缩空气枪，从百分表指针的摆差可以看出活塞的工作行程。

2. 单向离合器的失效形式及检修方法

1）检查单向离合器的单向锁止功能。单向离合器应能够在一个方向有效锁止，在反方向可自由转动。若在锁止方向打滑或在自由转动方向发卡，则应更换单向离合器。

2）目测检查内、外圈及滚动体有无高温变色、受伤变形、拉伤等情况。

3）单向离合器沿运动方向旋转时，其转矩必须小于2.5N·m，如大于该值则应更换。金属材料的滚柱式单向离合器不仅装配时严禁击打，装前也应认真检查其上、下平面，发现有凹坑则必须更换。

3. 多片湿式制动器的检修

片式制动器在维修中，不但规定了制动器允许间隙和最大间隙，有的还规定了制动器片的最小厚度。当某一片摩擦片的厚度小于规定值时，必须予以更换；当摩擦片的单片厚度尚未小于允许值，但总间隙超过允许值时，应通过选装不同厚度的压板来调整自由间隙，使之满足规定要求。

制动器的具体检查项目同多片湿式离合器一样；不同的是，由于制动器活塞不旋转，所以制动器活塞中没有单向止回球阀，因此制动器检修中没有该项目。

4. 带式制动器的检查

1）检查制动器的制动衬带是否磨损过度（标记是否清晰）、材料是否烧焦、有无材料脱落及变形等。制动带的磨损标记符号如图 5-74 所示。

用无毛布把制动带表面的油渍擦掉后，用手轻按制动带摩擦表面，应能析出油，析出的油越多，说明摩擦表面含油性越好。如轻压后没有油析出，则说明制动带摩擦表面上的含油层已被磨损，如继续使用将很快被烧蚀，必须更换。

2）检查制动鼓表面外观有无烧蚀变蓝的痕迹及其变形情况，如有则必须更换制动鼓，检查方法如图 5-75 所示。

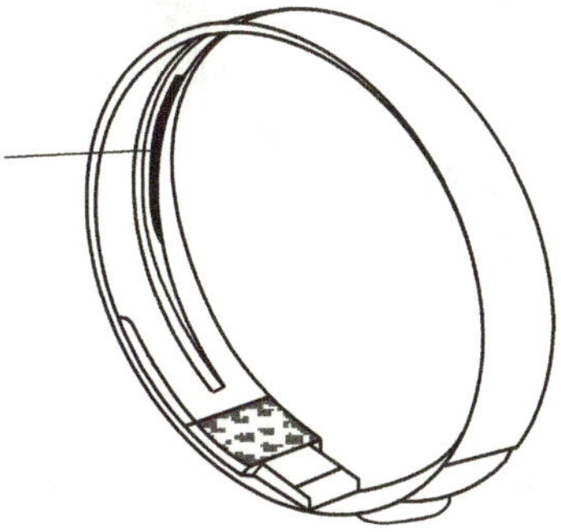

图 5-74　制动带的磨损标记符号

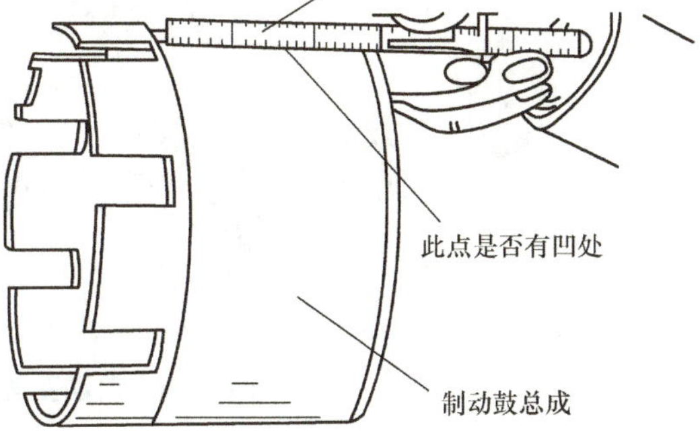

图 5-75　制动鼓表面的检查方法

3）检查活塞裙部有无裂纹，裙部导向部分有无被缸孔拉毛，皮碗有无老化。

4）检查密封环在缸孔内的间隙是否符合标准。

5）装配时，应在密封环及缸孔表面涂抹自动变速器油。

6）制动带在装配前应在自动变速器油中浸泡 30min 以上。

7）装配后，应调整制动带与制动鼓之间的间隙。

任务二　丰田 A341E 变速器的检修

行星齿轮变速器的分解及检查

将变速器分解后，将各元件按顺序排开。变速器分解后的元件位置图如图 5-76 ~ 图 5-78所示。

变速器分解后，需要针对各个元件进行必要的检测。行星齿轮机构的检查方法及要点已经在任务一中讲述完毕，各行星排的检查方式都是一样的，可以相互借鉴。

（1）离合器检修（见表 5-5）

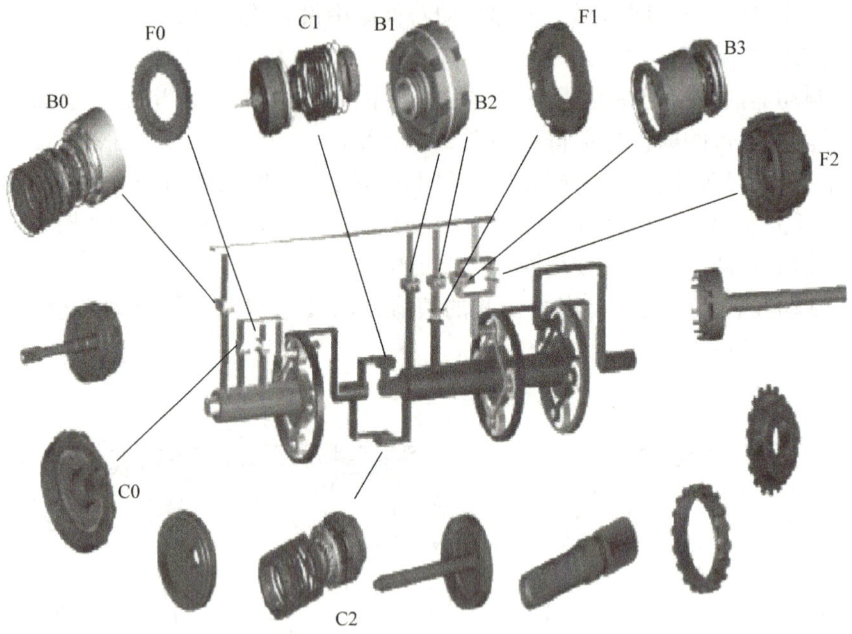

图 5-76　自动变速器各工作元件

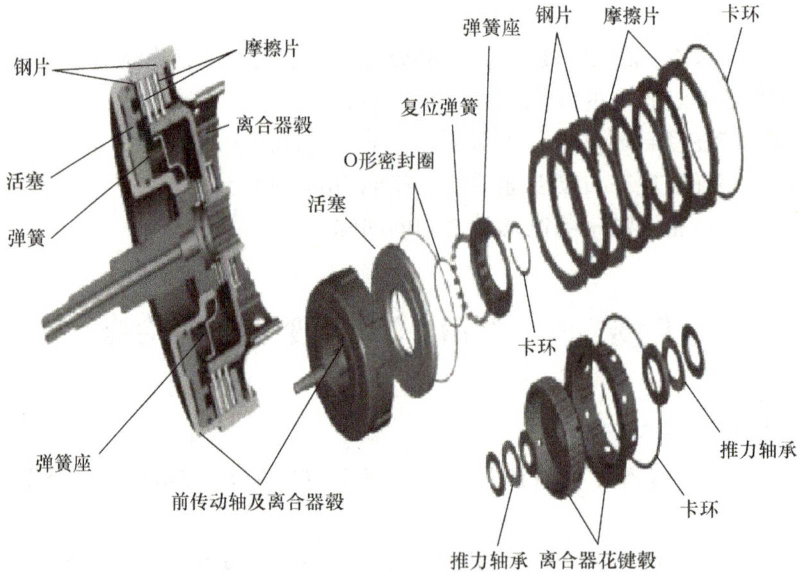

图 5-77　湿式离合器元件组成

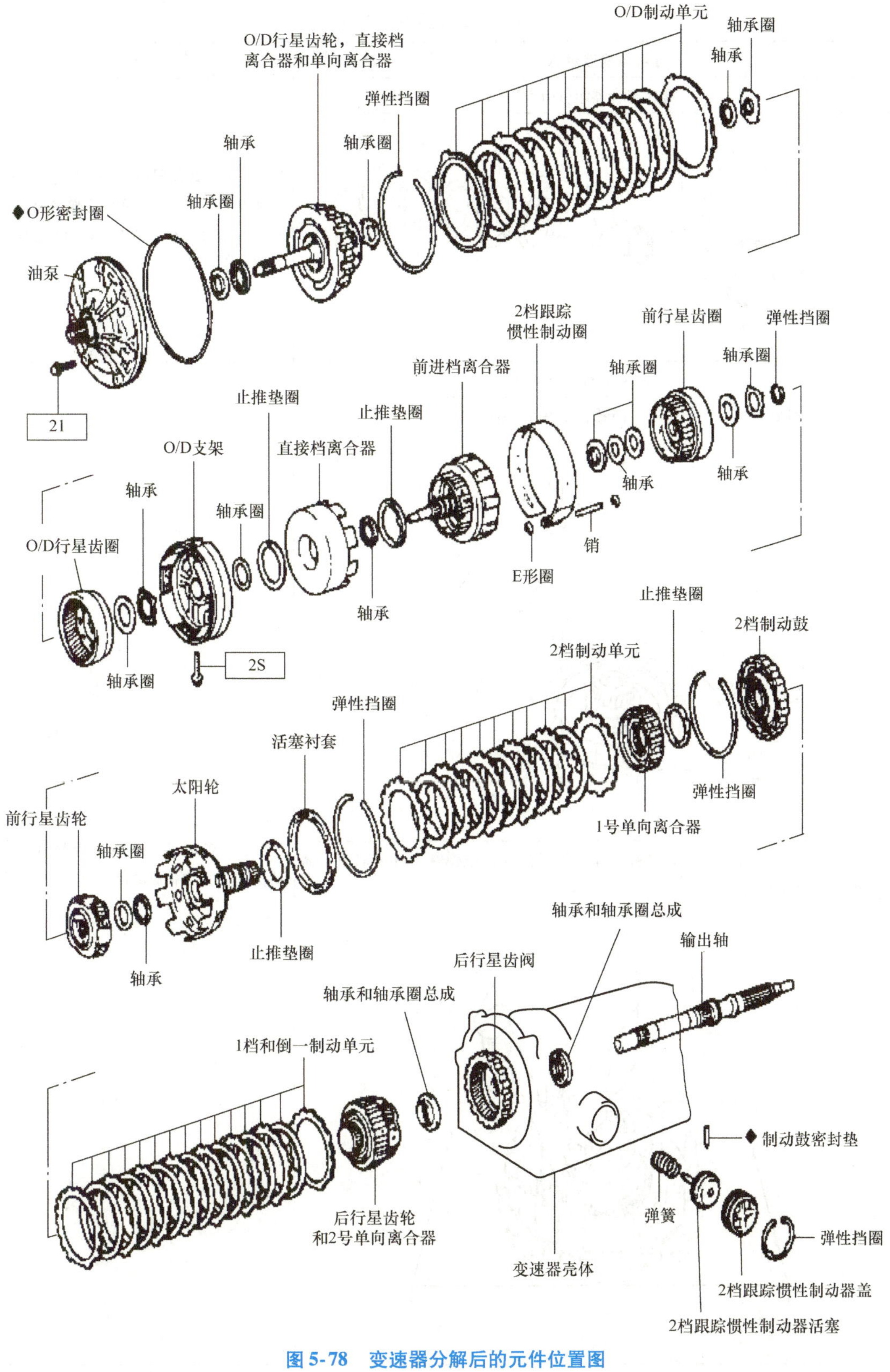

图 5-78　变速器分解后的元件位置图

表 5-5　离合器检修流程

分解与检修示意图	备注
超速离合器组件分解	
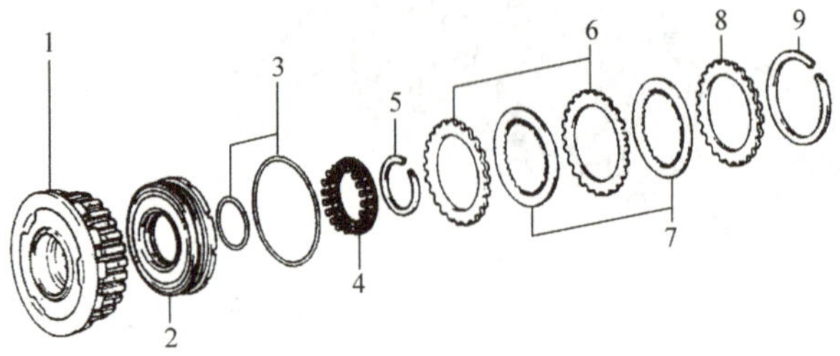	1—超速离合器鼓　2—活塞　3—O形密封圈　4—复位弹簧及弹簧座圈　5、9—卡环　6—钢片　7—摩擦片　8—挡圈
超速离合器的分解	
1）用螺钉旋具拆除卡环，取出挡圈、摩擦片、钢片 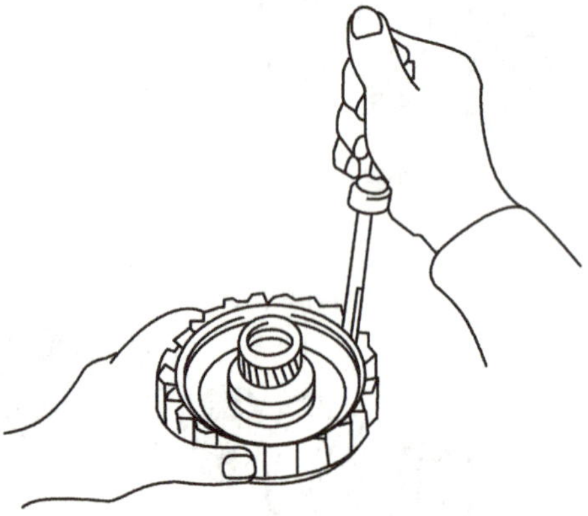	
2）用专用工具压下活塞复位弹簧座，拆下活塞复位弹簧卡环，取出活塞复位弹簧及弹簧座圈 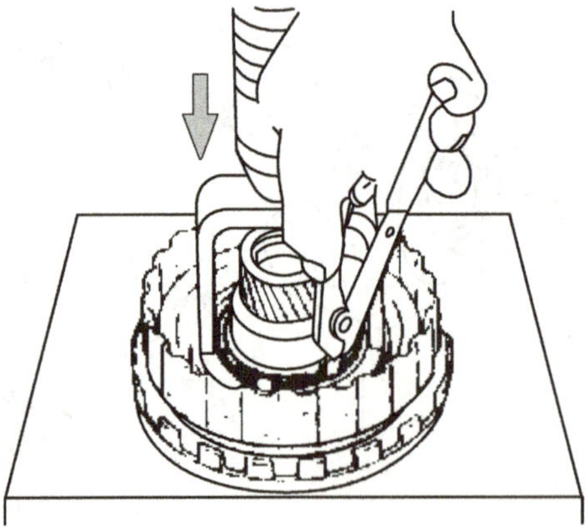	注：拆卸时注意钢片与摩擦片之间的排列方式与叠放顺序

（续）

分解与检修示意图	备注
3）用压缩空气对准活塞进油口，吹出活塞。检查活塞有无拉毛或磨损，必要时更换 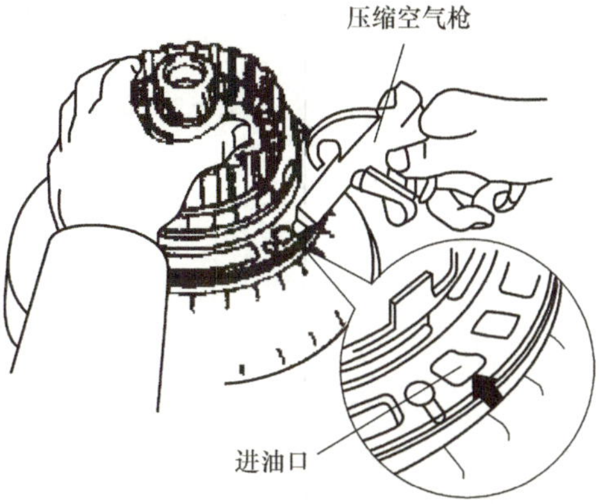	注：装配时，活塞上的 O 形圈必须更换新件。在通入压缩空气的时候，另一只手要轻轻按住活塞，以免其突然飞出
离合器 C1、C2，制动器 B0、B1、B2 组件分解	
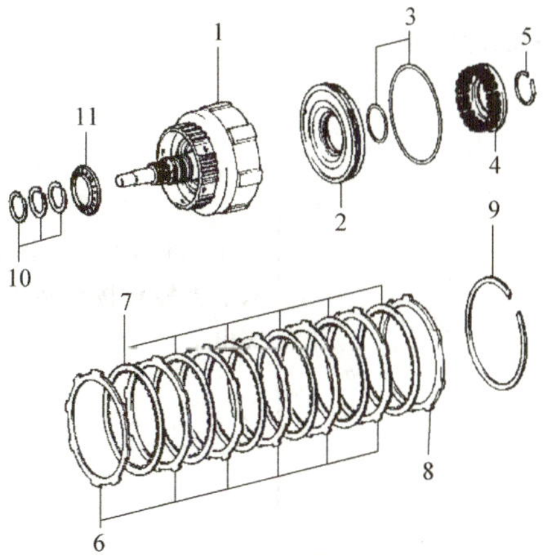	1—前进离合器鼓　2—活塞　3—O 形密封圈　4—复位弹簧及弹簧座圈　5、9—卡环　6—钢片　7—摩擦片　8—挡圈　10—密封环　11—推力轴承
前进离合器的分解	
1）用螺钉旋具拆下卡环，取出前进离合器的挡圈、摩擦片、钢片 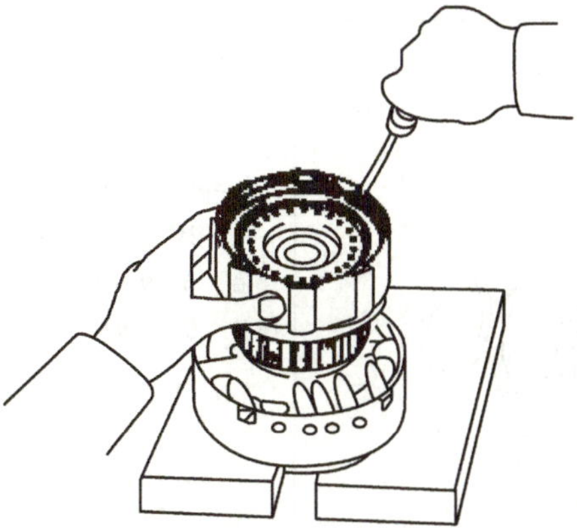	注：拆卸时注意钢片与摩擦片之间的排列方式与叠放顺序

（续）

<table>
<tr><th>分解与检修示意图</th><th>备注</th></tr>
<tr><td>2）使用专用工具，将前进离合器活塞复位弹簧座圈压下，用卡环钳或螺钉旋具拆下卡环，取出复位弹簧及弹簧座圈
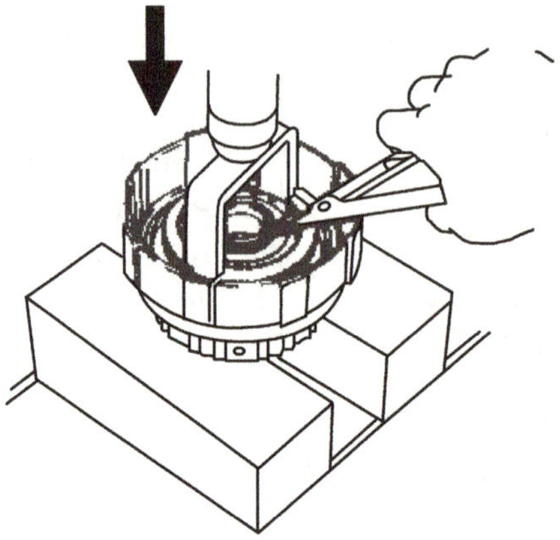</td><td></td></tr>
<tr><td>3）将前进离合器装在超速制动器鼓上，按下图所示方法从油道内吹入压缩空气，取出前进离合器活塞
4）取下活塞内、外圆上的两个 O 形密封圈以及前进离合器鼓前端轴颈上的密封环
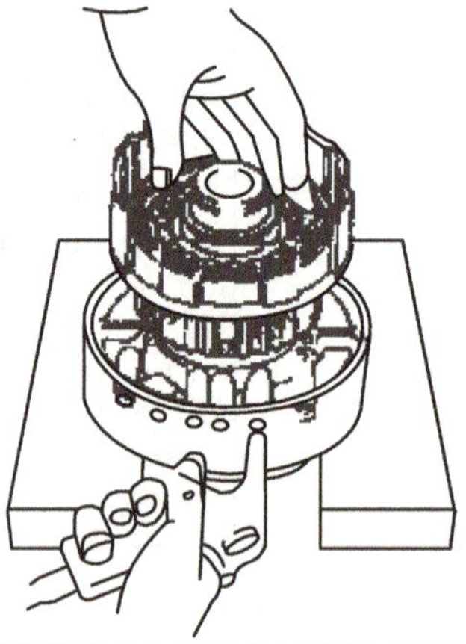</td><td>注：在通入压缩空气的时候，另一只手要轻轻按住活塞，以免其突然飞出</td></tr>
<tr><td>高档、倒档离合器组件分解</td><td rowspan="2">1—高档、倒档离合器鼓　2—活塞　3—O 形密封圈　4—复位弹簧及弹簧座圈　5、9—卡环　6—钢片　7—摩擦片　8—挡圈</td></tr>
<tr><td>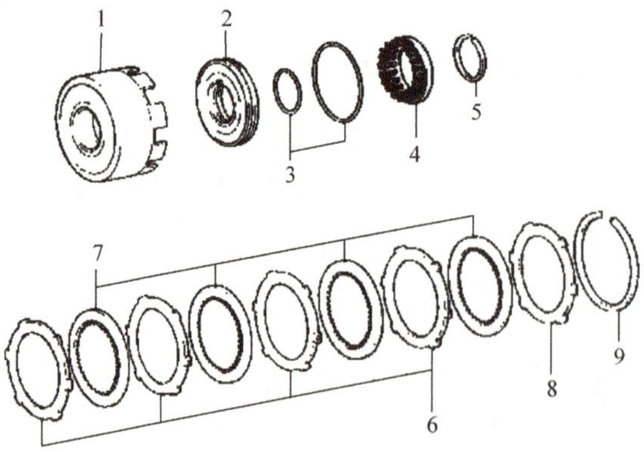
</td></tr>
</table>

（续）

分解与检修示意图	备注
1）用螺钉旋具拆下卡环，取出高档、倒档离合器的挡圈、摩擦片、钢片 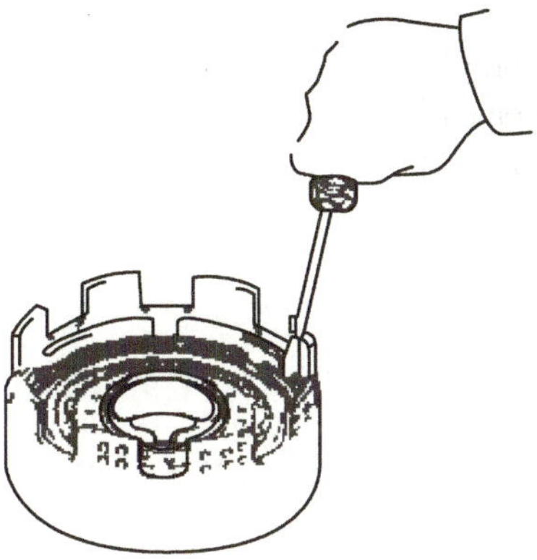	
2）使用专用工具，将高档、倒档离合器活塞复位弹簧座圈压下，用卡环钳或螺钉旋具拆下卡环，取出复位弹簧及弹簧座圈 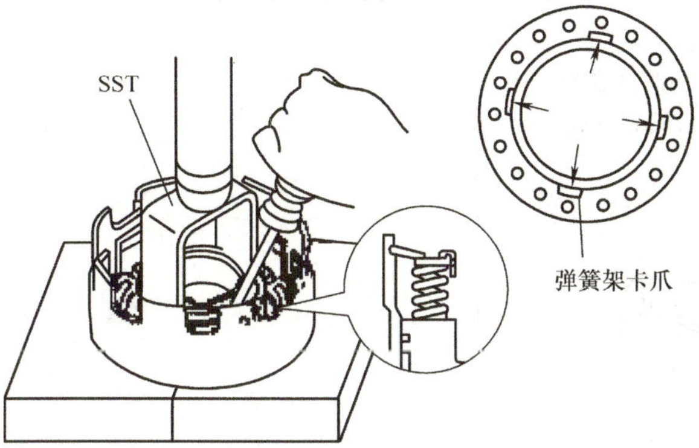	
3）将高档、倒档离合器装在超速制动器鼓上，按下图所示方向向油道内吹入压缩空气，取出活塞 4）取下活塞内、外圆上的两个O形密封圈 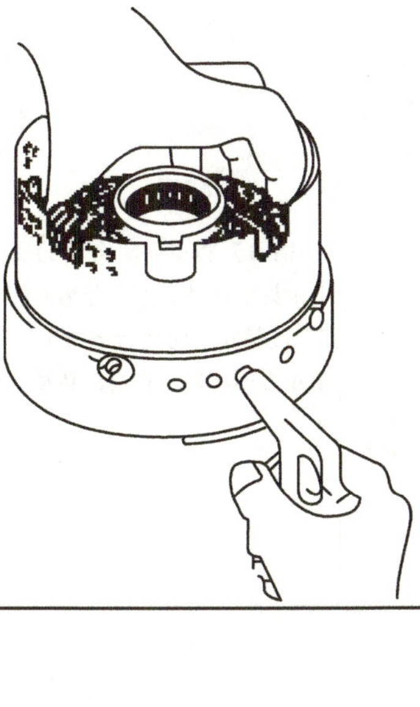	注：在通入压缩空气的时候，另一只手要轻轻按住活塞，以免其突然飞出

（2）单向离合器的检修（见表5-6）

表5-6　单向离合器检修流程

<table>
<tr><th>分解与检修示意图</th><th>备注</th></tr>
<tr><td>超速单向离合器锁止方向的检查</td><td rowspan="2"></td></tr>
<tr><td>按图示方法检查超速单向离合器的锁止方向，应使该单向离合器外圈（行星架）相对于内圈（超速离合器鼓）在逆时针方向（由自动变速器前方看，下同）锁止，在顺时针方向可以自由转动
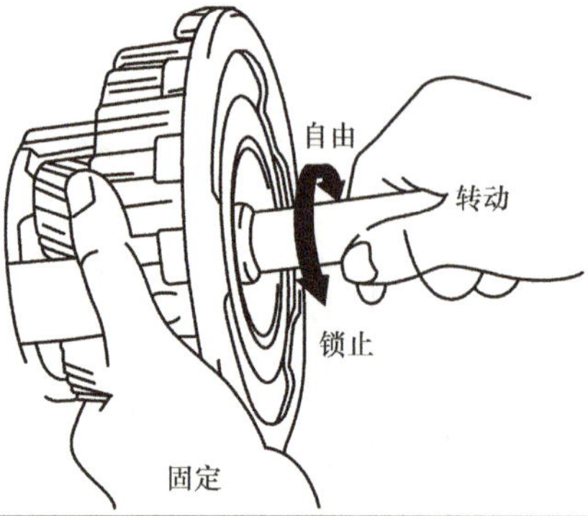
</td></tr>
<tr><td>1档单向离合器锁止方向检查</td><td rowspan="2"></td></tr>
<tr><td>用左手握住太阳轮驱动鼓，右手转动2档单向离合器F1外圈，检查2档单向离合器的锁止方向，应使外圈相对于内圈在逆时针方向锁止，在顺时针方向能自由转动
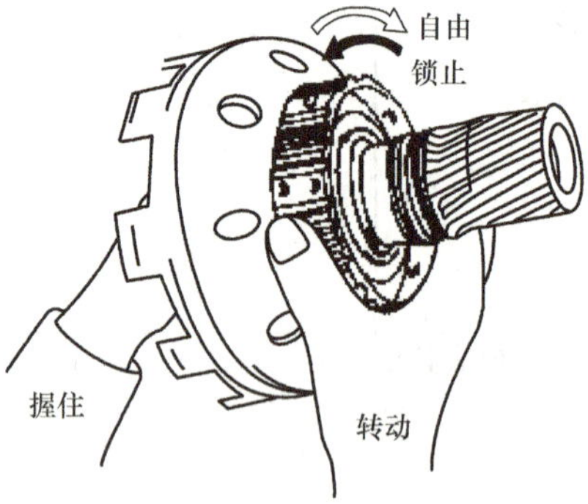
</td></tr>
<tr><td>低档单向离合器锁止方向检查</td><td rowspan="2">注：1）将单向离合器的所有零件清洗干净，涂上少许液压油，按与分解时相反的顺序进行装配
2）装好单向离合器之后，应再次检查，保证其锁止方向正确，在自由转动方向上转动灵活</td></tr>
<tr><td>用左手握住后行星架，右手转动低档单向离合器内圈，检查其锁止方向，应使内圈相对于外圈在顺时针方向锁止，在逆时针方向可以自由转动
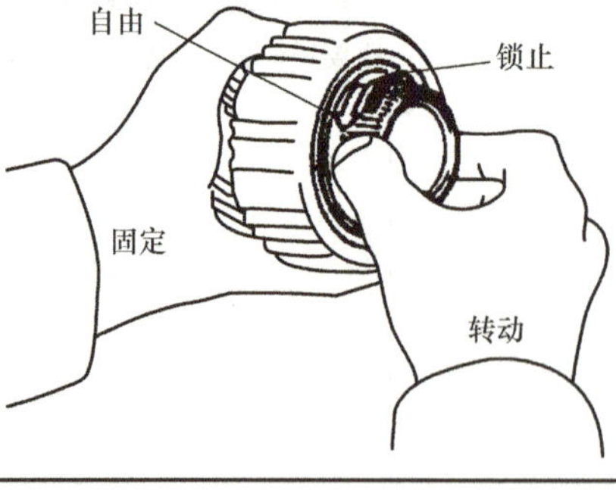
</td></tr>
</table>

（3）制动器的检修（见表 5-7）

表 5-7　制动器检修流程

<table>
<tr><th>分解与检修示意图</th><th>备注</th></tr>
<tr><td>超速制动器 B0 组件的分解</td><td rowspan="2">1、6—卡环　2、5—挡圈　3—钢片　4—摩擦片　7—复位弹簧及弹簧座圈　8—O 形密封圈　9—活塞　10—制动器鼓　11—止推垫片　12—密封环</td></tr>
<tr><td>

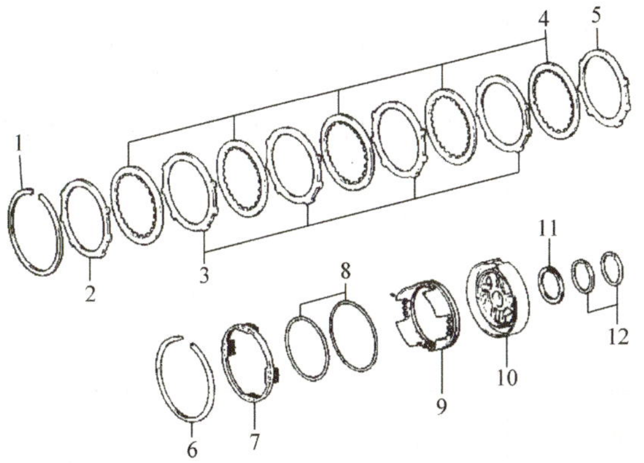

</td></tr>
<tr><td>超速制动器的分解</td><td rowspan="2"></td></tr>
<tr><td>

1）使用专用工具，将活塞复位弹簧座圈压下，用螺钉旋具拆下卡环，取出复位弹簧和弹簧座圈

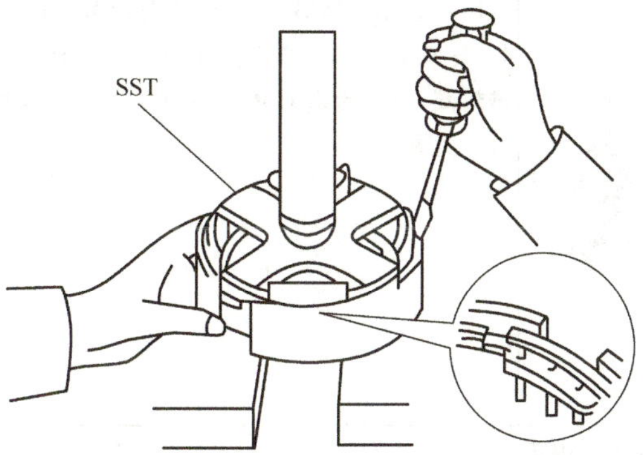

</td></tr>
<tr><td>

2）将超速制动器鼓装在高档、倒档离合器上，从油道内吹入压缩空气，取出活塞

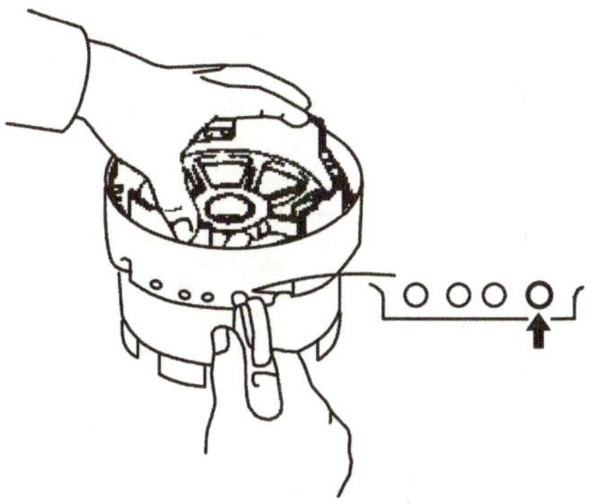

</td><td>注：在通入压缩空气的时候，另一只手要轻轻按住活塞，以免其突然飞出</td></tr>
</table>

（续）

分解与检修示意图	备注
3）拆下活塞内、外圆上的 O 形密封圈，以及制动鼓后端轴颈上的密封环和止推轴承座 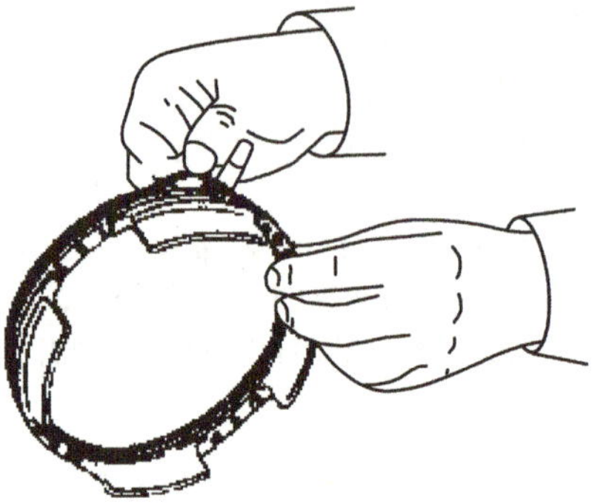	注：装复时，所有的 O 形密封圈必须更换新件
2 档制动器 B2 组件的分解 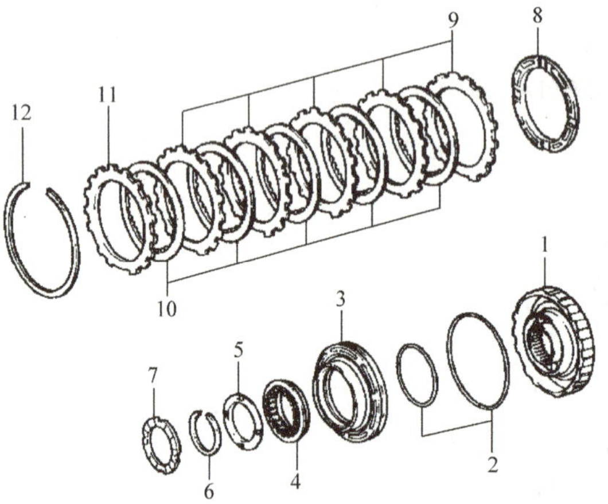 	1—2 档制动器鼓　2—O 形密封圈　3—活塞　4—复位弹簧　5—弹簧座圈　6、12—卡环　7—止推垫圈　8—活塞衬套　9—钢片　10—摩擦片　11—挡圈
1）使用专用工具，将 2 档制动器活塞复位弹簧座圈压下，用螺钉旋具或卡环钳拆下卡环，取出复位弹簧及弹簧座圈 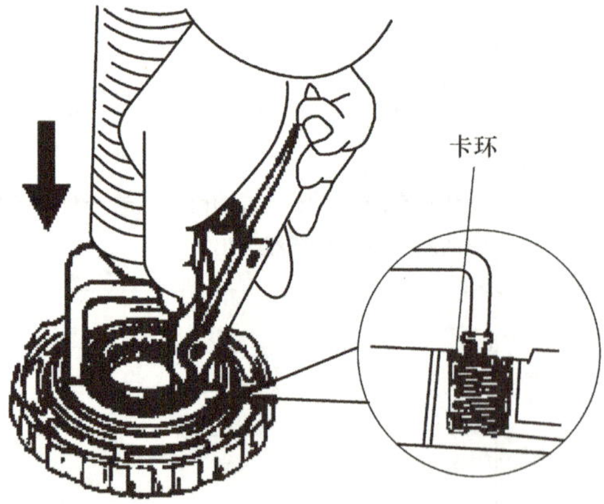 	

（续）

分解与检修示意图	备注
2）从 2 档制动器鼓外圆上的油孔内吹入压缩空气，取出活塞 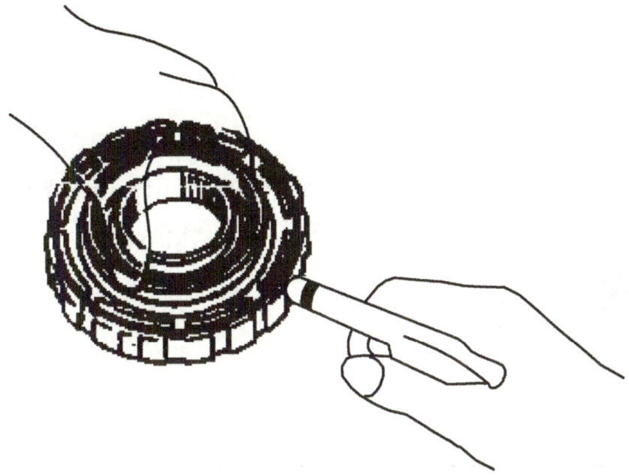	注：在通入压缩空气的时候，另一只手要轻轻按住活塞，以免其突然飞出
低档、倒档制动器 B3 组件的分解	
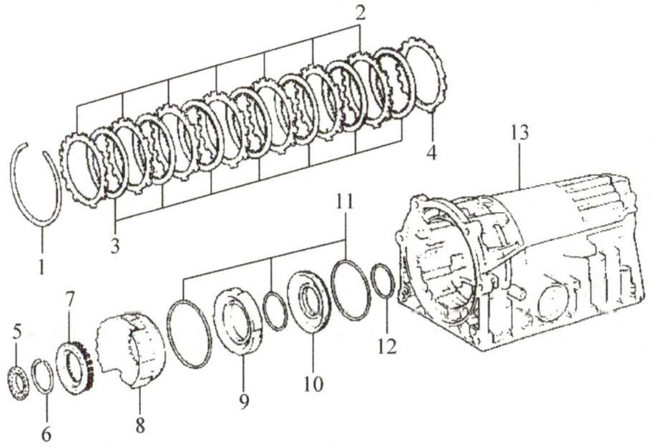	1、6—卡环　2—钢片　3—摩擦片　4—挡圈　5—止推轴承　7—复位弹簧及弹簧座圈　8—大活塞　9—复位滑套　10—小活塞　11、12—O 形密封圈　13—自动变速器壳
低档、倒档制动器 B3 的分解	
1）使用专用工具，将自动变速器壳内的低档、倒档制动器活塞的复位弹簧座圈压下，用螺钉旋具或卡环钳拆下卡环 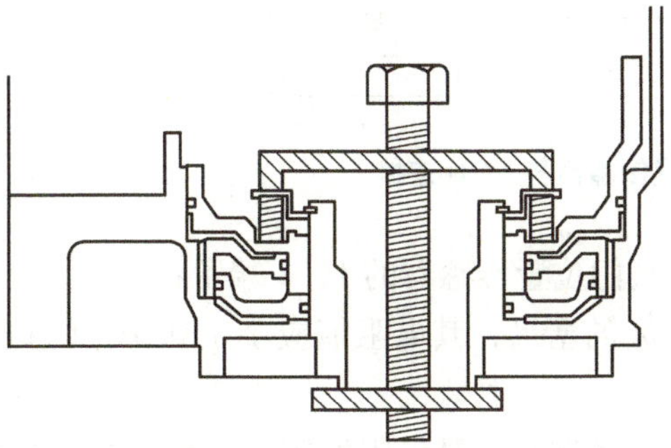	

（续）

分解与检修示意图	备注
2）从壳体上的低档、倒档制动器进油孔内吹入压缩空气，取出活塞 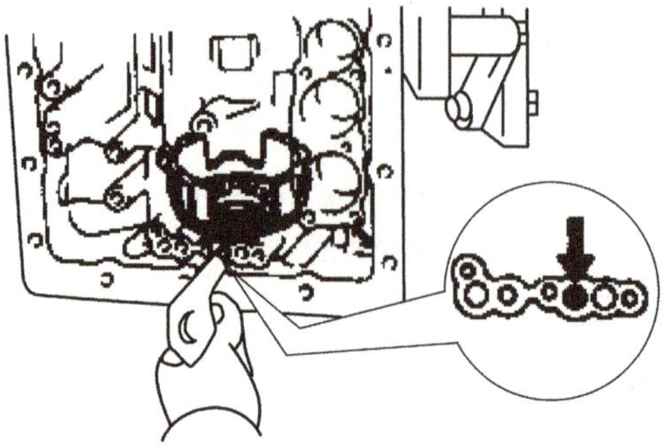	注：在通入压缩空气的时候，另一只手要轻轻按住活塞，以免其突然飞出

任务三　自动变速器电液控系统的检修

1. 自动变速器电控系统传感器检修

（1）节气门位置传感器的检测与调整

1）节气门位置传感器怠速触点开闭时机的检查。

① 确定节气门位置传感器的结构形式。

② 关闭点火开关，拔下节气门位置传感器线束插头。

③ 用万用表检查怠速触点的接触情况，节气门位置传感器与 ECU 的连接如图 5-79 所示。

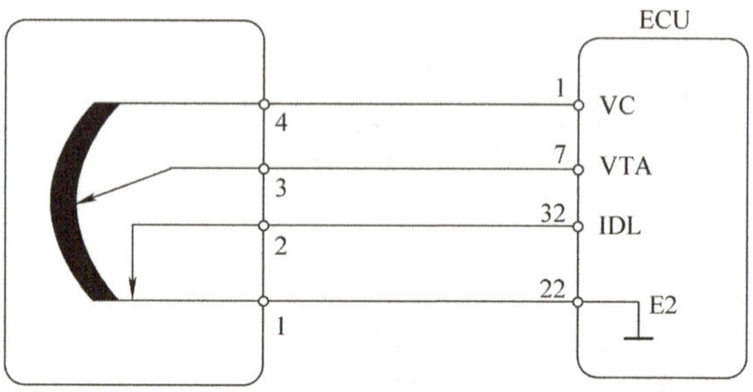

图 5-79　节气门位置传感器与 ECU 连接

将万用表拨至电阻档，两表笔分别连接节气门位置传感器的 1、2 端子：

a. 在节气门摇臂与限位钉之间插入 0.40mm 的塞尺，其电阻值应小于 0.5Ω（怠速触点闭合）。

b. 在节气门摇臂与限位钉之间插入 0.65mm 的塞尺，其电阻值应为“∞”（怠速触点张开）。

2）节气门位置传感器电位计电阻的检查。

① 将万用表拨至电阻档，两表笔分别连接节气门位置传感器的 1、3 端子，如图 5-80 所示。

图 5-80 节气门位置传感器 1、3 端子检查图

② 将万用表拨至电阻档，两表笔分别连接节气门位置传感器的 1、4 端子，如图 5-81 所示。

图 5-81 节气门位置传感器 2、4 端子检查图

3）节气门位置传感器的调整。当节气门位置传感器的检测结果不符合标准时，会影响到自动变速器的正常工作，应对其进行正确的调整。

① 拧松节气门位置传感器的两个固定螺钉。

② 将厚度为 0.50mm 的塞尺插入节气门摇臂和限位螺钉之间，同时用万用表测量怠速触点的接触情况，如图 5-82 所示。

③ 朝节气门开启方向转动节气门位置传感器，怠速触点断开；然后朝节气门闭合方向

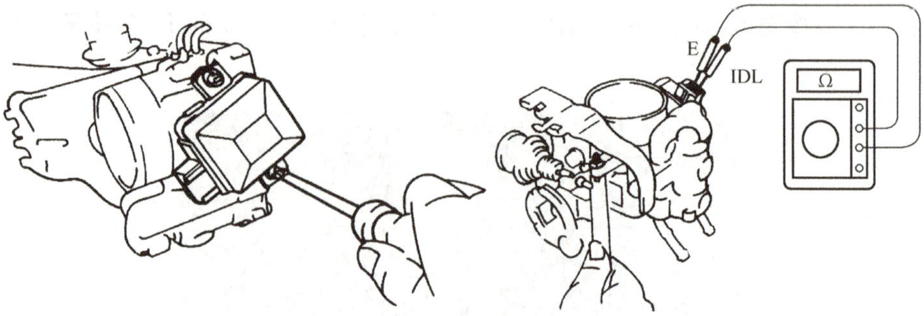

图 5-82　节气门位置传感器的调整

慢慢转动节气门位置传感器，直到怠速触点闭合。

④ 拧紧节气门位置传感器的两个固定螺钉。

⑤ 分别将 0.40mm 和 0.65mm 的塞尺插入节气门摇臂和限位螺钉之间，同时测量怠速触点的接触情况：当塞尺为 0.40mm 时，怠速触点应闭合；当塞尺为 0.65mm 时，怠速触点应断开，否则需重新调整节气门位置传感器。

(2) 车速传感器的检测

1) 车速传感器电阻值的检测。

① 关闭点火开关。

② 拔下车速传感器的线束插头。

③ 用万用表测量车速传感器 1、2 端子之间的电阻值应为 $R = 560 \sim 680\Omega$，车速传感器与 ECU 的连接如图 5-83 所示，测量方法如图 5-84 所示。

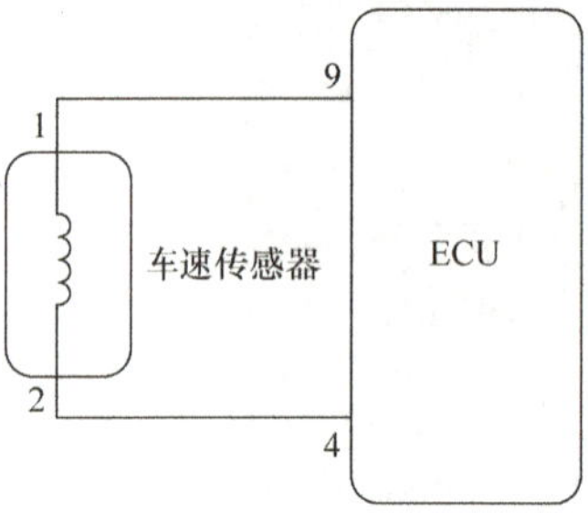

图 5-83　车速传感器与 ECU 的连接

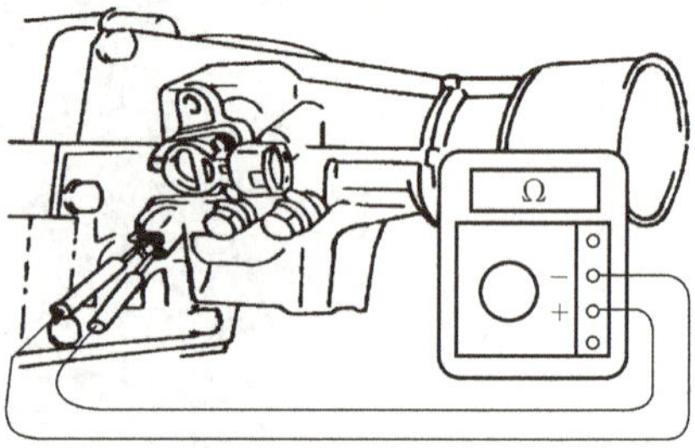

图 5-84　车速传感器感应线圈电阻的测量

如果车速传感器感应线圈的电阻值过小或过大，则均应更换传感器。

2) 车速传感器功能检测。

① 将变速器手柄置于空档，用举升机将汽车升起，用手转动驱动轮的同时用万用表交流电压 mV 档测量车速传感器两接线柱之间的感应电压。若测量时万用表指针摆动，则说明传感器有感应电压输出，其工作正常；否则，应更换传感器。

② 拆下车速传感器，用一个带有磁性的磁棒迅速接近或离开车速传感器头，同时检测传感器端子 1、2 之间的感应电压，如图 5-85 所示。若有感应电压，则说明传感器良好；若

无感应电压或感应电压很微弱，则说明传感器有故障，应更换。

(3) 自动变速器油温传感器的检测

1）关闭点火开关。

2）拔下油温传感器插头。

3）拆下油温传感器。

4）将油温传感器置于盛有水的烧杯中，加热杯中的水，同时测量不同温度下传感器两接线端子之间的电阻值，如图 5-86 所示。

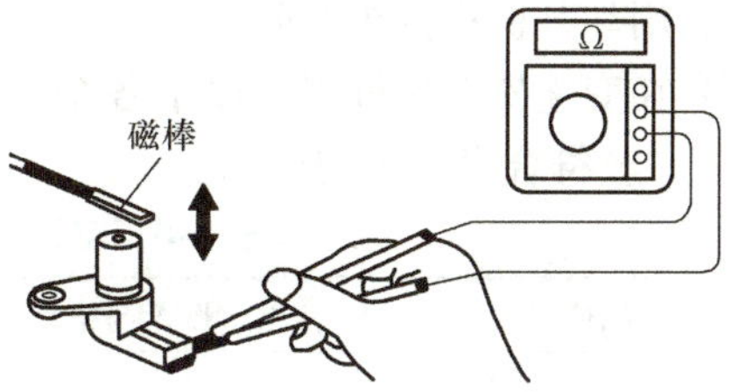

图 5-85　输入轴转速传感器输出脉冲的测量

5）若测得的电阻值在 10℃时，$R=6.5k\Omega$；在 110℃时，$R=0.2k\Omega$，则说明传感器良好。否则，应更换传感器。

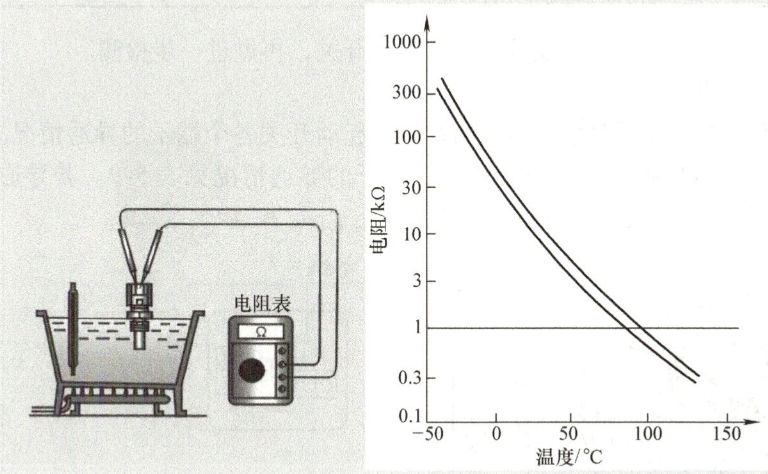

冷却液温度传感器在各种温度下的电阻值

温度/(℃/°F)	电阻/kΩ	
	最小	最大
-40/(-40)	291.49	381.71
-20(-4)	85.85	108.39
-10(14)	49.25	61.43
0/32	29.33	35.99
10/(50)	17.99	21.81
20(68)	11.37	13.61
25/(77)	9.12	10.88
30/(86)	7.37	8.75
40(104)	4.90	5.75
50/(122)	3.33	3.88
60/(140)	2.31	2.67
70/(158)	1.63	1.87
80/(176)	1.17	1.34
90/(194)	0.86	0.97
100/(212)	0.64	0.72
110/(230)	0.48	0.54
120/(248)	0.37	0.41

图 5-86　ATF 油温传感器检测示意图

(4) 空档起动开关的检测与调整

1）空档起动开关的检测。空档起动开关与 ECU 之间的连接如图 5-87 所示。

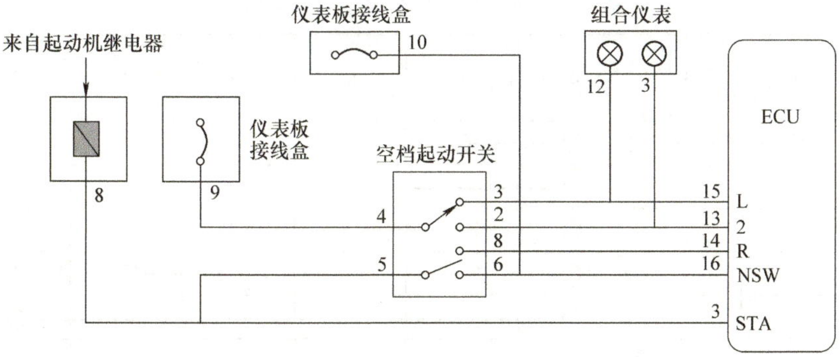

图 5-87　空档起动开关与 ECU 的连接

① 打开点火开关。

② 用举升机将汽车升起。

③ 在变速器变速杆置于以下各个档位时，测量 ECU 端子 NSW、2、L 与车身搭铁之间的电压，应符合表 5-8 的要求。

表 5-8　空档起动开关不同位置时的电压值

档位	NSW 与搭铁	2 端子与搭铁	L 端子与搭铁
P、N	<1V	<1V	<1V
R	10～14V	<1V	<1V
D	10～14V	<1V	<1V
2	10～14V	10～14V	<1V
L	10～14V	<1V	10～14V

④ 若检测所得电压值不符合要求，则必须拆下空档起动开关，再做进一步检测。

⑤ 关闭点火开关，拆下空档起动开关。

⑥ 将手控阀拨至各个不同位置，同时用万用表测量空档起动开关各个端子的导通情况。空档起动开关的检测方法如图 5-88 所示，不同位置各个端子的导通情况见表 5-9。若导通情况与表 5-9 所列不相符，则应调整或更换空档起动开关。

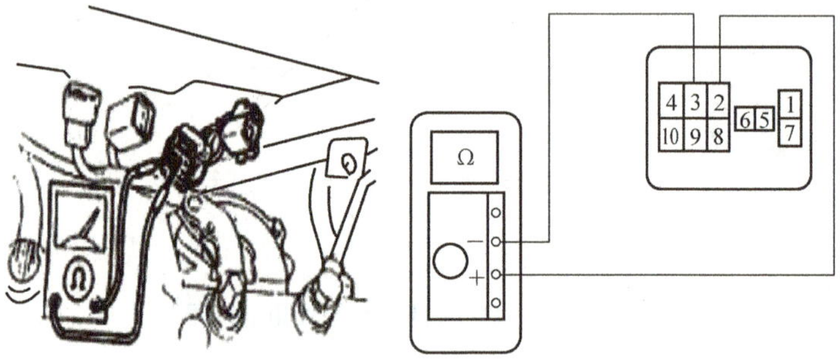

a)　　b)

图 5-88　空档起动开关的检测

表 5-9　不同位置各个端子的导通情况

档位 \ 端子	6	5	4	7	8	10	9	2	3
P	○	○	○	○					
R			○		○				
N			○			○			
D			○				○		
2			○					○	
L			○						○

2）空档起动开关的调整。

① 松开空档起动开关固定螺钉，将变速杆拨至 N 位。

② 将槽口对准空档基准线，如图 5-89 所示。

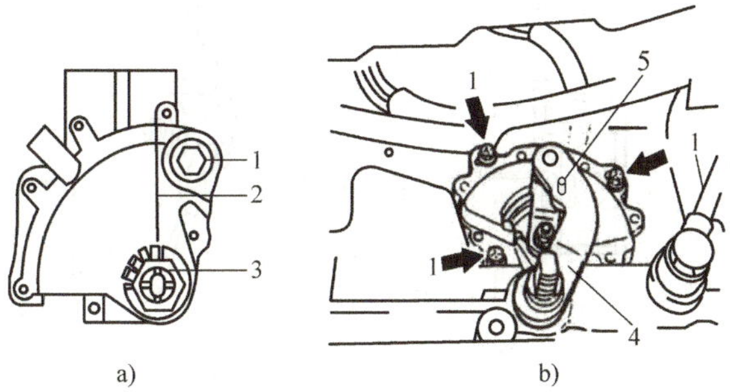

图 5-89　空档起动开关的调整

1—固定螺钉　2—基准线　3—槽口　4—摇臂　5—调整用定位销

③ 拧紧空档起动开关的固定螺钉。

(5) 制动灯开关的检查与调整

1) 制动灯开关的检查。踩下和松开制动踏板时，两接线端子之间的电阻值应在 0 和∞之间变化。否则应及时更换制动灯开关。

2) 制动灯开关的调整。制动踏板在自由状态时，用塞尺检测制动踏板臂与制动灯开关顶块之间的间隙，其值应为 0.5～2.4mm。否则，应通过更换固定螺母下的金属垫片进行调整。

(6) 输入轴转速传感器的检测　因为输入轴转速传感器的结构与车速传感器相同，故其检测内容和方法可参照车速度传感器的检测。输入轴转速传感器与 ECU 的连接如图 5-90 所示。

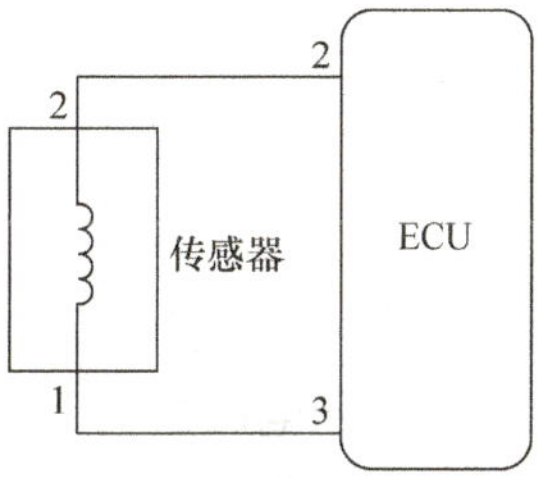

图 5-90　输入轴转速传感器与 ECU 的连接

2. 自动变速器电控系统执行器检修

(1) 电磁阀的检测　1 号和 2 号电磁阀电路的检测（故障码为 62 和 63）方法如图 5-91 所示。

1) 将汽车升起，拆下变速器油底壳。

2) 脱开电磁阀线束插接器。

3) 用欧姆表测量电磁阀线圈的电阻，正常的电阻应为11～15Ω。

4) 将电磁阀的线圈接上蓄电池电压，正常情况应有电磁阀动作的响声，如果检查有异常，则更换电磁阀；如果检查均正常，则进行下一步检修。

5) 检查电磁阀与计算机之间的线路和插接器，若有不良，则修理或更换线束或插接器；若良好，则检修或更换发动机与 ECT 计算机。

(2) 机械检查

1) 拆下油底壳。

2) 拆下 1 号和 2 号电磁阀。

3) 将压缩空气（490kPa）吹入电磁阀的进油口。

4) 当电磁阀线圈不接电源时，进油孔和泄油孔之间应不通气；当接上电源后，进油孔和泄油孔之间应相通，如图 5-92 所示。否则，说明电磁阀损坏，应更换。

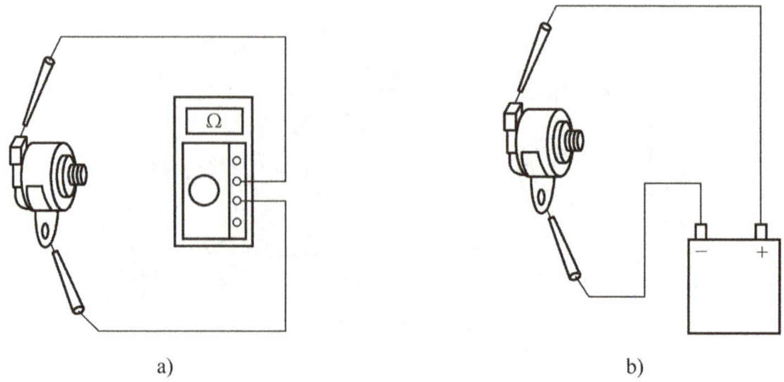

图 5-91　电磁阀的检测

a）检查电磁阀的电阻　b）检查电磁阀的动作

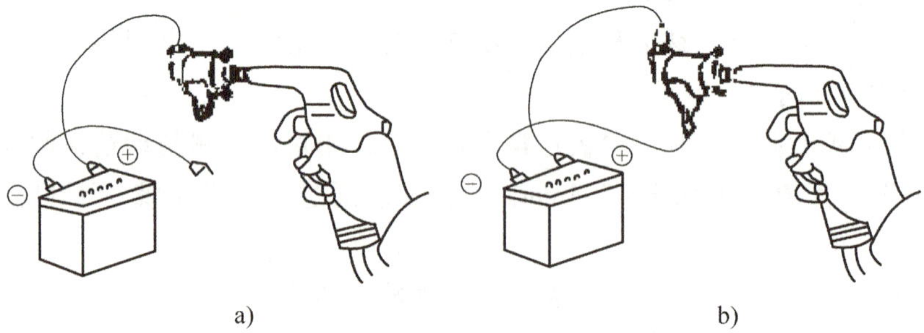

图 5-92　电磁阀的机械检查

a）不接电源时　b）接电源时

5）3 号电磁阀电路的检修（故障码为 64）。3 号电磁阀是线性脉冲式电磁阀，其外形和内部结构如图 5-93 所示。3 号电磁阀电路的检测包括电阻检测和动作检查。

① 电阻检则。标准阻值为 3.6 ~ 4.0Ω，如图 5-94 所示。

② 动作检查。将 3 号电磁阀的线圈接上蓄电池电压（注意：需串接 8 ~ 10W 的灯泡），正常情况如下：

a. 电磁阀线圈接上电源时，电磁阀阀芯伸出（向右移动）。

b. 电磁阀线圈断开电源时，电磁阀阀芯退回（向左移动）。

c. 如果检查有异常，则应更换电磁阀。

d. 如果检查均正常，则应检查 3 号电磁阀与计算机之间的线路和插接器。

6）4 号电磁阀电路的检修（故障码为 46）。4 号电磁阀也是线性脉冲式电磁阀，其检测方法参考 3 号电磁阀；它的标准阻值为 5.1 ~ 5.5Ω。

3. 辛普森自动变速器计算机故障检测（以凌志 LS400 轿车为例）

使用万用表依据凌志 LS400 轿车 A341E 和 A342E 自动变速器和发动机计算机检测标准（见表 5-10）进行电路故障检测，线束插头如图 5-95 所示。

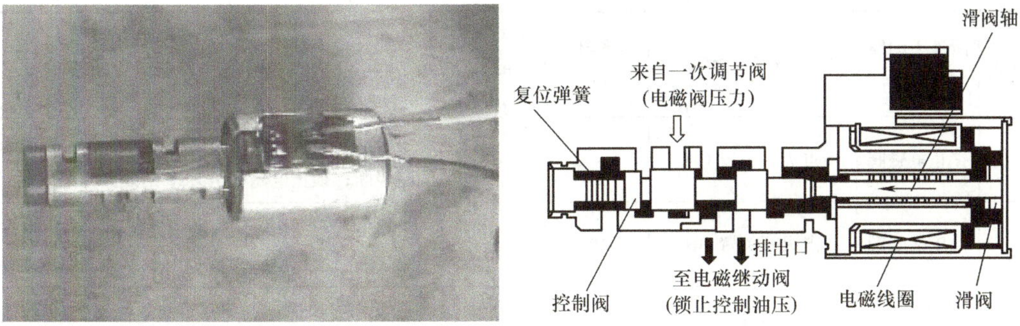

a)　　b)

图 5-93　线性脉冲式电磁阀

a）外形　b）内部结构

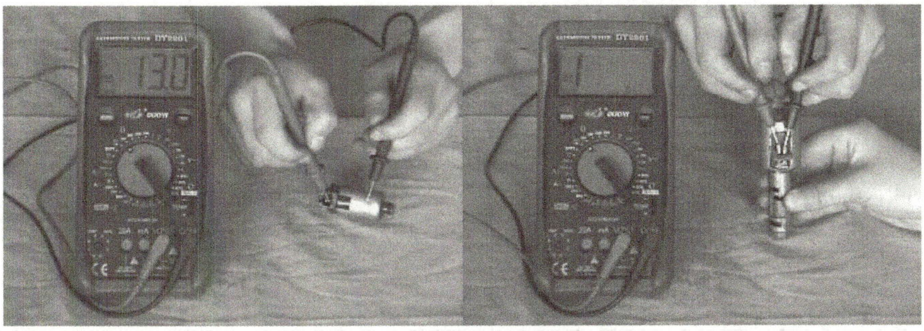

图 5-94　3 号电磁阀电阻测量

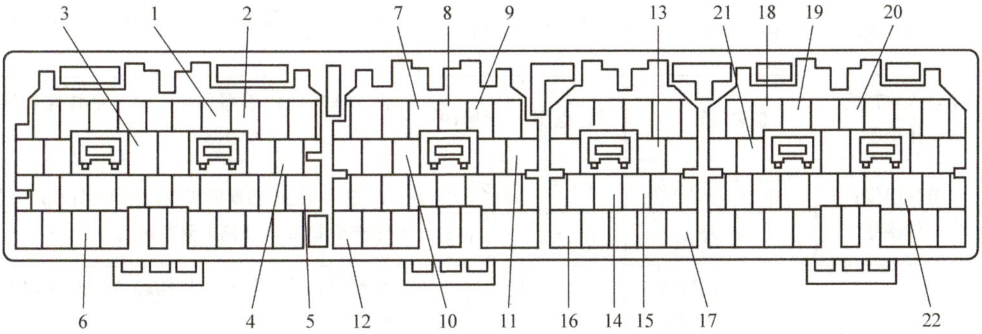

图 5-95　凌志 LS400 轿车 A341E 和 A342E 自动变速器和发动机 ECU 线束插头

1—锁止电磁阀　2—油压电磁阀　3—点火开关　4—换档电磁阀 A　5—换档电磁阀 B　6—怠速开关　7、10—车速传感器　8、9—输入轴转速传感器　11—节气门位置传感器　12、16—接地　13、14、15—空档起动开关　17—液压油温度传感器　18—巡航控制计算机　19—超速档和超速档指示灯　20—模式开关和模式指示灯　21—车速表　22—强制降档开关

表 5-10　凌志 LS400 轿车 A341E 和 A342E 自动变速器和发动机 ECU 检测标准

<table>
<tr><th>接线端</th><th>所连接的线路或元件</th><th colspan="2">检测条件</th><th>标准电压/V</th><th>不正确的电压/V</th><th>可能的故障原因</th></tr>
<tr><td>1</td><td>锁止电磁阀</td><td colspan="2">点火开关置 ON</td><td>4~12</td><td><4</td><td>主继电器至锁止电磁阀的线路断路；锁止电磁阀线圈烧断；锁止电磁阀至 ECU 的线路断路或短路</td></tr>
<tr><td>2</td><td>油压电磁阀</td><td colspan="2">点火开关置 ON</td><td>12</td><td>0</td><td>主继电器至油压电磁阀的线路断路；油压电磁阀线圈烧断；油压电磁阀至 ECU 的线路断路或短路</td></tr>
<tr><td>3</td><td>点火开关起动档</td><td colspan="2">点火开关置 ON</td><td>12</td><td>0</td><td>点火开关损坏；点火开关起动档至 ECU 的线圈断路</td></tr>
<tr><td rowspan="3">4</td><td rowspan="3">换档电磁阀 A</td><td rowspan="3">点火开关置 ON</td><td>汽车行驶于 1 档或 2 档</td><td>12</td><td rowspan="3">0</td><td rowspan="3">ECU 内部故障</td></tr>
<tr><td>汽车行驶于 3 档或 4 档</td><td>0</td></tr>
<tr><td>停车档或空档</td><td>12</td></tr>
<tr><td rowspan="3">5</td><td rowspan="3">换档电磁阀 B</td><td rowspan="3">点火开关置 ON</td><td>汽车行驶于 1 档或 2 档</td><td>12</td><td rowspan="3">0</td><td rowspan="3">ECU 内部故障</td></tr>
<tr><td>汽车行驶于 3 档或 4 档</td><td>0</td></tr>
<tr><td>停车档或空档</td><td>12</td></tr>
<tr><td rowspan="2">6</td><td rowspan="2">怠速开关</td><td rowspan="2">点火开关置 ON</td><td>节气门全闭</td><td>0</td><td>12</td><td>怠速开关损坏；ECU 至怠速开关的线路断路</td></tr>
<tr><td>节气门全开</td><td>12</td><td>0</td><td>怠速开关损坏；ECU 至怠速开关的线路短路</td></tr>
<tr><td>7、10</td><td>车速传感器</td><td colspan="2">转动驱动轮</td><td>0~2.5 间摆动</td><td>0</td><td>车速传感器损坏；车速传感器至 ECU 线路断路或短路</td></tr>
<tr><td>8、9</td><td>输入轴转速传感器</td><td colspan="2">怠速运转</td><td>脉冲电压</td><td>无脉冲</td><td>输入轴转速传感器损坏；输入轴转速传感器至 ECU 的线路断路或短路</td></tr>
<tr><td rowspan="2">11</td><td rowspan="2">节气门位置传感器</td><td rowspan="2">点火开关置 ON</td><td>节气门关闭</td><td><1.5</td><td>>1.5</td><td rowspan="2">节气门位置传感器损坏或调整不当；节气门位置传感器至 ECU 的线路断路或短路</td></tr>
<tr><td>节气门全开</td><td>3.0~5.5</td><td><1.5</td></tr>
<tr><td rowspan="2">13</td><td rowspan="2">空档起动开关</td><td rowspan="2">点火开关置 ON</td><td>变速杆置于 2 档</td><td>12</td><td>0</td><td>空档起动开关损坏；空档起动开关至 ECU 的线路断路；熔丝烧断</td></tr>
<tr><td>变速杆置于 2 档之外的其他位置</td><td>0</td><td>12</td><td>空档起动开关损坏；空档起动开关至 ECU 的线路接错</td></tr>
<tr><td rowspan="2">14</td><td rowspan="2">空档起动开关</td><td rowspan="2">点火开关置 ON</td><td>变速杆置于 R 位</td><td>12</td><td>0</td><td>空档起动开关损坏；空档起动开关至 ECU 的线路断路；熔丝烧断</td></tr>
<tr><td>变速杆置于 R 位之外的其他位置</td><td>0</td><td>12</td><td>空档起动开关损坏；空档起动开关至 ECU 的线路接错</td></tr>
</table>

（续）

接线端	所连接的线路或元件	检测条件		标准电压/V	不正确的电压/V	可能的故障原因
15	空档起动开关	点火开关置 ON	变速杆置于L位	12	0	空档起动开关损坏；空档起动开关至 ECU 的线路断路；熔丝烧断
			变速杆置于L位之外的其他位置	0	12	空档起动开关损坏；空档起动开关至 ECU 的线路接错
17	液压油温度传感器	热车后，点火开关置 ON		<1	1～5	液压油温度传感器损坏
					0 或 12	ECU 至液压油温度传感器的线路断路或短路
18	巡航控制计算机	点火开关置 ON		12	0	自动变速器 ECU 至巡航控制 ECU 的线路断路或短路
19	超速档开关和超速档指示灯	点火开关置 ON	超速档开关置 ON	12	0	超速档开关损坏；超速档开关至 ECU 的线路短路
			超速档开关置 OFF	0	12	超速档开关损坏；超速档开关至 ECU 的线路断路
20	模式开关和模式指示灯	点火开关置 ON	模式开关置 PWR	12	0	模式开关损坏；模式开关至 ECU 的线路短路
			模式开关置 NORM	0	12	模式开关损坏；模式开关至 ECU 的线路断路
21	车速表	点火开关置 ON，转动驱动轮		0～8间摆动	无摆动电压	车速表传感器损坏；车速表损坏；车速表至 ECU 的线路断路或短路
22	强制降档开关	点火开关置 ON	加速踏板未踩到底	12	0	强制降档开关损坏；强制降档开关至 ECU 的线路短路
			加速踏板踩到底	0	12	强制降档开关损坏；强制降档开关至 ECU 的线路断路

任务四　电控液力自动变速器的基础检查与性能试验

1. 自动变速器的基础检查

（1）发动机怠速检查　发动机怠速转速不符合标准导致的现象与变速器内部故障导致的现象有相似之处。发动机怠速转速低和变速器内部阻力大都可能引起挂档后车辆抖动、发动机熄火等现象；发动机怠速转速高和变速器故障都可以引起挂档后“闯车”的现象。由于发动机和变速器的不同配置方案较多，同一型号的发动机与不同的变速器配合，其技术参数可能不同。因此，必须按维修手册的技术要求检查和调整发动机的怠速转速。

（2）节气门全开试验　驾驶人将加速踏板踩到底时，节气门的开度应该达到 100%，否则车辆的最高车速下降就可能与变速器的技术状况无关，而是发动机最大功率输出不足所致。因此，必须检查加速踏板与节气门轴的联动情况，并对其进行适当的调整，使两者的动作协调一致。

（3）节气门拉索的检查

1）目视检查。主要观察拉索有无破损，拉索的固定是否良好，与车上的固定部分有无弯折；拉索根部与自动变速器壳体间的连接是否固定良好；拉索外皮是否有脱节现象；拉索的金属丝是否有折断等。

2）手感试验。完全放松加速踏板，节气门处于怠速触点闭合位置时，用手指按动拉索，检查节气门摇臂处的露出部分，正常情况下，拉索不能被拉得太紧，也不能太松。如果太松，将导致节气门油压低，导致升档过早；反之，将导致升档过迟。一般情况下应参阅修理手册调整松紧度。

3）记号检查。一些自动变速器（如丰田自动变速器）的节气门拉索靠近节气门端的某处有金属挡块或油漆记号，这种记号往往表示节气门处于怠速状态或全开状态拉索的正确位置。通过检查这些记号的位置是否正确，可以判断拉索调节是否得当。

4）断开连接检查。为了更好地检查节气门拉索能否在拉索套内灵活运动以及节气门阀能否带动拉索良好回位，需将拉索的节气门端从节气门摇臂上拆下，观察拉索末端的挡块与节气门摇臂上的定位孔之间的距离，此距离不可过大，通常为0.5～1mm；然后用手拉动拉索，看其是否能在拉线套内灵活运动。

(4）换档机构的检查

1）手柄试验。将换档手柄按正常操作顺序挂入每一个档位，感觉换档过程中是否有清晰的手感，手柄进入各档位时是否灵活自如，手柄阻力是否合适，进入档位后手柄是否有锁止功能，仪表指示是否正确等，从而判断换档机构工作是否正常。

2）断开连接检查。如感觉换档机构存在问题，可以断开自动变速器手动阀转轴上的摇臂与传动拉杆的连接处。用手扳动转轴上的摇臂，直接操纵手动阀，检查操纵过程中是否每个档位都能自由进入，进入后是否能够明显地感觉到弹簧片锁止的手感。通过这些检查，可以判断出故障发生在自动变速器内部还是外部。

(5）ATF液面的检查

1）在检查ATF的液面之前，将车辆停放在平直路面上。

2）将发动机起动预热至正常工作温度，发动机保持运转状态。

3）踩住制动踏板，将变速杆手柄从P位依次挂入每一个档位后回到P位，使油液进入阀体和变速器壳体。

4）取出油尺，把油尺护盘和尺身拭擦干净，重新插入油尺后再拔出，检查液面高度。有些油尺上标有“ADD”（添加）的字样，有些油尺上刻有分别针对“COOL”（冷态）、“WARM”（温态）和“HOT”（热态）的液面高度适合标记。

在检查ATF液面时，油液温度是一个重要影响因素。有些变速器内装有双金属片，双金属片会在变速器达到预定温度之前阻止油液流入变速器油冷却器，这样能够很快地使变速器油达到正常的工作温度。因此，双金属片可能使油液液面的检查受到影响。另外，应该注意热车时才能检查油面高度。

(6）ATF油质的检查　在检查油液液面高度的同时，还应该进行油液质量检查。油质是分析判断自动变速器内部问题的重要依据。正常情况下，自动变速器油液（ATF）是红色或粉红色的透明液体。如果油液的颜色、状态、气味、黏度发生了变化，说明自动变速器油已经变质。

2. 自动变速器性能试验

下面以失速试验为例，讲述自动变速器性能试验的方法，其他试验项目的操作方法请参阅相关维修资料。

失速试验是在汽车静止不动、变速器在前进档或倒档时，检测发动机所能达到的最高转速。由于失速试验操作简单、对变速器功能的检查面广，故其在故障诊断中被广泛采用。但失速试验容易使变速器油温迅速升高，因此两次试验间应有足够的时间间隔。

(1) 失速试验的作用

1）检查液力变矩器各部件性能的好坏。例如：检查泵轮与涡轮之间的液流传动性能，导轮的液流传导性能，单向离合器能否可靠地锁止及释放导轮。

2）检查自动变速器内部行星齿轮机构、换档执行传动机构是否工作正常。例如：检查齿轮传动机构是否完好，离合器和制动器是否打滑。

3）检查发动机的输出功率是否正常。

4）辅助其他试验或结合其他试验进行故障诊断。

(2) 失速试验的操作步骤

1）试验准备工作。因为进行失速试验时，变速器内部受到一个极大的转矩负荷，所以要事先做好以下几方面工作：

① 检查确认发动机性能是否良好，如果发动机性能下降，则会造成测试结果失真或不能准确反映问题。

② 变速器内的油面高度、油温以及油质都必须正常，否则将影响测试结果的准确性，还可能对自动变速器造成损害。

③ 汽车须有良好的安全条件，行车制动器与驻车制动器的性能须良好，保证试验时能可靠制动。将车轮用三角木等塞住，以保证安全。

④ 汽车周围不应有影响安全的人或障碍物。

⑤ 如果车上无发动机转速表，则须另外加装。

⑥ 试验操作者应该具备一定的反应能力。

2）试验方法及注意事项。

① 将汽车停放在宽阔的水平地面上，用三角木块塞住前、后车轮。

② 用驻车制动器或行车制动器把车轮彻底制动。

③ 检查自动变速器的油温，应在 75～90℃，并保证油面高度及油质正常。

④ 起动发动机，将换档操纵手柄换到前进档（D 位）。

⑤ 左脚踩下制动踏板的同时，右脚将加速踏板踩到底，在发动机转速不再升高时，迅速读取此时的发动机转速，然后立即松开加速踏板，此时的发动机转速即为失速转速。由于在试验时会产生大量的热，所以失速时间不宜过长，读完数据后应立即放松加速踏板，如图 5-96 所示。

⑥ 将换档手柄拨入停车档（P 位）或空档（N 位）位置，让发动机怠速运转 1min 以上。

⑦ 将换档手柄移动至 R 位做同样的试验。

失速试验的操作比较简单，除试验连续时间不宜过长外，在试验时要注意监听发动机及自动变速器内声音的变化。在试验中随着加速踏板的踏下，发动机和变矩器会有很大、很沉闷的轰鸣声，但不应有任何金属撞击声和尖锐的杂音。

(3) 失速转速数值分析　失速转速的非正常情况有两种，即高于规定值与低于规定值。

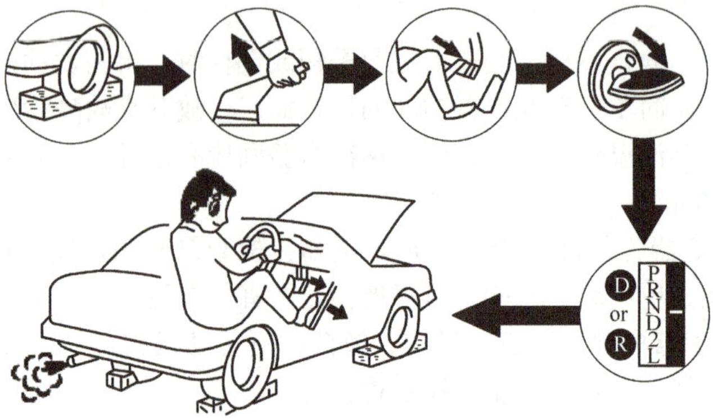

图 5-96　失速试验操作步骤

失速转速表给出的失速转速值都是一个范围，而并非某一确定的值。通常情况下，在失速转速超出一定范围后才判断为失常。

1）失速转速过低。变速器的零件在不运转（被强行固定）时，其运转阻力没有变化，如果失速转速低于标准范围，只能是发动机工作不良或液力变矩器传递不良两方面的原因。为进一步区分发动机与变矩器的故障，可将变速杆置于 P 位或 N 位，让变矩器涡轮不带负荷，对发动机进行急加速试验，如果发动机转速能很顺畅地上升，则说明发动机是正常的。如果汽车在行驶中出现加速不良，而高速时却很正常，则可判断为变矩器导轮单向离合器打滑造成了功率损失。如果失速转速低于规定值 600r/min 以上，则说明液力变矩器可能严重失效。

2）失速转速过高。当失速转速过高时，发动机与液力变矩器故障的可能性较小，故障一般发生在自动变速器部分，主要由换档执行元件打滑引起。因此，可以通过失速试验并对变速器内对应档位的执行元件图进行分析，来判断是因哪些元件损坏所致。但无论失速试验时变速杆处于何位置，因自动变速器结构的原因，失速试验只可检查前进 1 档和倒档的执行元件，一般不能检测其他档位的执行元件，因为换档正常的变速器在失速时不可能进行档位变化。

利用失速转速值分析故障时，影响失速转速的因素较多，不同发动机、不同液力变矩器的失速转速不同，但大部分汽车自动变速器的失速转速都在 2000～3000r/min 范围内。

任务五　01N 自动变速器的检修

1. 变速器发生打滑故障的原因及诊断

（1）故障原因

1）自动变速器油的液面高度太低，致使控制油路中缺油或进入空气。

2）自动变速器油的液面高度太高，运转中被行星齿轮机构剧烈搅动后产生大量气泡，油液中混入空气，致使油液传递压力的性能变差。

3）离合器或制动器摩擦片、制动带磨损过度或烧伤。

4）液压泵磨损严重或主油路泄漏，造成油路油压过低。

5）单向超越离合器打滑。

6）离合器或制动器活塞密封圈损坏，导致漏油。

7）减振器活塞密封圈损坏，导致漏油。

（2）故障诊断　打滑是自动变速器最常见的故障之一。虽然自动变速器打滑往往都伴有离合器或制动器摩擦片的严重磨损甚至烧焦等现象，但如果只是简单地更换磨损的摩擦片而没有找出打滑的真正原因，则修理后的自动变速器在使用一段时间后还会出现打滑现象。因此，对于出现打滑现象的自动变速器，不要急于拆卸分解，应先做各种检查测试，以找出造成打滑的真正原因。

1）对于出现打滑现象的自动变速器，应先检查自动变速器油的液面高度和品质。若液面过高或过低，则应先调整至正常后再做检查；若油面调整至正常后自动变速器不再打滑，可不必拆修自动变速器。

2）检查自动变速器油的品质。若自动变速器油呈棕黑色或有烧焦味，则说明离合器或制动器的摩擦片有烧焦，应拆修自动变速器。

3）进行路试，以确定自动变速器是否打滑，并检查出现打滑的档位和打滑的程度。将变速杆手柄拨入不同的位置，让汽车行驶。若自动变速器升至某一档位时发动机转速突然升高，但车速没有相应地提高，即说明该档位有打滑。打滑时发动机转速升高得越多，说明打滑越严重。

根据出现打滑的规律，结合执行元件动作表，就可以判断出产生打滑的是哪一个换档执行部件。

4）对于有打滑故障的自动变速器，在拆卸分解之前，应先检查其主油路油压，以找出造成打滑的原因。若自动变速器置于前进档或倒档时均打滑，则往往是主油路油压过低造成的。若主油路油压正常，则更换磨损或烧焦的摩擦元件即可；若主油路油压不正常，则在拆卸自动变速器的过程中，应根据主油路油压，相应地对液压泵及阀板进行检修，并更换自动变速器的所有密封圈及密封环。

2. 变速器异响的原因及故障诊断

（1）故障现象　在汽车运行过程中，自动变速器内始终有异常响声，停车挂空档后异响消失。

（2）故障原因

1）液压泵因磨损过甚或自动变速器油液面过低、过高而产生异响。

2）液力变矩器因锁止离合器、导轮单向超越离合器等损坏而产生异响。

3）行星齿轮机构异响。

4）换档执行元件异响。

（3）故障诊断

1）检查自动变速器油液面高度，若液面太高或太低，则应调整至规定位置。

2）用举升器将汽车升起，起动发动机，在空档、前进档、倒档等状态下检查变速器产生异响的部位和时刻。

3）若在任何档位下自动变速器前部始终有连续的异响，则通常为液压泵或液力变矩器异响。对此，应拆检自动变速器，检查液压泵有无磨损、液力变矩器内有无大量摩擦粉末。如有异常，应更换液压泵或液力变矩器。

4）若自动变速器只有在行驶中才有异响，空档时无异响，则为行星齿轮机构异响。对此，应分解自动变速器，检查行星齿轮机构的各零件有无磨损痕迹，齿轮有无断裂，单向超越离合器有无磨损、卡滞，轴承或止推垫片有无损坏。如有异常，应予以更换。

【知识拓展】

其他结构的自动变速器

1. CR—CR 自动变速器

CR—CR 行星齿轮机构如图 5-97 所示（见彩插），其各部件工作情况见表 5-11。

表 5-11　CR—CR 自动变速器各部件工作表

变速杆	档位	离合器			制动器			单向离合器	
		C1	C2	C3	B1	B2	B3	F1	F2
P	停车档								
R	倒档			○			○		
N	空档								
D	1 档	○							○
	2 档	○				○		○	
	3 档	○	○			●			
	4 档		○		○	●			
S	1 档	○							○
	2 档	○			○	●			○
L	1 档			○			○		

注：○—执行元件工作且传递动力；●—执行元件工作但不传递动力。

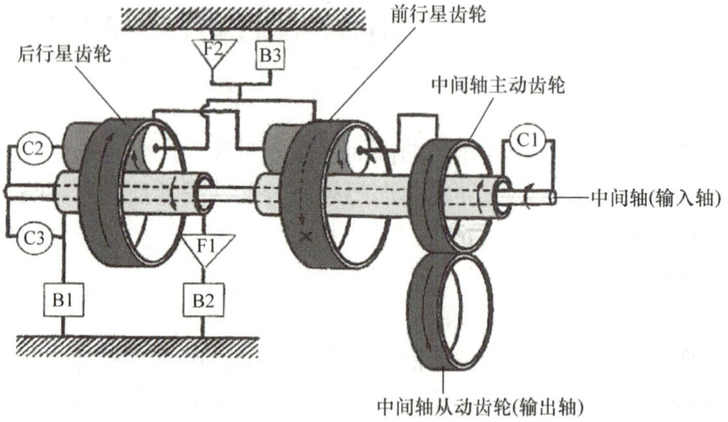

图 5-97　CR—CR 行星齿轮机构（1 档或 D 位 2 档时）

拉维娜机构、辛普森机构及 CR—CR 机构都是典型的行星齿轮传动变速器，如要获得更多档位，则在机构中另加行星排即可。

2. Mazda5 5 档自动变速器

在CR—CR机构的基础上增加一个行星排，即可实现5档变速，如图5-98所示（见彩插），如Mazda5 5档自动变速器（图5-99，见彩插），其各部件工作情况见表5-12。

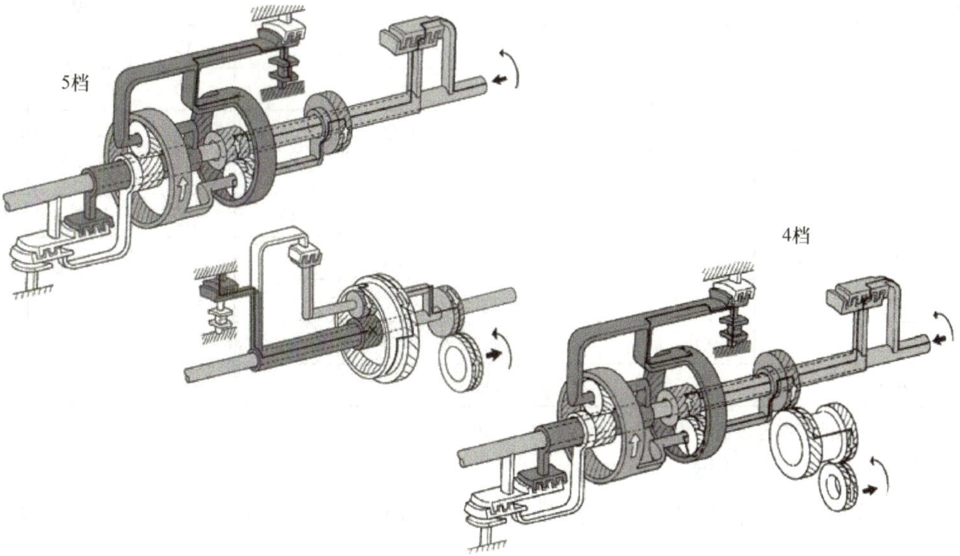

图5-98　4档到5档转换示意图

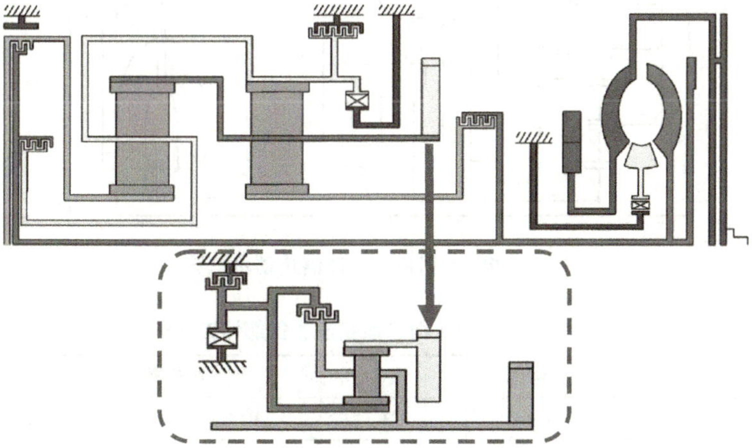

图5-99　5档自动变速器传动示意图

表5-12　Mazda5 自动变速器各部件工作表

变速杆	档位	前进档离合器	3—4档离合器	倒档离合器	直接档离合器	2—4档制动器	低速倒档制动器	减速档制动器	1号单向离合器	2号单向离合器
P	—									
R	R			○			○	○		
N	—									

（续）

变速杆	档位	前进档离合器	3—4 档离合器	倒档离合器	直接档离合器	2—4 档制动器	低速倒档制动器	减速档制动器	1 号单向离合器	2 号单向离合器
D	1	○						○	●	○
	2	○				○		○		○
	3	○	○					○		○
	4		○			○		○		○
	O/D	○	○		○					
M	1	○					○	○	●	○
	2	○				○		○		○
	3	○	○					○		○
	4		○			○		○		○
	O/D		○		○					

注：○—执行元件工作且传递动力；●—执行元件工作但不传递动力。

3. 迈腾 6 档自动变速器

在拉维娜机构的基础上加一个行星排，即可实现 6 档变速，如图 5-100 所示，其各部件工作情况见表 5-13。

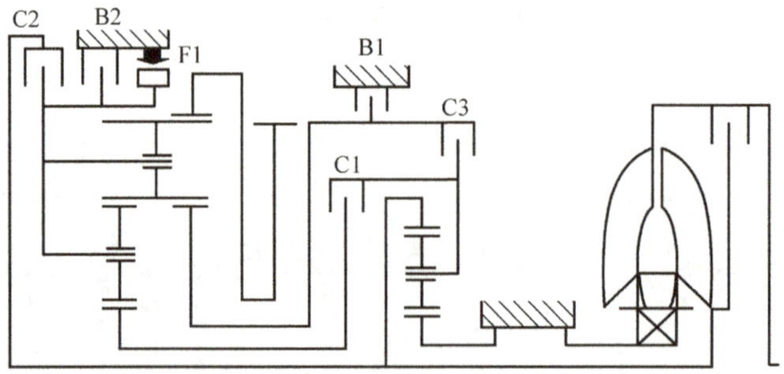

图 5-100　6 档自动变速器传动示意图

表 5-13　迈腾 6 档自动变速器各部件工作表

档位	离合器			制动器		单向离合器
	C1	C2	C3	B1	B2	F1
1	○				●	○
2	○			○		
3	○		○			
4	○	○				
5		○	○			
6		○		○		
R			○		○	

注：○—执行元件工作且传递动力；●—执行元件工作但不传递动力。

【课后习题】

一、填空题

1. 自动变速器油的英文名称是（简写）________。

2. 行星排三元件包括________、________、________。

3. 失速实验时，变速器置于前进档或倒档，在踩住________踏板的同时将________踏板快速踩到最大，测量此时发动机的________转速。

4. 一般四缸发动机汽车正常的失速转速为________，当失速转速低于________，说明发动机功率不足；当失速转速低于________时，说明变矩器失去变矩能力。

5. 辛普森结构的特点是________。

6. 拉维纳结构的特点是________。

7. 自动变速器的五个试验为________、________、________、________和________。

二、简答题

1. 怎样通过失速试验判断液力变矩器的故障（以四缸发动机汽车为例）?

2. 简述自动变速器油液面高度的测量方法。

3. 简述01N自动变速器各档的传动路线。

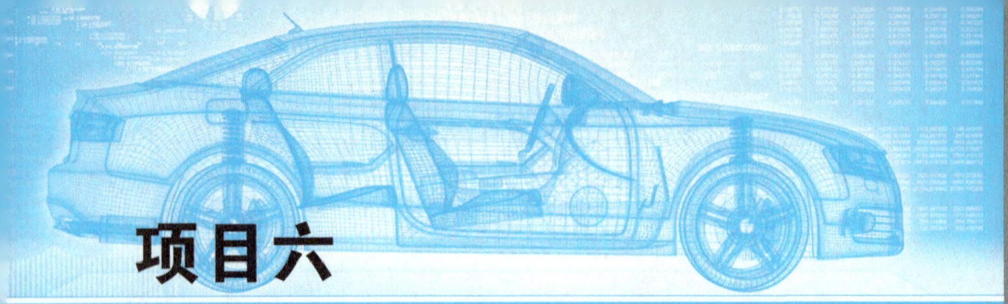

项目六

无级变速器检修

6

【项目描述】

无级变速器省去了复杂且笨重的齿轮组合变速传动，只用两组带轮进行变速传动。它通过改变驱动轮与从动轮传动带的接触半径进行变速，可以实现传动比的连续改变，从而可得到传动系统与发动机工况的最佳匹配，提高了整车的燃油经济性和动力性，改善了驾驶人的操纵方便性和乘员的乘坐舒适性，所以它是理想的汽车传动装置。

本项目主要认识无级变速器的结构和工作原理、控制方法，并在此基础上掌握无级变速器常见故障的诊断与维修。

【知识准备】

一、无级变速器的工作原理

无级变速器（CVT）的主要类型为钢带式无级变速器。在钢带式无级变速器上，使用钢带传递两个钢质带轮的动力，两个带轮的结构相同，主、从动带轮都由两个盘组成，分为可动盘和静盘。可动盘与静盘都是锥面结构，两个盘对装起来就形成了一个 V 型带轮结构。可动盘可以沿着它的固定旋转轴线轴向移动，从而改变两个带轮盘之间的轮槽宽度。可动盘的轴向移动依靠液压缸中油压的变化来实现，变速器控制单元根据驾驶人的操纵意图（档位、车速、节气门开度等各传感器信号）对液压控制单元发出指令，从而调节油压的大小。通过钢带轮带槽宽度的变化，改变钢带和钢带轮的接触位置，从而改变钢带轮的工作半径，如图 6-1 所示。

（1）传动路线　前进档时的传动路线，如图 6-2 所示（见彩插）：飞轮减振装置→变速器的输入轴→太阳轮→前进离合器→主动链轮（带轮）→从动链轮（带轮）→前进档离合器→主减速器→输出轴。倒档时的传动路线：变速器的输入轴→太阳轮→倒档制动器（制动行星架）→齿圈→主动链轮（带轮）→从动链轮（带轮）→前进档离合器→主减速器→

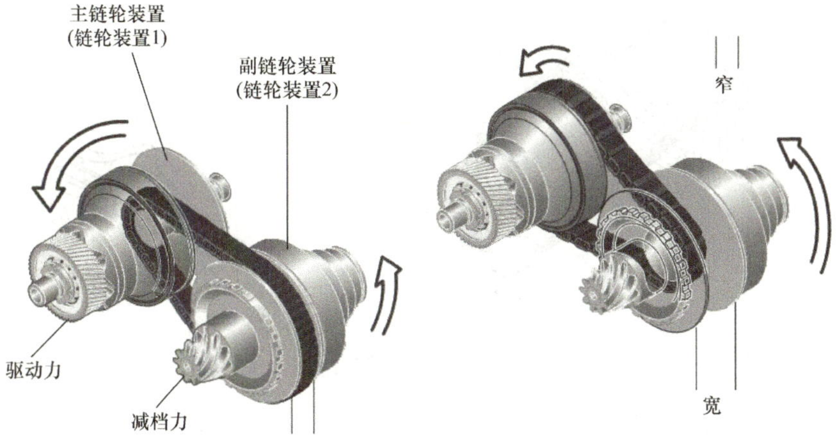

图 6-1　CVT 结构原理图

输出轴。

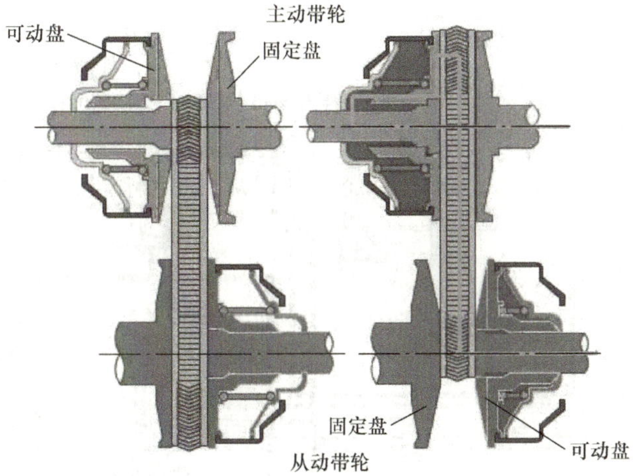

图 6-2　无级变速器工作原理示意图

（2）钢带　钢带的结构如图 6-3 所示，它由两组钢质环形带和多个构件构成。每组钢质环形带由 12 层构成，构件多达 400 个以上（依据中心距的大小而不等）。钢带传递动力时，两个侧面起传动作用。由于钢带是一种选配件，所以钢制构件/连接件的实际数量可能会有所变化。钢带构件因主动带轮和从动带轮的运动载荷而被压缩在一起，由于受到压缩，这种钢带结构将产生相互挤压作用，而不是像其他车用传动带那样产生拉伸作用，从而增加了钢带对带轮两侧面的摩擦力，减少了打滑。传动带磨损过度将引起打滑，并最终导致发动机高转速时的加速性不良或丧失。

（3）倒档的实现　无级变速器为一组单行星轮行星排，太阳轮输入，行星架被制动，齿圈输出实现倒档。

（4）起步离合器　起步离合器起液力变矩器作用，调节液压力实现怠速蠕动，起步加速时允许有一定打滑，正常行驶时锁止。

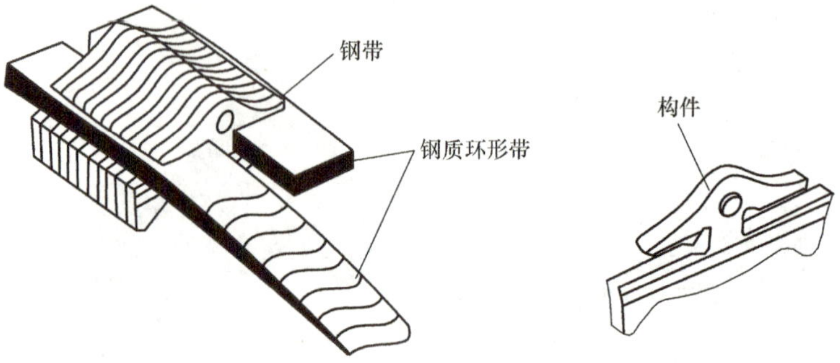

图 6-3　钢带

二、本田飞度 CVT 无级变速器液控系统

1. 各控制阀原理及作用分析

本田飞度 CVT 无级变速器的液控系统图如图 6-4 所示（见彩插）。

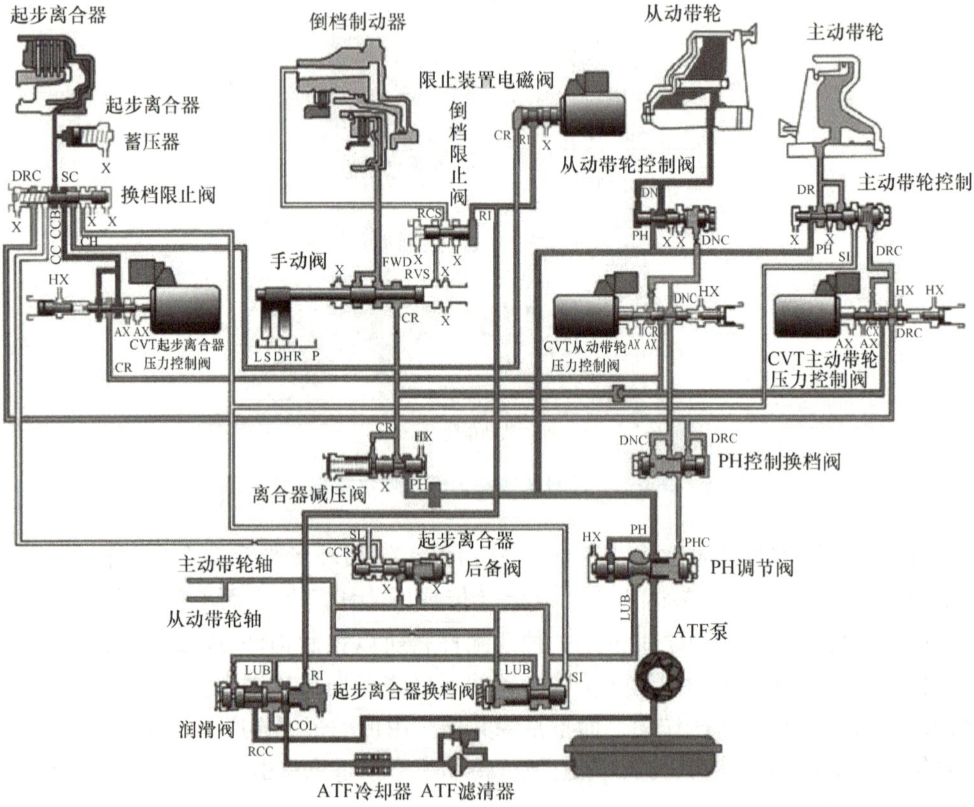

图 6-4　液控系统图

（1）PH 调节阀　PH 调节阀由阀体和弹簧组成，用于调节液压泵输出油压，如图 6-5 所示。

PH 调节阀根据 PH 控制换档阀提供的控制压力（PHC）调节油压。由图 6-5 可知，液压泵将油液泵入 PH 阀的 PH 油口后，该阀右端作用着弹簧弹力和由 PH 控制换档阀送入的控制油压，该油压作用在 PH 调节阀右端的 PHC 油口，形成一个向左推阀的力；由液压泵经主调压阀调出的主油压，经节流口反馈作用在该阀的左端。左、右两端压力的抗衡，决定了 PH 调节阀的开度，从而决定了主油压 PH 的大小。而 PH 控制换档阀受控于 ECU 控制的主动带轮与从动轮调压电磁阀调整出的控制油压的控制，因此主油压随发动机转速、节气门开度的变化而变化。

(2) 换档锁定阀　换档锁定阀又称换档限止阀，它由阀体（带空心帽）和弹簧（装入空心帽）组成，如图 6-6 所示。其作用如下：

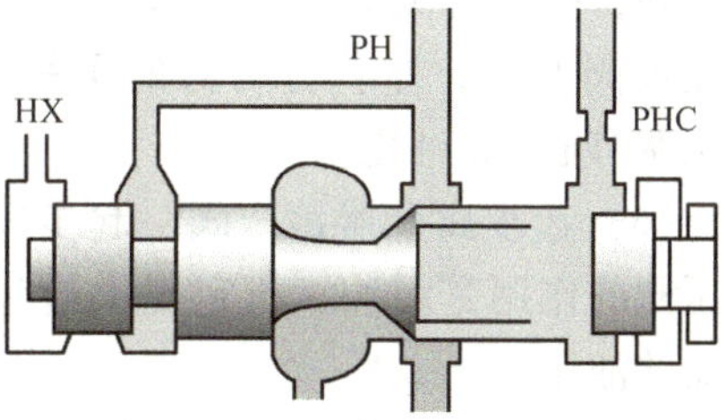

图 6-5　PH 调节阀

1）起步离合器压力控制电磁阀调节油压 CC 进入 SC 口到起步离合器。

2）倒档时，主动带轮压力控制电磁阀 DRC 的油压升高，使换档限止阀左移，油液从 CCB 口进入 SC 口到起步离合器。

3）在电气系统发生故障时，电磁阀静止不动，DRC 口油压最高，使换档限止阀左移量最大，CR 口与 SI 口油道相通，SI 口油液经起步离合器后备阀 SI 口到 CCB 口，再进入换档限止阀 CCB 口到 SC 口，然后到起步离合器，将起步离合器从电子控制切换到液压控制。

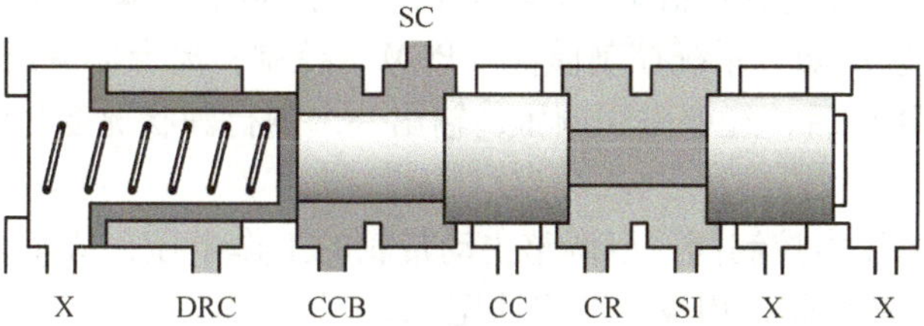

图 6-6　换档锁定阀

(3) PH 控制换档阀　PH 控制换档阀由阀体和弹簧组成，如图 6-7 所示。PH 控制换档阀的作用：随发动机转速、节气门开度的变化，根据主动带轮控制压力（DRC）、从动带轮控制压力（DNC）和弹簧力，平衡产生 PH 控制换档阀压力（PHC），PH 调节阀据此来调节主油压 PH。

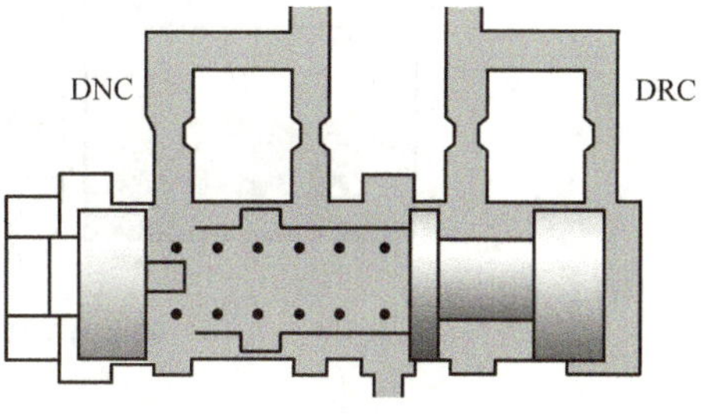

图 6-7　PH 控制换档阀

(4) 离合器减压阀　离合器减压阀由阀体和弹簧组成，如图 6-8 所示。它的作用是接收主油压 PH，产生离合器减压阀压力（CR）：

1）CR 油压向手动阀送油，供前进档或倒档离合器工作。

2）CR 油压分别送入主、从动带轮油压控制电磁阀，通过电磁阀调压后供给主、从动带轮。

3）CR 油压向限止电磁阀送油，以便限止电磁阀在计算机控制下开闭，驱动倒档限止阀动作，从而决定是倒档离合器还是前进档离合器工作。

4）CR 油压送入起步离合器压力控制阀，保证了自动变速器停车怠速运转、起步、加速各工况的换档质量。

(5) CR 油压进入换档限止阀　CR 油压进入换档限止阀的作用是把主油压 PH 调节成离合器减压油压 CR。此压力的调节是靠弹簧弹力和 CR 油压经节流口反馈作用在该阀左侧，左、右两力的平衡将 PH 油压调节成 CR 油压。

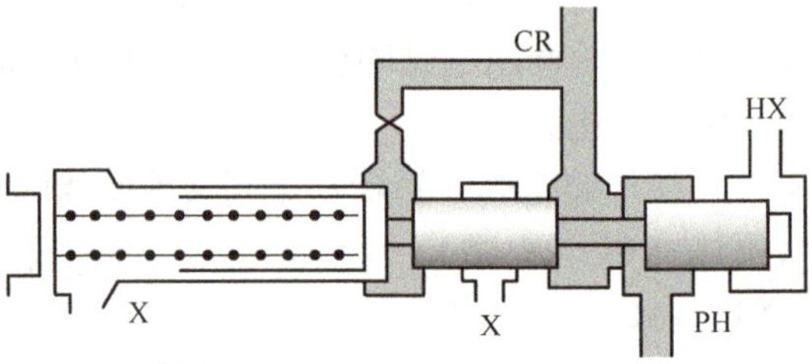

图 6-8　离合器减压阀

(6) 起步离合器蓄压阀　起步离合器蓄压阀的作用是缓冲、稳定提供给起步离合器的油压。

(7) 起步离合器换档阀　起步离合器换档阀的作用是在电子控制系统出现故障时，起步离合器换档阀接收换档锁定压力（SI），并将润滑油液（LUB）旁路转换至起步离合器后备阀，将电控调节改为液控调节。

(8) 起步离合器后备阀　起步离合器后备阀的作用：在电子控制系统出现故障的情况下，起步离合器后备阀提供离合器控制 B 压力（CCB），对起步离合器进行控制。

(9) 润滑阀　润滑阀的作用是稳定内部润滑液压回路的压力。

(10) 主动带轮压力控制电磁阀　主动带轮压力控制电磁阀由阀体、弹簧和电磁阀组成，如图 6-9 所示。它由动力系统控制模块（PCM）控制，离合器减压阀油压 CR 送入主动带轮压力调节阀的 CR 口后，经电磁阀调压，输出一个随行驶状况变化的压力 DRC，其作用如下：

1）送入主动带轮压力控制阀，以调整主动带轮的工作半径，从而线性地改变车速。

2）送入 PH 控制换档阀，用以调节主油压 PH。

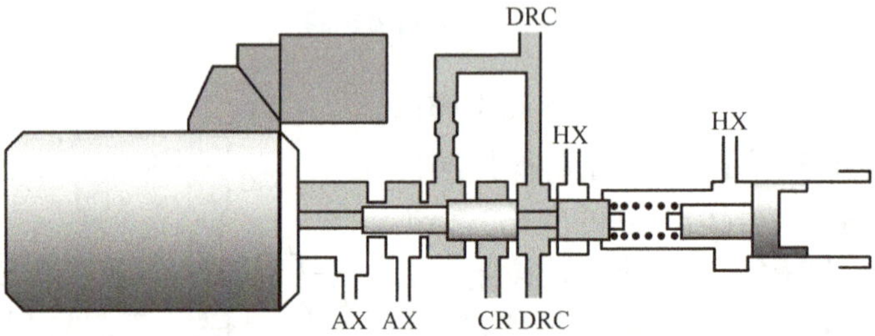

图 6-9　主动带轮压力控制电磁阀

(11) 主动带轮控制阀　主动带轮控制阀由阀体和弹簧组成，如图 6-10 所示。其作用如下：

1）压力 DRC 进入主动带轮压力控制阀，调节进入该阀右端的主油压 PH，调节出的压力 DR，DRC 和弹簧力与主油压 PH 抗衡，决定了调压阀的位置，从而将 PH 调整成了线性变化的主动带轮油压 DR，控制带轮工作半径的变化。压力升高时，主动带轮的工作半径变大。

2）当计算机失控，电磁阀不动作时，DRC 油压增高，当其增高至限定压力时，换档限止阀打开，将油压送入主动带轮压力调节阀的 SI 油口，向右推主动带轮控制阀，以减小主动带轮的压力，减小主动带轮的工作半径，使汽车行驶速度降低。此功能为变速器反馈功能。

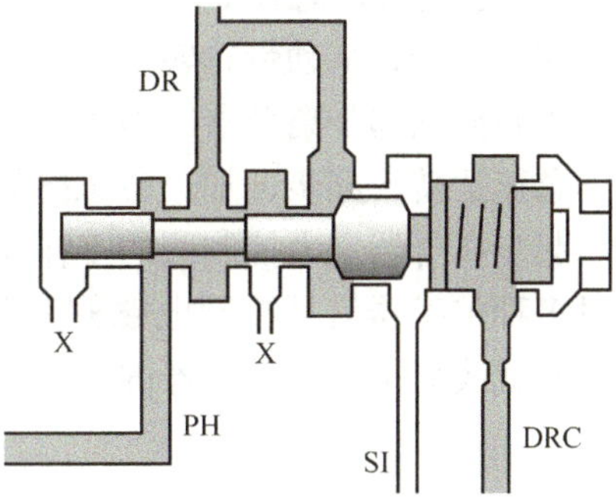

图 6-10　主动带轮控制阀

主动带轮控制阀的工作原理：DRC 压力、弹簧力与主油压 PH 的抗衡，决定了调压阀的位置，从而将 PH 调整成线性变化的主动带轮油压 DR。

（12）从动带轮压力控制电磁阀　从动带轮压力控制电磁阀由线性电磁阀和滑阀组成，如图 6-11 所示。其作用是向从动带轮控制阀提供从动带轮控制压力（DNC）。

从动带轮压力控制电磁阀的工作原理：由动力系统控制模块（PCM）控制，离合器减压阀油压 CR 送入从动带轮压力控制电磁阀的 CR 口后，经电磁阀调压，输出一个随行驶状况变化的压力 DNC。

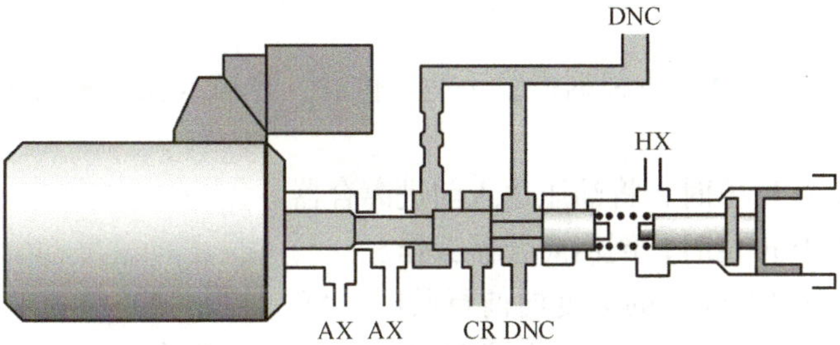

图 6-11　从动带轮压力控制电磁阀

（13）从动带轮控制阀（图 6-12）　从动带轮控制阀的作用是调整出从动带轮油压 DN，改变带轮的工作半径，调整变速器输出转速。压力升高时，从动带轮的工作半径变大。

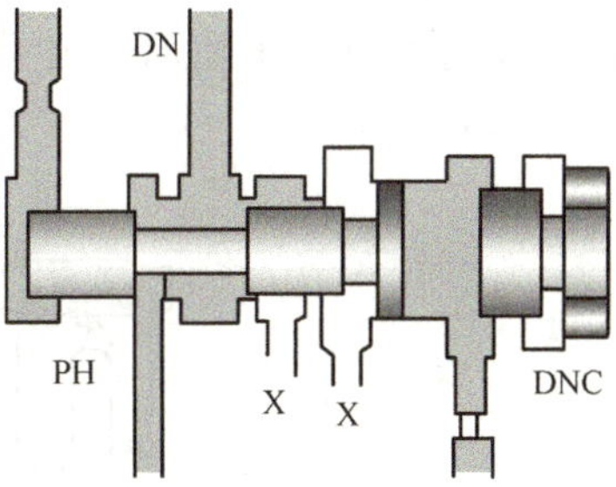

图 6-12　从动带轮控制阀

从动带轮控制阀的工作原理：该阀右端作用着从动带轮压力控制电磁阀送过来的控制压力 DNC 和自身弹簧弹力，而其左端则作用着从动带轮调压阀调整出的从动带轮压力 DN，DN 经节流口反馈作用在阀的左端，左、右两端压力的平衡决定了该阀打开油口的大小，从而调整出从动带轮油压 DN。可见，DN 随从动带轮油压控制电磁阀的通断占空比而线性变化，改变带轮的工作半径，调整变速器输出转速。

（14）起步离合器压力控制阀　起步离合器压力控制阀由线性电磁阀和滑阀组成，如图 6-13 所示。

起步离合器压力控制阀的作用：由动力系统控制模块（PCM）控制，PCM 接收来自无级变速器转速传感器、车速后备信号（来自 ABS 系统）、档位传感器、节气门位置传感器（TPS）、进气歧管绝对压力（MAP）传感器、制动开关、曲轴位置（CKP）传感器、主动带轮转速传感器、从动带轮转速传感器的信号输入，以确定施加于起步离合器的正确压力值，从而正确操纵起步离合器压力控制电磁阀为起步离合器提供合适的油压，保证了无级变速器停车怠速运转、起步、加速各工况的换档质量。

起步离合器压力控制阀的工作原理：CR 油口的压力是由离合器减压阀调出的，计算机通过多种传感器信号控制电磁阀开闭的占空比，从而控制送往换档限止阀 CC 口的油液压力，也就改变了起步离合器的压力。

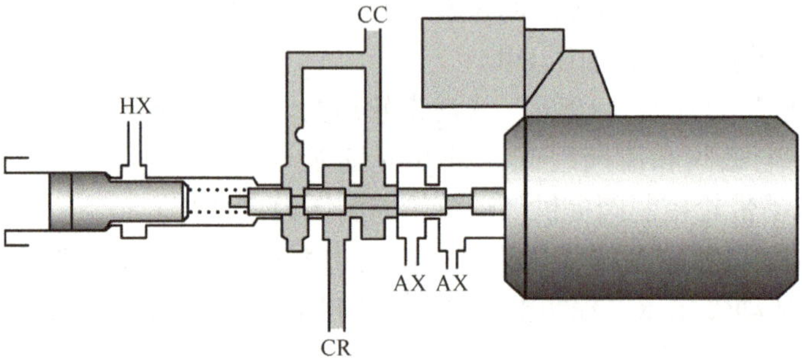

图 6-13　起步离合器压力控制阀

（15）手动阀（图 6-14）　根据操纵手柄的位置，开启或关闭手动阀的相应油道，其具体作用如下：

1）当手动阀拨入 D 位时，将油压送入前进离合器。

2）当手动阀置于 R 位时，倒档离合器工作。

3）当车辆以大于 10km/h 的速度向前行驶时，ECU 控制限止装置电磁阀泄油，把倒档限止阀右侧的油压 R 泄掉，使倒档限止阀右移，堵塞通往倒档离合器的油路，使倒档离合器不工作，从而限止切入倒档。

手动阀的工作原理：手动阀输入的油压是 CR 油压，即由离合器减压阀调出的油压，CR 油压送入手动阀后的流向决定于手动阀的位置。

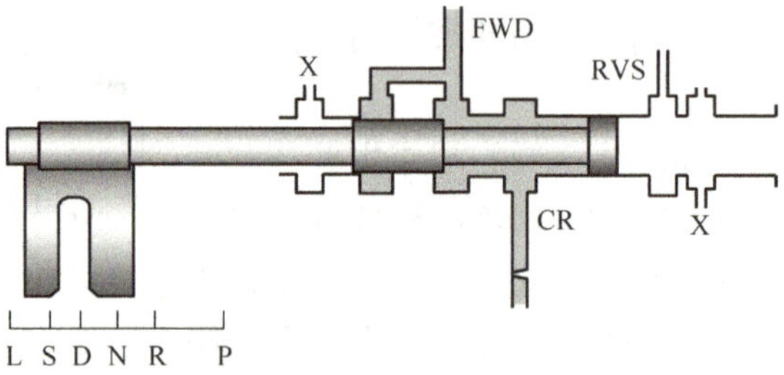

图 6-14　手动阀

（16）倒档限止阀　倒档限止阀由限止装置电磁阀提供的倒档锁定压力控制。当车辆速度大于 10km/h 时，ECU 控制电磁阀送入压力 R1，当 R1 泄掉时，阀处于右侧，此时倒档离合器的油道被关闭而不能切入倒档。若油压 R1 将阀推至左侧，则倒档离合器油道被打开，于是手动阀 CR 口的油压便可通过倒档限止阀的 RVS 口进入倒档离合器，使倒档离合器工作。

工作原理：倒档限止阀是一个开关阀，限止装置电磁阀的左右移动可关闭或打开倒档离合器的油道。

2. 本田飞度 CVT 无级变速器电路分析与检测

(1) 电液控制系统的各种控制　本田飞度 CVT 无级变速器的电路控制如图 6-15 ~ 图 6-17 所示。

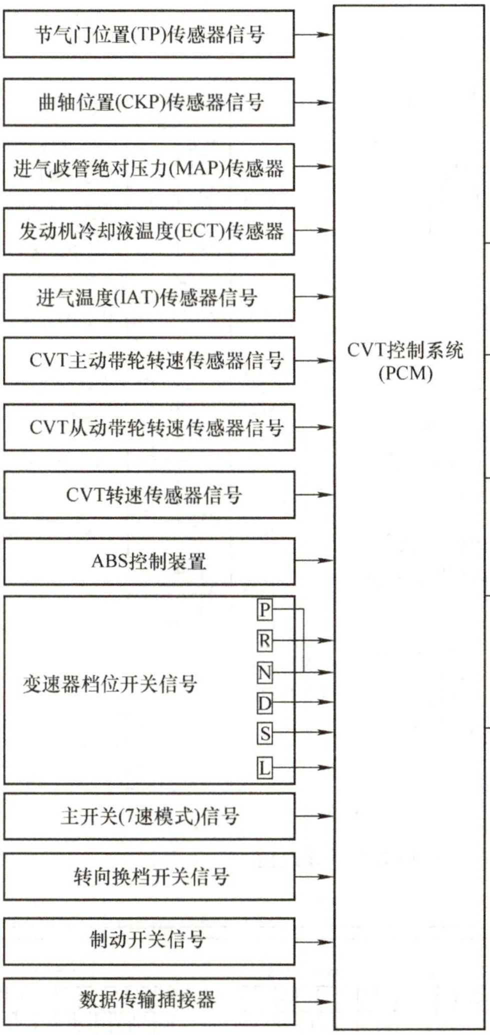

图 6-15　自动变速器的输入信号与输出控制

(2) 传动比控制（换档控制）　动力系统控制模块（PCM）对实际行驶条件与存储的行驶条件进行比较，以进行传动比（换档）控制，通过连续地变化主、从动带轮的传动比，来满足发动机目标转速的要求。发动机目标转速是一个变化的数值，它随节气门开度的增大而提高，且在不同的档位下（D、S、L），目标转速不同。操纵手柄位于 D 位时，无级变速器的传动比变化范围是 0.407 ~ 2.36；在 R 位时，如果踩下加速踏板，则传动比被设定为 1.326，松开加速踏板时为 2.367。当节气门开度较大时，发动机的目标转速较高，会有较

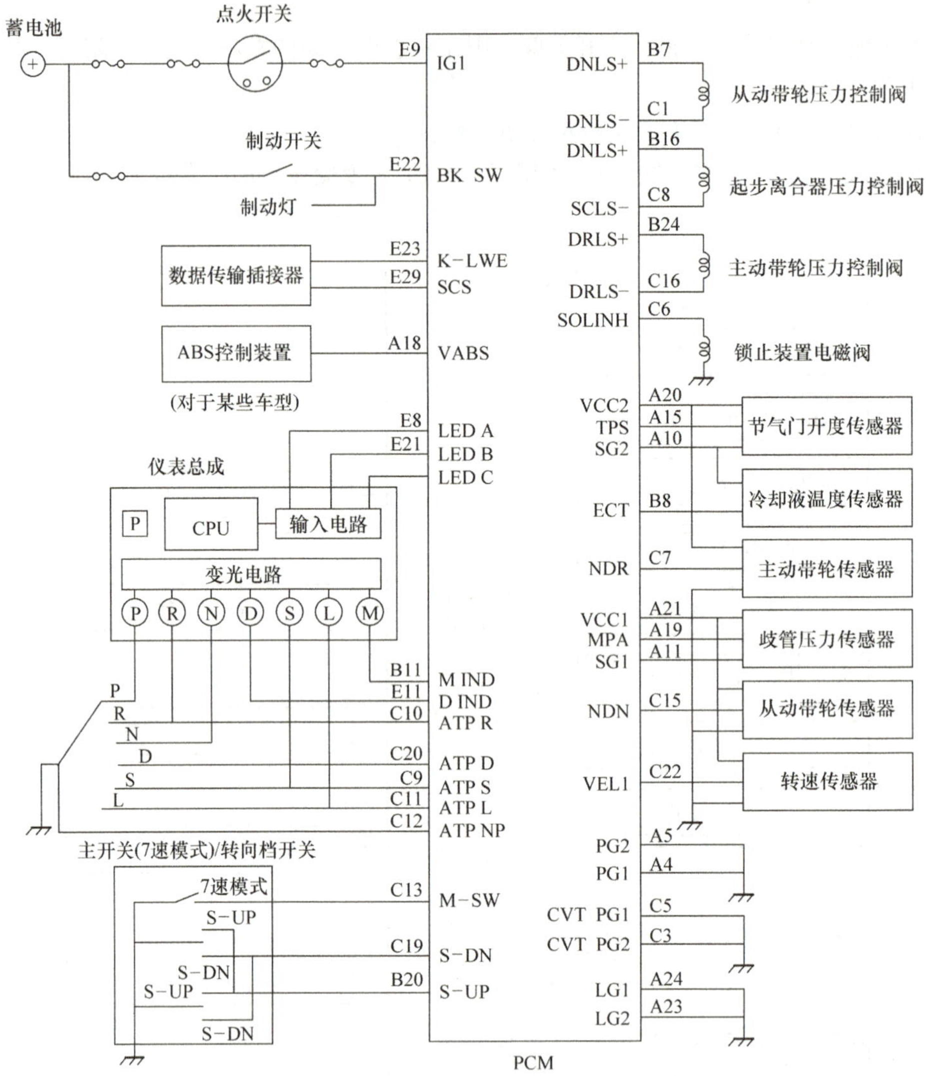

图 6-16 7 速自动变速器电路

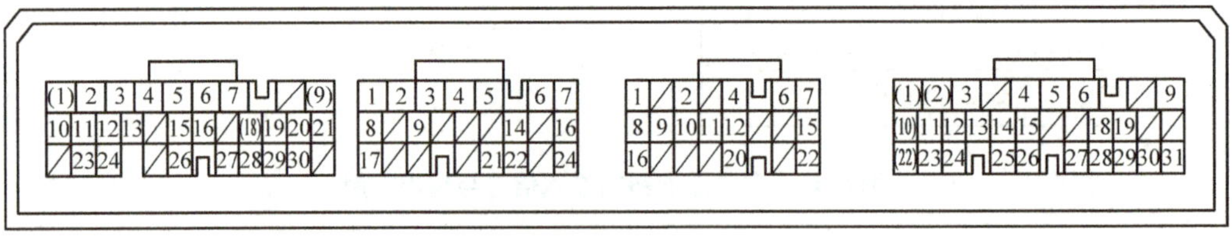

图 6-17 PCM 插接器端子位置

好的加速性；若节气门开度较小，则发动机的目标转速较低，以实现较好的燃油经济性。PCM 在各个档位采用了不同的发动机目标转速；同时，无级变速器有不同的换档曲线，包括正常特性曲线、节气门全开特性曲线、低速特性曲线、市区特性曲线、运功特性曲线、弯道特性曲线。

1）当操纵手柄处于D位时，无级变速器会在正常特性曲线和市区特性曲线间切换；如果节气门全开，则会切换至节气门全开特性曲线。

2）在S位，无级变速器会在运动特性曲线和弯道曲线间切换。

3）在发动机温度较低时，带轮被设置为高传动比，以便迅速暖机。

4）在持续运转时，无级变速器的油液温度可能升高至预期限值以上，PCM将对发动机高转速运转时间进行监测，必要时会改变带轮的传动比，直至油温恢复正常。

（3）带轮侧压力控制　CVT无级变速器的带轮压力由动力系统控制模块（PCM）控制，控制部件包括压力控制电磁阀和滑阀。PCM从进气歧管绝对压力传感器（MAP）、节气门位置传感器（TPS）等信号中获得发动机负荷，进而确定合适的带侧压力（DRC、DNC）。在爬坡或加速等高负荷条件下，PCM会检测到高的节气门开度和进气歧管绝对压力，从而向带轮提供较高的侧压力，以防止钢带打滑。在中速行驶等低负荷的条件下，PCM会检测到低的节气门开度和进气歧管绝对压力，从而向带轮提供较低的侧压力，以减少钢带摩擦并改善燃油经济性。

（4）起步离合器控制　动力系统控制模块（PCM）通过起步离合器控制电磁阀，来控制起步离合器的工作油压，从而保证起步、加速平稳，并在D、S、L和R位下，产生与变矩器相同的“蠕动”效果。

1）PCM接收来自无级变速器转速传感器、车速后备信号（来自ABS系统）、档位传感器、节气门位置传感器（TPS）、进气歧管绝对压力（MAP）传感器、制动开关、曲轴位置（CKP）传感器、主动带轮转速传感器、从动带轮转速传感器的信号输入，以确定施加于起步离合器的正确压力值，从而正确操纵起步离合器压力控制电磁阀，为起步离合器提供合适的油压。

2）当节气门关闭且车辆处于停止状态或前进档下非常低的车速时，PCM操纵起步离合器控制电磁阀，向起步离合器施加少许压力，从而产生蠕动效果，以允许驾驶人通过制动踏板以非常低的车速行进。

3）动力系统控制模块（PCM）对进气歧管绝对压力传感器（MAPS）进行监测，以便使发动机保持预定负荷。PCM存储了既能保持预期蠕动效果，又不会造成发动机失速所需的压力值，并根据实际情况对该值进行监视和修正。

4）如果行驶过程中失去了MAP信号，则PCM会监视其他传感器的信号，并按预先存储的数据控制起步离合器压力。

5）如果PCM断电，必须执行起步离合器校正程序，使PCM记忆正确的数值，实现正确的“蠕动”控制。

6）在行驶过程中，当节气门关闭且车速降至60km/h以下时，PCM将慢慢降低起步离合器压力，同时监视起步离合器打滑，然后存储起步离合器所需的正确压力值。当节气门关闭且车辆停车时，PCM将监视MAP传感器，并存储起步离合器所需的正确压力值。

（5）倒档控制　动力系统控制模块（PCM）根据无级变速器的转速传感器和车速信号，通过控制限止电磁阀的通/断（ON/OF）来控制倒档是否接合。

在较高车速下行驶时，如果选择了倒档，则PCM控制限止电磁阀接通（ON），电磁阀泄压，则倒档限止滑阀在弹簧力的作用下移至停靠位置。在此位置下，由手动阀来的作用于倒档制动器的油压被阻断，倒档不能接合。

当车速降至10km/h以下时，PCM断开（OFF）倒档限止阀，允许液压作用于倒档限止滑阀，液压力使滑阀克服弹簧力的作用而移动，从而接通由手动阀来的作用于倒档制动器的油压，使倒档接合。

（6）7速模式控制　广州本田飞度CVT无级自动变速器在D位或S位下具备7速模式，在7速模式下又可分为7速自动模式和7速手动模式。如图6-16所示，按下主开关，变速器切换至7速自动模式，在此模式下，变速器可在7级速比范围内上下变化。在7速自动模式下，转向换档开关可随时被激活，如果此开关被激活，则7速自动模式被取消，进入7速手动模式。在七速手动模式下，可通过转向换档开关以手动方式控制自动变速器在7级速比范围内上下变换，这与手动变速器相似。再按下主开关或将操纵手柄移至其他档位，7速模式取消。在仪表盘上有档位和模式的显示，在7速自动模式下，换档指示器显示当前的速度等级，且“M”指示灯不亮；在7速手动换档模式下，“M”指示灯亮，换档指示器显示所选的速度等级。

【项目实施】

任务一　本田飞度CVT无级变速器液控系统的检修

1. 本田飞度CVT无级变速器失速试验

（1）失速试验注意事项

1）失速试验只应用于诊断目的。

2）每次失速试验的时间不得超过10s，两次试验应间隔2min以上。

3）安装油压表后，不要进行失速试验。

（2）失速试验步骤

1）使用驻车制动器，塞住车轮。

2）将转速表连接到发动机上（仪表上无转速表时），起动发动机。

3）确认A/C开关置于OFF位置。

4）在发动机达到正常工作温度（散热器风扇转动）后，将变速杆移至D位。

5）将制动踏板和加速踏板完全踏下，持续6～8s，记录发动机转速。注意：踏下加速踏板后不要移动变速杆。

（3）重复试验　使发动机怠速运转2min，让变速器冷却，然后在S、L和R位下重复进行试验，标准失速转速见表6-1。

表6-1　标准失速转速

车型	档位	标准值/(r/min)	极限值/(r/min)
L15A2发动机车型	D、S、L、R	2500	2350～2650
L12A3和L12A3发动机车型	D、R	2500	2350～2650
	S、L	3000	2800～3100

（4）失速试验故障分析　若测得的失速转速和表6-1中所列数值不符，则其可能的故

障原因见表6-2。

表6-2　失速转速异常的原因

故障现象	故障原因
在D、S、L、R位失速转速过高	ATF油位过低或ATF输出流量过低 ATF滤清器堵塞 PH调节阀卡滞 前进档离合器打滑 起动离合器故障
在R位失速转速过高	倒档离合器打滑 起步离合器打滑
在D、S、L、R位失速转速过低	发动机输出功率过低 起步离合器故障 带轮控制阀卡滞

2. 本田飞度CVT无级变速器压力试验

（1）压力试验步骤

1）确认ATF液位合适，若不合适需进行调整。

2）将车辆前部举起，使前轮离开地面。

3）使用驻车制动器，可靠地塞住后轮。

4）拆下挡泥板。

5）起动发动机，达到正常温度（散热器风扇转动）后熄火，连接发动机转速表（仪表板上无转速表时）。

6）将专用工具连接到前进档离合器压力检测孔A上。

7）将专用工具连接到倒档制动器压力检测孔B上。

8）使用专用工具，将量程为0～4900kPa或更大的油压表连接到主动带轮压力检测孔C和从动带轮压力检测孔D上。当变速器有故障导致PCM进入失效保护状态时，主动带轮压力和从动带轮压力可能大于4900kPa。

9）将专用工具连接到润滑压力检测孔E上。

10）起动发动机。

11）将变速杆移至D位，测量在发动机转速为1700r/min时前进档离合器的压力。

12）将变速杆移至R位，测量在发动机转速为1700r/min时倒档制动器的压力。

13）将变速杆移至N位，测量在发动机转速为1700r/min时主动带轮和从动带轮的压力。

14）测量发动机转速为2500r/min时的润滑压力。各种压力的极限值见表6-3。

表6-3　变速器压力极限值

项目	极限值/kPa
前进档离合器压力	1440～1710
倒档制动器压力	1440～1710
主动带轮压力	310～580
从动带轮压力	430～910
润滑压力	270～400

15）压力测试完成后，拆下专用工具和油压表。

16）使用新的密封圈安装油压测试孔螺栓，以18N·m的力矩拧紧螺栓。

（2）压力试验故障分析 若测得的数据和表6-3中的数据不相符合，则其可能的故障原因见表6-4。

表6-4 压力异常的原因

故障现象	故障原因
无前进档离合器压力或压力太低	前进档离合器故障
无倒档制动器压力或压力太低	倒档制动器故障
无主动带轮压力或压力太低	ATF泵故障 PH调节阀故障 主动带轮控制阀故障 从动带轮控制阀故障
主动带轮压力太高	PH调节阀故障 主动带轮控制阀故障 从动带轮控制阀故障 CVT从动带轮压力控制阀故障
无从动带轮压力或压力太低	ATF泵故障 PH调节阀故障 主动带轮控制阀故障 从动带轮控制阀故障 CVT从动带轮压力控制阀故障
从动带轮压力太高	PH调节阀故障 主动带轮控制阀故障 从动带轮控制阀故障 CVT从动带轮压力控制阀故障
无润滑压力或压力太低	ATF泵故障 润滑阀故障

任务二 本田飞度CVT无级变速器电控系统的检修

1. 故障码诊断

当动力系统控制模块（PCM）检测到输入信号或输出控制部件有故障时，会记忆相应的故障码，同时控制仪表上的档位D指示灯闪烁，如图6-18所示。如果仪表板上的“D”或故障指示灯（MIL）亮，可用本田专用故障诊断工具PGM对电控系统进行诊断。广州本田飞度轿车的诊断插座位于仪表板转向盘的下方，如图6-19所示。本田CVT自动变速器故障码表见表6-5。

2. 部件检修

（1）PCM的升级及更换 在故障检修过程中，如果更换PCM，或PCM没有下载最新的软件版本，则应对PCM进行升级。

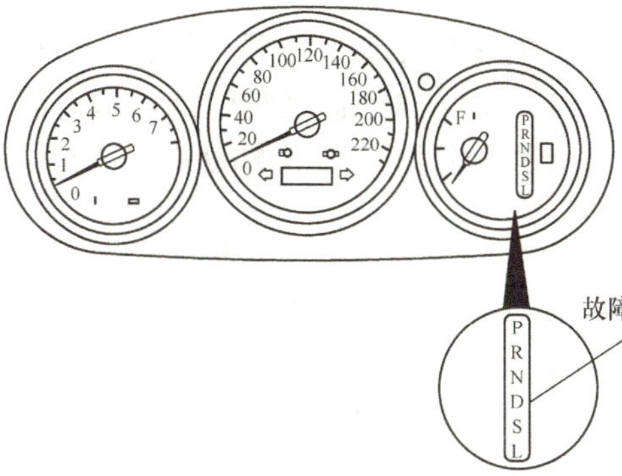

图 6-18　自动变速器故障指示灯

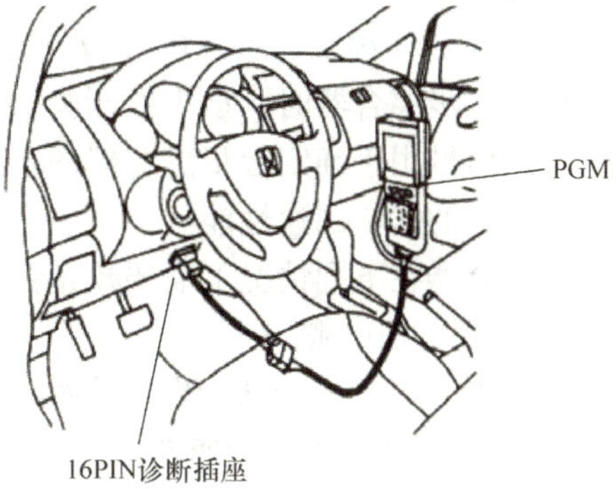

图 6-19　连接故障诊断仪 PGM

PCM 升级注意事项：

① 为确保 PCM 程序为最新版本，无论何时更换 PCM，都要对 PCM 进行升级。

② 使用已有的程序无法对 PCM 进行升级，PCM 仅接受新版本程序。

表 6-5　本田 CVT 自动变速器故障码表

故障码	变速器故障灯“D”	故障指示灯（MIL）	故障说明
P1705	闪烁	ON	变速器档位开关（对地短路）
P1706	OFF	ON	变速器档位开关（断路）
P1879	闪烁	ON	起步离合器压力控制阀
P1882	闪烁	OFF	限止电磁阀
P1885	闪烁	OFF	主动带轮转速传感器
P1886	闪烁	OFF	从动带轮转速传感器
P1887	闪烁	ON	VABS 电路（带 ABS 车辆）
P1888	闪烁	ON	CVT 转速传感器
P1890	闪烁	ON	换档控制系统
P1891	闪烁	ON	起步离合器控制系统
P1894	闪烁	ON	主动带轮控制电磁阀电路
P11895	闪烁	OFF	从动带轮控制电磁阀电路

③ 升级 PCM 之前，须确认车上的蓄电池已充分充电。

④ 为避免 PCM 损坏，在升级过程中不要操作车上的任何电气系统、音响系统、制动器、空调、电动车窗、天窗和门锁。

⑤ 在升级过程中，如果本田接口模块（HIM）的红灯（#3）点亮或闪烁，则需要对 HIM 进行故障诊断，在断开 HIM 与 DCL 的连接时，应使点火开关保持在 ON（Ⅱ）位置，这样可以避免损坏 PCM。

（2）PCM 的升级步骤

1）将点火开关置于 ON 位置，不要起动发动机。

2）将本田接口模块（HIM）（EQSOS5A35570）连接到仪表板下方驾驶人侧的 DLC 上，如图 6-19 所示。图中所示为右侧驾驶（RHD）车型，左侧驾驶（LHD）车型与此对称。

3）根据 HIM 标签上所列的步骤对 PCM 进行升级。如果 PCM 内的软件为最新版本，则更换 PCM。

3. 起步离合器的校正

(1) 校正起步离合器的目的　校正起步离合器的目的是使无级变速器与控制系统相匹配。当校正起步离合器时，动力控制模块（PCM）存储一个基准的进气歧管绝对压力传感器信号，该信号用于确定起步离合器的合适工作压力，使车辆具有正确的蠕动量，从而保证汽车具有良好的起步加速性能。

起步离合器在下列情况下需要校正：

① 拆下蓄电池电缆。

② 拆下仪表板下熔断器/继电器盒内的20号ECU熔断器（15A）。

③ 拆下、更换或大修变速器。

④ 更换起步离合器总成。

⑤ 更换无级变速器下部阀体总成。

⑥ 拆卸、更换或大修发动机总成。

⑦ 动力控制模块（PCM）拆卸、更换或复位过。

⑧ 无级变速器故障指示灯闪烁。

如果出现上述情况后没有进行起步离合器的校正，则可能出现某些功能不正常的现象，如在任何档位下发动机转速均下降甚至熄火，在任何档位下发动机转速均波动，汽车起步时抖动等。

(2) 起步离合器校正程序　起步离合器的校正方法有两种：一种是在车辆停止时进行校正，另一种是在车辆行驶时进行校正。通常情况下选择两种方法中的任意一种即可，但在雨中进行校正时，如果采用在车辆行驶时进行校正的方法，则可能会由于刮水器等电气负载的增加而影响校正结果，因此，应采用在车辆停止时进行校正的方法。

1）车辆停止时的校正步骤。

① 使用驻车制动器，用三角木块塞住4个车轮。

② 起动发动机，运转至正常工作温度（散热器风扇转动）。

③ 确认故障指示灯（HIL）没有点亮，D指示灯没有闪烁。

④ 如果故障指示灯（HIL）点亮或D指示灯闪烁，则检查燃油和排放系统或CVT控制系统，然后重新检查。

⑤ 将点火开关置于OFF位置。

⑥ 将本田PGM诊断仪或HDS连接到DLC上。

⑦ 使用本田PGM诊断仪跨接SCS线路。

⑧ 踏下制动踏板，使制动踏板保持在踏下位置，直至校正结束。

⑨ 在无负荷条件下起动发动机，然后打开前照灯，在校正过程中前照灯应一直点亮。

⑩ 将变速杆换至N位，并换至D、S和L位，发动机起动后，在20s内换回到S、D和N位，变速杆应在每个档位上短暂停留，重复换档两次。

⑪ 检查变速杆在N位时D指示灯是否点亮1min，然后熄灭。

⑫ 如果D指示灯闪烁，或者D指示灯常亮（点亮1min后没有熄灭），则将点火开关置于OFF位置，然后从第⑥步开始重复上述步骤。

⑬ 将变速杆换至D位，检查D指示灯是否点亮2min，然后熄灭。

⑭ 如果D指示灯闪烁，或者D指示灯常亮（点亮1min后没有熄灭），则将点火开关置

于 OFF 位置，然后从第⑥步开始重复上述步骤。

⑮ 将点火开关置于 OFF 位置。

⑯ 试车，确认起步离合器控制系统没有故障。

2）车辆行驶时的校正步骤。

① 起动发动机，运转至正常工作温度（散热器风扇转动），然后熄火。

② 在无负荷条件下起动发动机，然后打开前照灯。

③ 在 D 位使汽车起步，加速到 60km/h，然后踏下制动器踏板使汽车减速超过 5s，直至校正结束。

（3）最后试车　试车，确认起步离合器控制系统没有故障。

4. 控制阀体的检修

（1）起步离合器压力控制阀的检修

1）拆下空气滤清器壳体和进气导管。

2）拔下 CVT 起步离合器压力控制阀插接器 A。

3）测量 CVT 起步离合器压力控制阀插接器端子之间的电阻，电阻值应为 3.8 ~6.8Ω。

4）如果阻值不符合标准，则更换控制阀体；如果电阻值符合标准，则将蓄电池正极与 CVT 起步离合器压力控制阀插接器的 1 号端子相连，将蓄电池负极与 2 号端子相连，应听到“咔哒”声。

5）如果没有听到任何响声，则拆卸控制阀体，并用清洁剂清洗有关零件，然后重新检查。

（2）CVT 主动带轮压力控制阀的检测

1）拆下空气滤清器壳体和进气导管。

2）拔下 CVT 主动带轮压力控制阀插接器 A。

3）测量 CVT 主动带轮压力控制阀插接器端子之间的电阻，电阻值应为 3.8 ~6.8Ω。

4）如果电阻值不符合标准，则更换控制阀体；如果符合标准，则将蓄电池正极与 CVT 主动带轮压力控制阀插接器的 1 号端子相连，将蓄电池负极与 2 号端子相连，应听到“咔哒”声。

5）如果没有任何响声，则拆卸控制阀体，并用清洁剂清洗有关零件，然后重新检查。

（3）CVT 从动带轮压力控制阀的检测

1）拆下空气滤清器壳体和进气导管。

2）拔下 CVT 从动带轮压力控制阀插接器 A。

3）测量 CVT 从动带轮压力控制阀插接器端子之间的电阻，电阻值应为 3.8 ~6.8Ω。

4）如果电阻值不符合标准，则更换控制阀体；如果电阻值符合标准，则将蓄电池正极与 CVT 从动带轮压力控制阀插接器的 1 号端子相连，将蓄电池负极与 2 号端子相连，应听到“咔哒”声。

5）如果没有任何响声，则拆卸控制阀体，并用清洁剂清洗有关零件，然后重新检查。

（4）控制阀体的更换

1）拆下空气滤清器壳体和进气导管。

2）拔下限制装置电磁阀插接器和 CVT 从动带轮压力控制阀插接器。

3）拔下 CVT 起步离合器压力控制阀插接器、CVT 从动带轮压力控制阀插接器和 CVT

主动带轮压力控制阀插接器。

4）拆下固定线速盖的螺栓，将线速盖拉出，并将其从支架上拆下。

5）将蓄电池电缆夹从其支架上拆下，从散热器软管夹上拆下散热器软管，并拆下散热器软管夹。

6）拆下并更换控制阀体。

7）将新O形密封圈安装到ATF管上，并将它们一起安装到变速器壳体上，使用新密封垫的定位销将新控制阀体安装到ATF管上。

8）按照与拆卸时相反的顺序安装拆卸下的其他部件。

5. 限制装置电磁阀的检修

（1）限制装置电磁阀的检测

1）拔下限制装置电磁阀插接器。

2）测量电磁阀插接器端子之间的电阻，电阻值应为11.7～21.0Ω。

3）如果电阻值不符合标准，则更换限制装置电磁阀；如果电阻值符合标准，则将蓄电池正极与限制装置电磁阀插接器的2号端子相连，将蓄电池负极与1号端子相连，应能听到"咔哒"声。

4）如果没有听到任何声音，则清洗或更换限制装置电磁阀。

（2）限制装置电磁阀的更换

1）拔下限制装置电磁阀插接器，拆下限制装置电磁阀。

2）使用新的O形密封圈安装限制装置电磁阀，安装电磁阀时，不得让灰尘或任何异物进入变速器内。

3）检查插接器是否有锈蚀或油污，然后可靠地连接插接器。

6. CVT主动带轮转速传感器的更换

1）拔下CVT主动带轮转速传感器插接器。

2）拆下CVT主动带轮转速传感器。

3）使用新O形密封圈安装新的主动带轮转速传感器，安装时，不得让灰尘和任何异物进入变速器内。

4）检查插接器是否有锈蚀或油污，然后可靠地连接插接器。

7. CVT从动带轮转速传感器的更换

1）拆下空气滤清器壳体和进气导管。

2）拔下CVT从动带轮转速传感器插接器。

3）拆下CVT从动带轮转速传感器。

4）使用新O形密封圈安装新的从动带轮转速传感器，安装时，不得让灰尘和任何异物进入变速器内。

5）检查插接器是否有锈蚀或油污，然后可靠地连接插接器。

6）安装空气滤清器壳体和进气导管。

8. CVT转速传感器的更换

1）拆下空气滤清器壳体和进气导管。

2）拔下CVT转速传感器插接器。

3）拆下CVT转速传感器。

4）将新 O 形密封圈安装在 CVT 转速传感器上。

5）将 CVT 转速传感器安装在变速器壳体上，对于 L12A3 发动机车型，安装 CVT 转速传感器时应安装传感器垫圈。

6）检查插接器是否有锈蚀或油污，然后可靠地连接插接器。

7）安装空气滤清器壳体和进气导管。

9. 变速器档位开关的检修

（1）变速器档位开关的检测

1）拆下空气滤清器壳体和进气导管。

2）拔下变速器档位开关插接器。插接器端子功能见表 6-6。

3）检查插接器端子之间的导通性。变速器档位开关导通性检查见表 6-7。

表 6-6　变速器档位开关插接器端子功能

插接器端子	端子信号	插接器端子	端子信号
1	–	6	P
2	N	7	R
3	S	8	D
4	ST	9	L
5	–	10	GND

表 6-7　变速器档位开关导通性检查

档位	插接器端子									
	1	2	3	4	5	6	7	8	9	10
P				⊙		⊙				⊙
R							⊙			⊙
N		⊙		⊙						⊙
D								⊙		⊙
S			⊙							⊙
L									⊙	⊙

4）如果有的端子之间不导通，则调整变速器档位开关的安装位置；如果变速器档位开关安装正常，则更换变速器档位开关。

（2）变速器档位开关的更换

1）拆下空气滤清器壳体和进气导管。

2）将变速杆置于 N 位。

3）拔下变速器档位开关插接器。

4）拆下原有的变速器档位开关，更换一个新的变速器档位开关。

5）确认控制杆在 N 位，当将变速杆移至 N 位时，注意不要挤压带有扁槽的控制轴端。如果控制轴端被挤压，则将影响档位开关的安装。

6）使新安装的变速器档位开关上转速套的切口与空档开关的切口对准，然后在切口内放置 2.0mm 厚的塞尺。

7）使塞尺保持在切口中的位置，将变速器档位开关固定在 N 位，轻轻地将变速器档位开关插入控制轴。

8）继续使档位开关保持在 N 位，旋紧其上的固定螺母。旋紧螺母时，不要移动变速器档位开关的位置。

9）取下塞尺，安装转动套罩。

10）连接变速器档位开关插接器。

11）接通点火开关，将变速杆依次移至各位置，检查变速器档位开关与CVT档位指示灯的指示是否一致。

12）确认变速杆在P位和N位时发动机能起动，在其他位置时不能起动。

13）检查变速杆在R位时，倒车灯是否点亮。

14）举起汽车前桥，使前轮能够自由转动，起动发动机，检查换档操作是否正常。

15）安装空气滤清器壳体和进气导管。

10. 变速器油（ATF）的液位检查、添加和更换

（1）ATF的液位检查和添加

1）起动发动机，使其运转至正常工作温度（散热器风扇转动）。

2）将车停在水平场地上，关闭发动机。

3）从变速器上将油尺拔下，用干净的抹布擦拭油尺。

4）将油尺装回变速器。

5）在发动机熄火60～90s后，拔下油尺并检查ATF液位，液位应位于油尺的上标记A处。

6）如果油位低于下标记C，则应检查变速器、软管、管路接头和冷却器管路是否泄漏。

7）如果油位超出上标记，则应将ATF放出一部分使油位正常。

8）如果油位过低，则添加本田ATF－Z1自动变速器油，使油位达到上标记。注意：不要添加除本田ATF－Z1自动变速器油以外的其他油。

9）将油尺插入油尺导管内。

（2）ATF的更换

1）将车辆停在水平场地上。

2）拆下放油螺栓，将ATF放净。

3）使用新的密封圈重新安装放油螺栓。

4）将变速器油加入变速器内。ATF的加入量：换新油时应加入3.2L，大修时应加入5.4L。

5）检查ATF液位，应位于油尺中间标记B和下标记C之间。

6）起动发动机运转至正常工作温度（散热器风扇转动），然后检查ATF油位，应位于油尺上标记A与中间标记B之间。

7）如果液位不正确，则应进行调整，然后装回油尺。

【知识拓展】

一、01J无级自动变速器的工作原理

1. 行星齿轮系统及离合器的控制

01J无级自动变速器采用两组湿式多片式离合器，以实现前进档和倒档控制，如图6-20所示（见彩插）。电子－液压单元控制钢片离合器与变矩器相比有如下优点：质量轻；安装

空间小；使起动特性适应驾驶状态；使爬坡转矩适应驾驶状态；在过载或非正常使用的情况下具有保护功能。

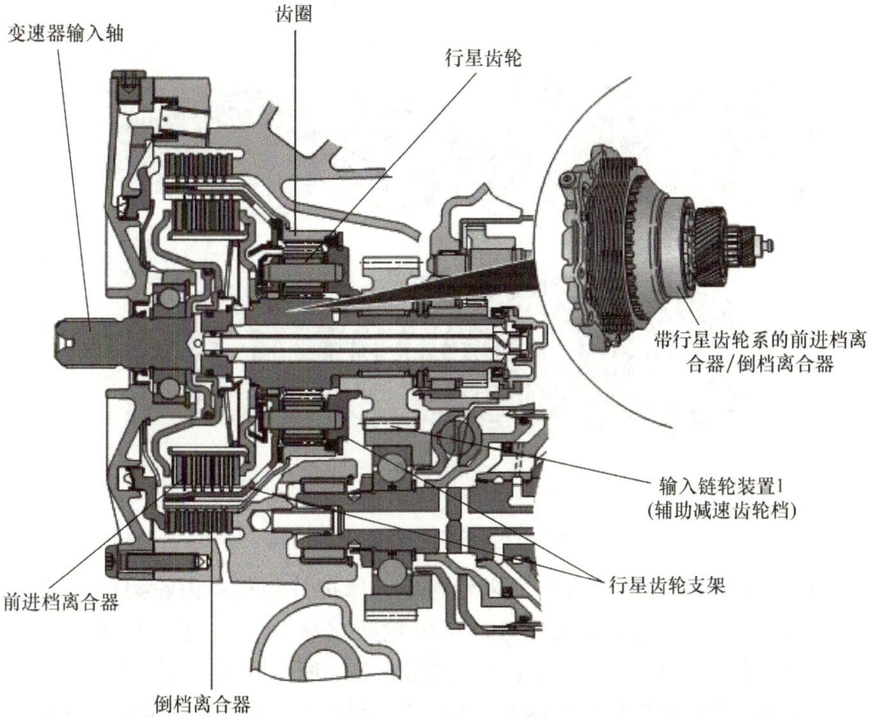

图 6-20　前进档离合器和倒档离合器

(1) 行星齿轮系统结构　行星齿轮系统是一组双行星轮行星排，如图 6-21 所示。它的功能是倒档时改变变速器输出轴的旋转方向。倒档时，行星齿轮系统的变速比为 1∶1。

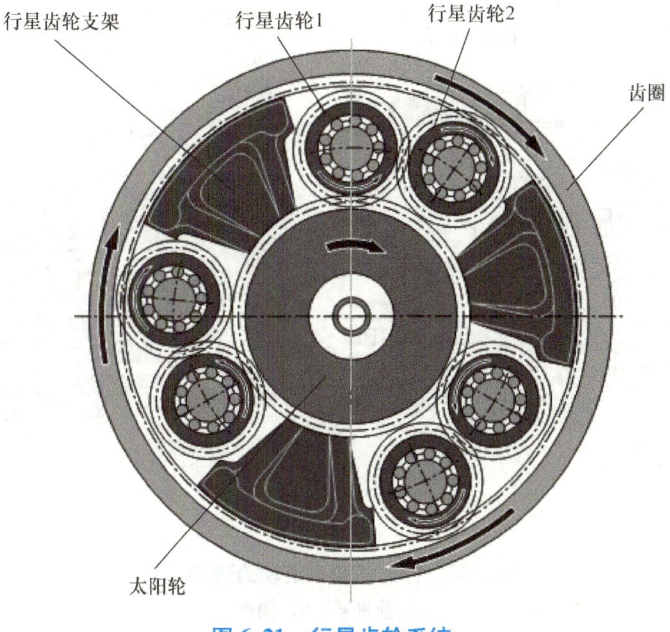

图 6-21　行星齿轮系统

太阳轮与变速器输入轴和前进档离合器钢片相连接，行星齿轮支架（输出）与辅助变速齿轮档主动齿轮和倒档离合器钢片相连接，齿圈与行星齿轮和倒档离合器钢片相连接，如图6-22所示。

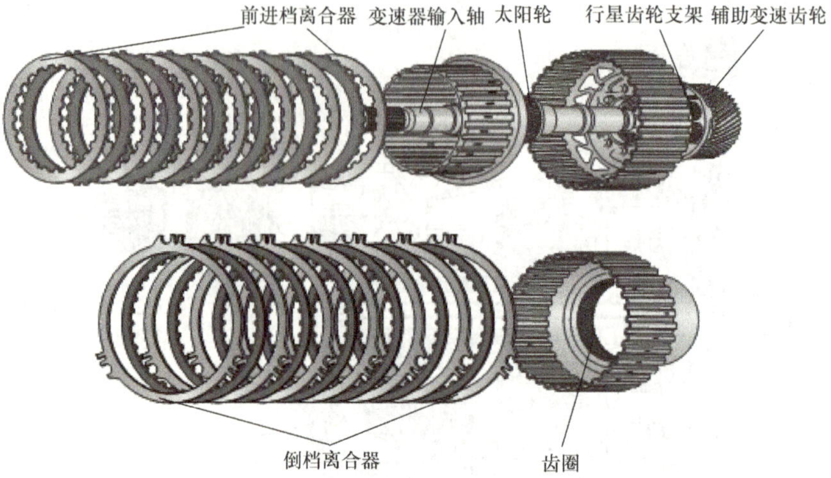

图6-22　行星齿轮系统的结构

前进档时，前进档离合器钢片与太阳轮连接，摩擦片与行星齿轮架相连接。当前进档离合器动作（啮合）时，变速器输入轴与行星齿轮架（输出）连接，行星齿轮系统被锁死，并与发动机转向相同，转矩传动率为1∶1，如图6-23a所示（见彩插）。

倒档时，倒档离合器摩擦片与齿圈相连接，钢片与变速器壳体相连接。当倒档离合器动作（啮合）时，齿圈被固定，起动时，齿圈与壳体固定在一起不能转动。转矩被传递到行星齿轮架，行星齿轮架开始以与发动机相反的方向运转，车辆向后行驶，如图6-23b所示（见彩插）。

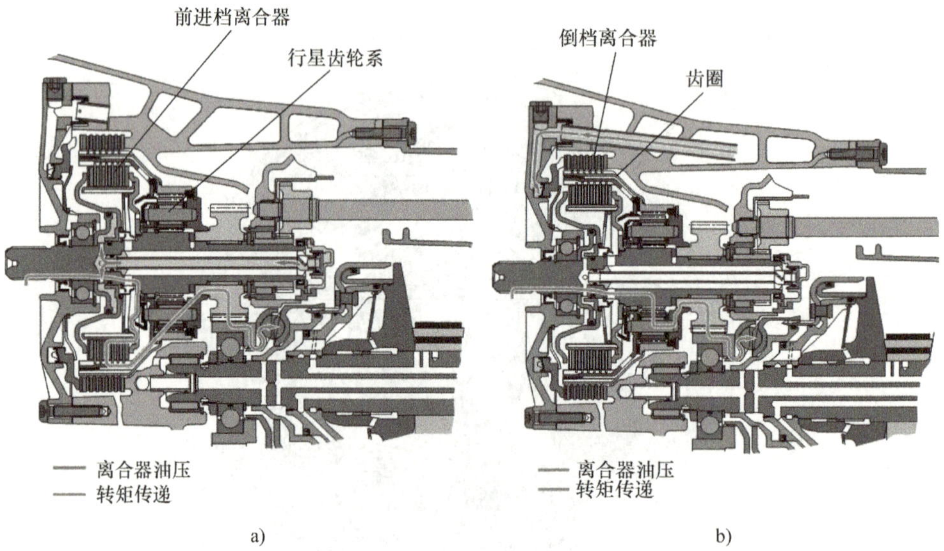

图6-23　行星齿轮系统动力传递路线

a）前进档　b）倒档

（2）离合器的控制

1）离合器的电子控制部分。变速器控制单元通过发动机转速、变速器输入转速、加速踏板位置、发动机转矩、制动力、变速器油温等参数计算出离合器额定压力，并且确定压力调节阀 N215 的控制电流。因此，离合器压力、离合器传递的发动机转矩也相应随控制电流的变化而变化。

液压传感器 G193 检测液压控制部分中的离合器压力（实际离合器压力），实际离合器压力与变速器控制单元计算的额定压力不断进行比较。实际压力与额定压力依据模糊理论被持续监控，若两者的差值超过一定范围，则会进行修正。

为防止过热，离合器被冷却，离合器温度由变速器控制单元监控。

2）离合器的液压控制部分。离合器压力与发动机转矩成正比，与系统压力无关。

压力调整阀 N215 和输导压力阀（VSTV）提供一个约为 5bar[⊖] 的常压。根据变速器控制单元计算的控制电流值，N215 产生一个控制压力，该压力控制离合器控制阀（KSV）的位置。控制电流大、控制压力高，离合器控制阀（KSV）控制离合器压力，同时也调整待传递的发动机转矩，如图 6-24 所示（见彩插）。

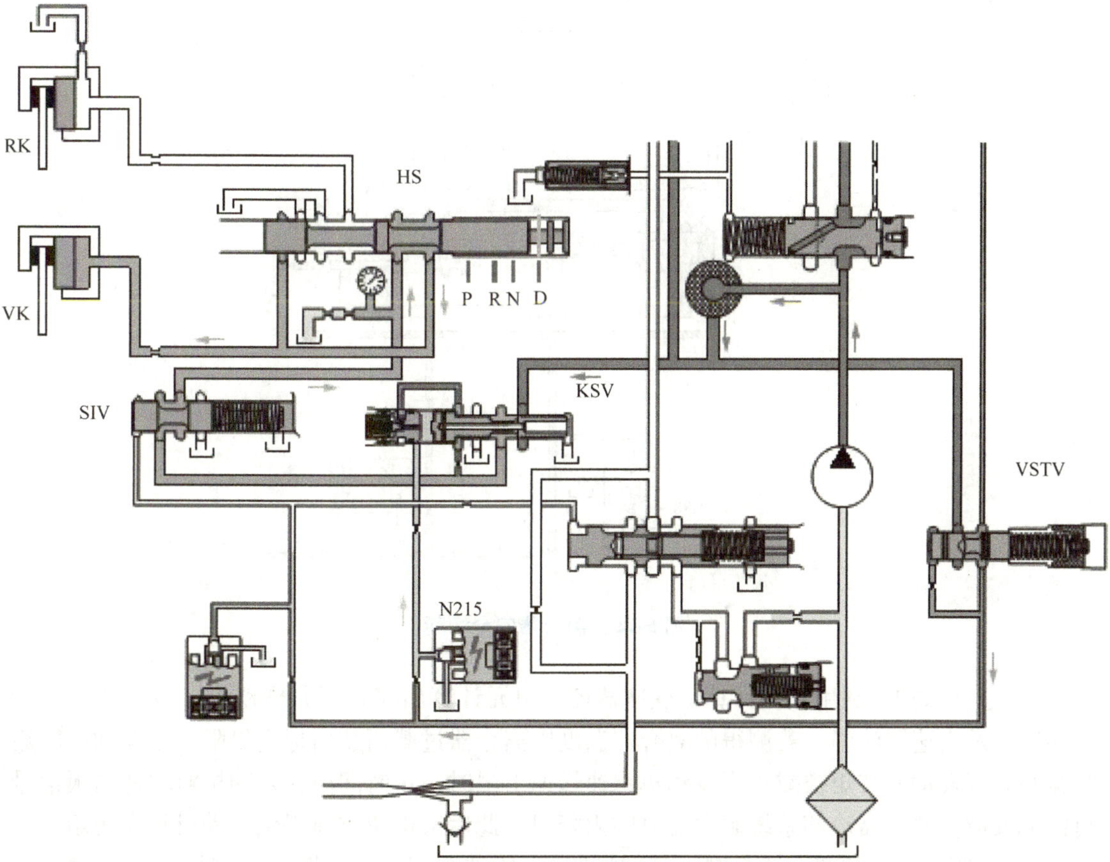

图 6-24　离合器的控制

⊖ 1bar = 0.1MPa

离合器控制阀（KSV）的压力由系统压力提供，KSV 根据 N215 的触发信号产生离合器控制压力，高控制压力产生高离合器压力。

离合器压力通过安全阀（SIV）传到手动换档阀（HS），手动换档阀将转矩传到前进档离合器（D 位）或倒档离合器（R 位）。根据变速杆位置使离合器与油底壳相通。

变速杆位置位于 N 和 P 时，手动换档阀切断供油，两组离合器都与油底壳相通。

3）安全切断。若实际离合器压力明显高于离合器额定压力，则会进入安全紧急故障状态。在此情况下，不论手动换档阀处于何位置以及其系统状态如何，离合器压力都要卸掉。安全切断由安全控制阀（SIV）来实现，以确保离合器快速分离。SIV 由电磁阀 N88 激活。当控制压力上升到 4bar 时，到离合器控制阀（KSV）的供油被切断，油底壳与手动换档阀的连接通道打开，如图 6-25 所示。

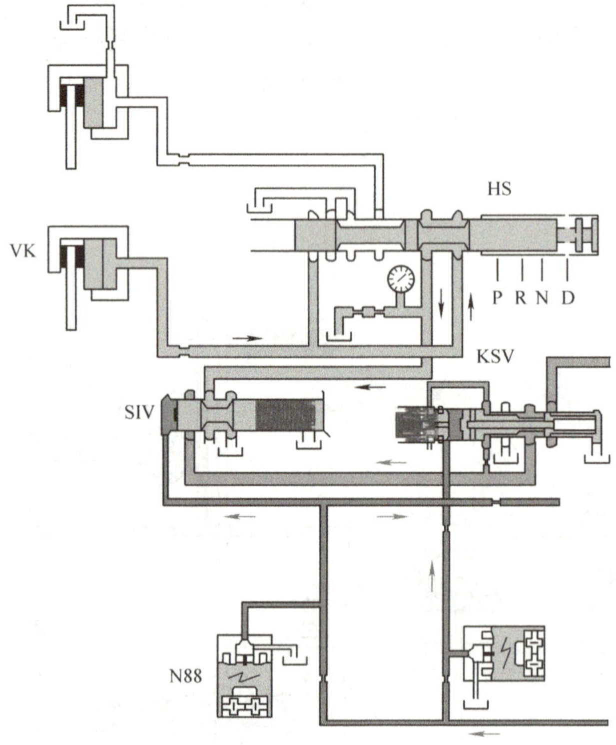

图 6-25　离合器安全切断

4）过载保护。利用模型计算，变速器控制单元计算出离合器打滑温度、待传递的发动机转矩以及变速器油温。若测得的离合器温度因离合器过载而超出标定界限，则发动机转矩将减小。当发动机转矩被减小到发动机怠速转速上限时，短时间内，发动机对加速踏板信号可能无反应，离合器冷却系统确保短时间内降温，此后又迅速重新提供发动机最大转矩。

5）车辆静止时的离合器控制（爬坡控制）。爬坡控制允许不踩加速踏板（驻车时）也可调节离合器转矩，因此增强了驾驶舒适性。选择前进档，发动机怠速运转时，爬坡控制功能将离合器设定到一个额定的打滑转矩（离合器转矩）。

汽车运行状态与带有变扭器的自动变速器汽车相同。选择的离合器压力与输入转矩互相协调，使汽车处于“爬坡”功能。根据车辆行驶状态和车速，输入转矩在额定范围内变化。链轮锥面提供的接触压力由 G194 控制，用于精确控制离合器转矩，如图 6-26 所示。

6）爬坡控制。当车辆静止且制动器作用时，减小爬坡转矩；于是，发动机不必产生如此大的转矩（离合器片间隙也增加）。由于降低了汽车的运转噪声（车辆静止时，发动机怠速运转时产生的“嗡嗡”声），并且只需稍加制动即可停住汽车，因而改善了燃油经济性和舒适性。若汽车停于坡道上，且制动压力不足，则在车辆回溜时，离合器压力将增大，使汽车停住（“坡道停住”功能）。

通过变速器输出速度传感器 G195 和 G196，可以区分汽车是向前行驶还是向后行驶，从而可实现坡道停住功能，如图 6-27 所示。

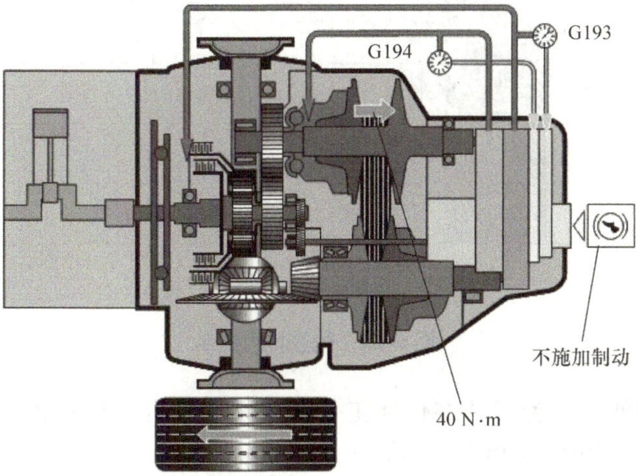

图 6-26　车辆静止时的离合器控制

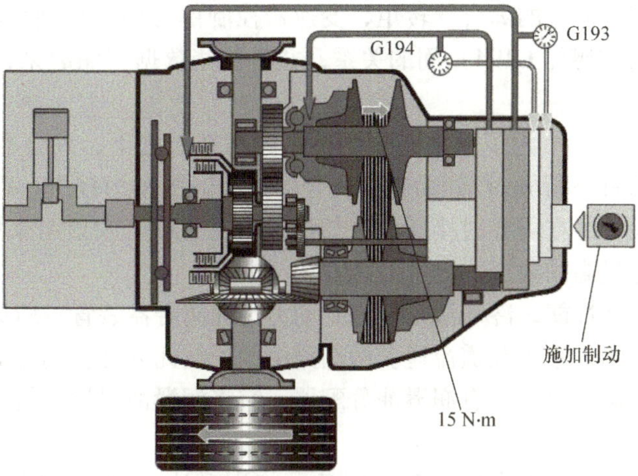

图 6-27　爬坡控制

7）微量打滑控制。微量打滑控制适应离合器控制和减缓发动机产生的转矩振动。在部分负荷状态下，离合器特性被调整到160N·m的发动机转矩状态。当发动机转速上升到约1800r/m，转矩约达220N·m时，离合器在所谓的“微量打滑”模式下工作。在此工作模式下，变速器输入轴和链轮装置1之间的打滑率（速度差别）保持在5～20r/min之间，如图6-28所示，变速器控制单元对变速器输入转速传感器G182提供的信号与发动机转速信号进行比较（考虑辅助减速齿轮档）。传感器G182监测链轮装置1的转速。

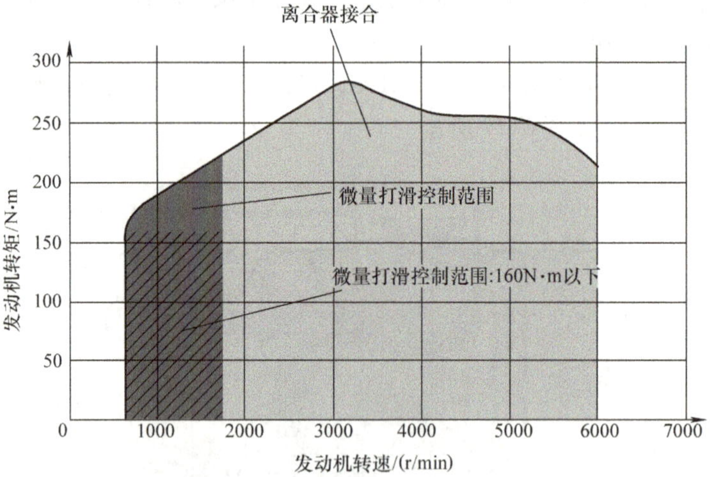

图6-28　微量打滑控制

8）离合器控制匹配。为了能在任何工作状态下和其寿命内使离合器控制舒适性能不变，必须不断优化控制电流及离合器转矩之间的关系。

离合器的摩擦因数会随着变速器油（质量、老化、损耗）、变速器油温、离合器温度、离合器打滑等因素变化。为补偿这些影响和优化离合器控制，在爬坡控制模式和部分负荷状态下，控制电流和离合器转矩要相匹配。

在爬坡模式中有一额定的离合器转矩，变速器控制单元检测控制电流（来自N215）和接触压力（来自压力传感器G194）间的关系，并将这些数据存储起来，实际数据用于计算新的特性参数。

（3）离合器冷却系统　为了保护离合器不暴露在高温之下，离合器由单独的油流来冷却（特别是在苛刻条件下行驶时）。为减少离合器冷却时的动力损失，冷却油流集成在阀体上的冷却油控制单元，并在需要时接通。冷却油量可通过吸气喷射泵来增加（吸气泵），而不必对液压泵容量有过高的要求。

为优化离合器冷却性能，冷却油仅传递到动力传递离合器装置。前进档离合器的冷却油和液压油通过变速器输入轴的孔道流通。两油路由钢管彼此分开，钢管被称为“内部件”。

变速器输入、轴出油口上安有润滑油分配器，它将润滑油引导到前进档离合器或倒档离合器，如图6-29所示。

若前进档离合器接合，离合器缸筒（压盘）将润滑油分配器压回。在此位置，冷却油流经润滑油分配器前端面流过前进档离合器，如图6-30a所示。

若前进档离合器不工作（发动机怠速运转或倒档离合器工作），则润滑油分配器回到其初始位置。在这种情况下，冷却油流到润滑油分配器，然后通过分配盘流回倒档离合器，如

图 6-30b 所示。分配器带轮油道内的部分润滑油流到行星齿轮系，提供必要的润滑。

在离合器控制单元动作的同时，离合器冷却系统接通。变速器控制单元向电磁阀 N88 提供一额定电流，该电流产生一控制压力控制离合器冷却阀（KKV）将液压油从冷却油回油管输送到吸气喷射泵（吸气泵），从油底壳吸取用于冷却的自动变速器油，如图 6-31 所示（见彩插）。

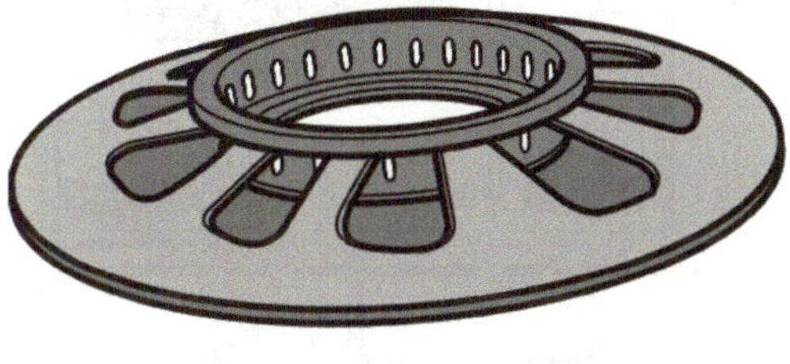

图 6-29　带膜片弹簧的润滑油分配器和带开口的止推环

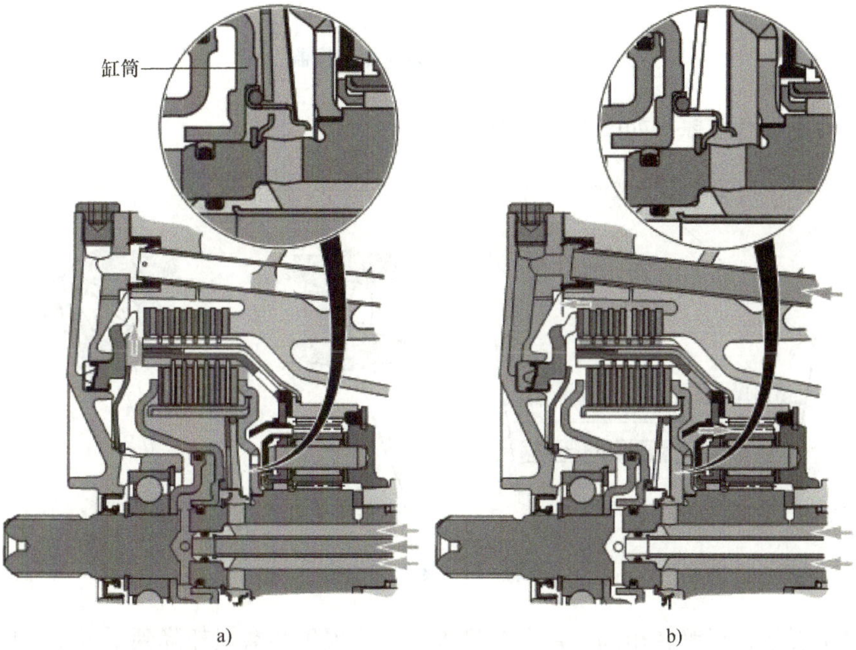

图 6-30　离合器的冷却系统

2. 变速机构及其控制部分

（1）变速机构的结构　变速器的变速机构由链轮装置 1、链轮装置 2 及链条组成，每一组链轮装置都有一个锥面轮可以轴向移动。

1）链条。相邻传动链链节通过转动压块连成一排（每个销子连接 2 个链节），形成了链条。转动压块在变速器锥面链轮间“跳动”，即锥面链轮互相挤压。转矩只靠转动压块正面和锥面链轮接触面间的摩擦力来传递。

每个转动压块永久性地连接到一排连接轨上，通过这种方式，转动压块不可扭曲，两个转动压块组成一个转动节。转动压块相互滚动，当其在锥面链轮跨度半径范围内“驱动”

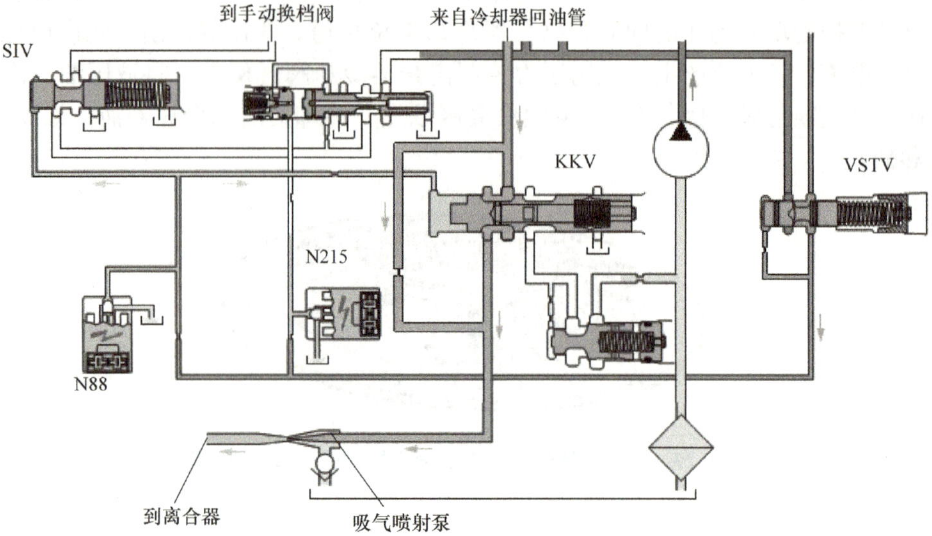

图 6-31　离合器的冷却控制

传动链时，几乎没有摩擦，如图 6-32 所示。

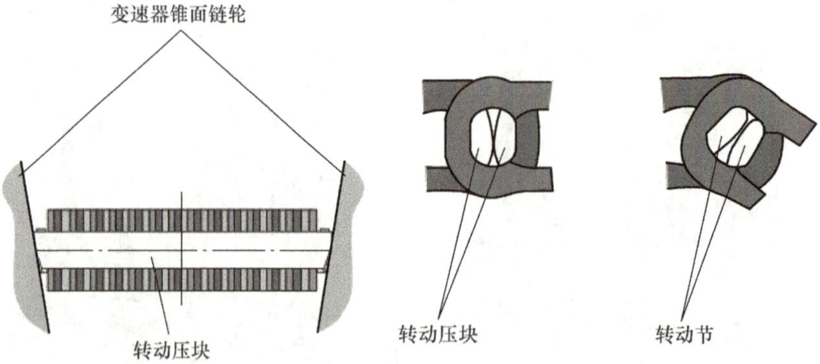

图 6-32　链条的结构

在这种情况下，尽管转矩高、弯曲角度大，动力损失和磨损却降到了最小，使其寿命延长并提高了效率。

为防止共振并减小运动噪声，链条使用不同长度的链节。

2）锥形轮。变速器的工作模式基于双活塞原理，链轮装置 1 和 2 都有一个将锥面链轮压回位的分离缸（压力缸）和用于调整变速比的分离缸（变速器分离缸），如图 6-33 所示（见彩插）。

利用双活塞原理，仅有少量液压油就可以很快地进行换档，这可保证在相对低压时，锥面链轮有足够的接触压力。

由于调整动态特性的要求，供给的液压油必须合适。为减少油量，分离缸的表面要比压力缸小，因此应调整所需油量相对较少。尽管液压泵的供油率低，仍然可获得很高的调整动力特性和较高的效率。

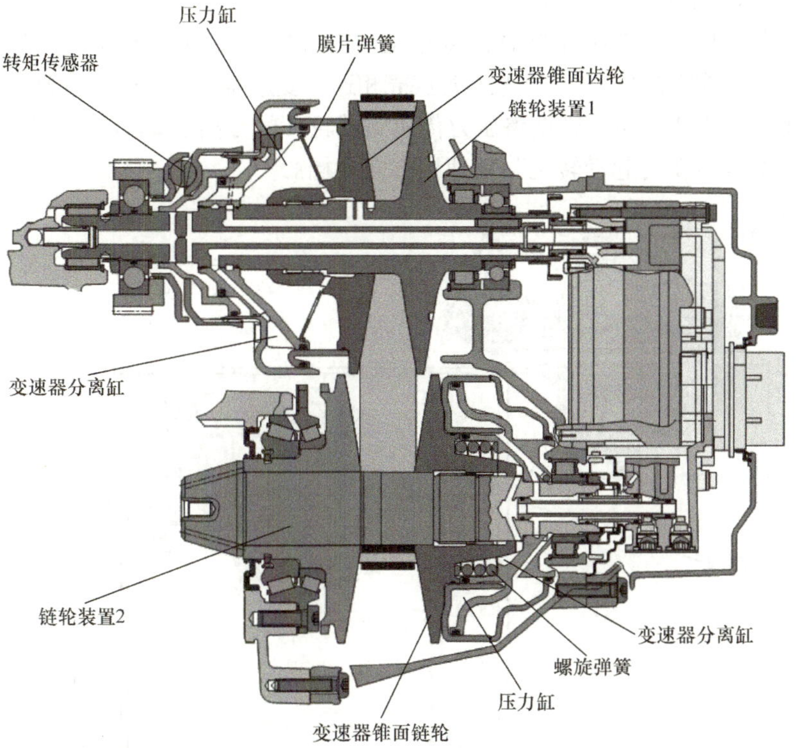

图 6-33　变速机构的结构

液压系统卸压时，链轮 1 的膜片弹簧和链轮 2 的螺旋弹簧产生一额定的传动链条基础张紧力（接触压力）。在卸压状态下，变速器起动转矩变速比由链轮 2 的螺旋弹簧的弹力调整。

为了传递发动机产生的转矩，锥面链轮和传动链之间需要很高的接触压力。接触压力通过调节压力缸内的油压产生。根据液压原理，压力（接触压力）因压强和有效面积不同而不同。压力缸表面积很大，能够在低压油时提供所需的接触压力，相对低的油压对效率也有积极影响。

（2）换档控制

1）电子控制部分。为了在每一驾驶状态下均获得最佳齿轮传动比，变速器控制单元根据驾驶人输入信息和车辆工作状态计算出变速器额定输入转速。传感器 G182 监测链轮 1 处的变速器实际输入转速，变速器控制单元根据实际值与设定值间的比较，计算出压力调节阀 N216 的控制电流。N216 产生液压换档阀的控制压力，该压力与控制电流成正比。

通过检查来自 G182（变速器输入转速传感器）、G195（变速器输出转速传感器）及发动机转速信号，可实现对换档的监控。

2）液力换档控制。输导控制阀（VSTV）向压力调节阀 N216 提供一个约 5bar[⊖]的常压，N216 根据变速器控制单元计算的控制电流产生控制压力，该压力影响减压阀的位置（0V）。控制电流大，则控制压力高。根据控制压力，减压阀（0V）将调节压力传递到链轮 1 或 2

⊖ 1bar = 0. 1MPa

的分离缸，如图 6-34 所示（见彩插）。

当控制压力为 1. 8 ~2. 2bar 之间时，阀关闭；当控制压力低于 1. 8bar 时，调整压力传递到链轮 1 的分离缸，同时链轮 2 的分离缸与油底壳相通。变速器朝“超速”变速比方向换档。

若控制压力大于 2. 2bar，则调整压力传递到链轮 2 的分离缸 2，同时链轮 1 的分离缸与油底壳相通，变速器朝“起动转矩”变速比方向换档。

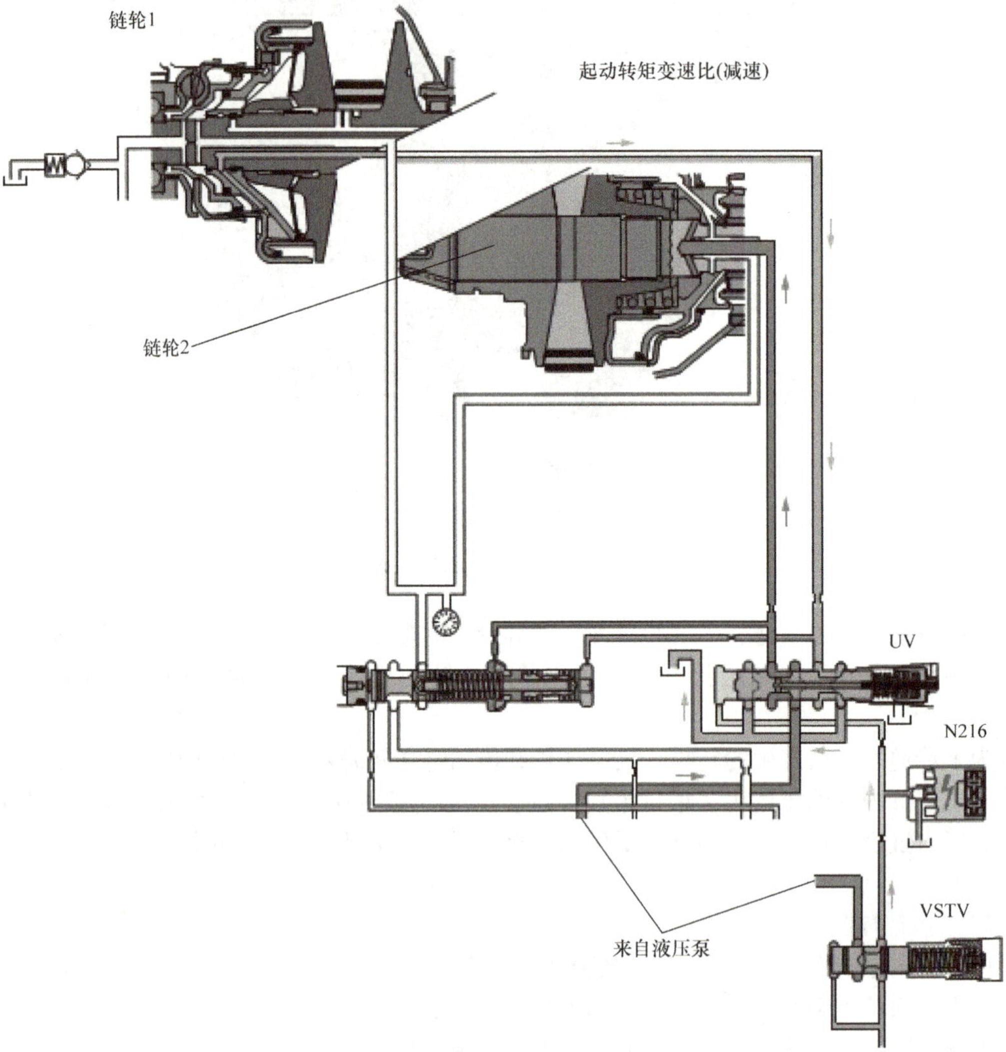

图 6-34　变速器的换档控制

3. 转矩感应器

转矩传感器的作用是根据要求建立起尽可能精确、安全的接触压力，因为压力缸中合适的油压最终产生锥面链轮接触压力，若接触压力过低，则传动链会打滑，这将损坏传动链和链轮；若接触压力过高，则效率会降低。

液力－机械式转矩传感器集成于链轮 1 内，静态和动态高精确度地监控传递到压力缸的实际转矩，并建立压力缸的正确油压。

(1) 结构和功能　转矩传感器的主要部件为 2 个滑轮架，每个支架有 7 个滑轨，滑轨中装有滚子，滑轨架 1 装于链轮装置 1 的输出齿轮中（辅助变速齿轮档输出齿轮）。滑轨架 2 通过花键与链轮 1 连接，它可以轴向移动并由转矩传感器活塞支承。转矩传感器活塞调整接触压力，并形成转矩传感器腔 1 和 2，如图 6-35 所示。

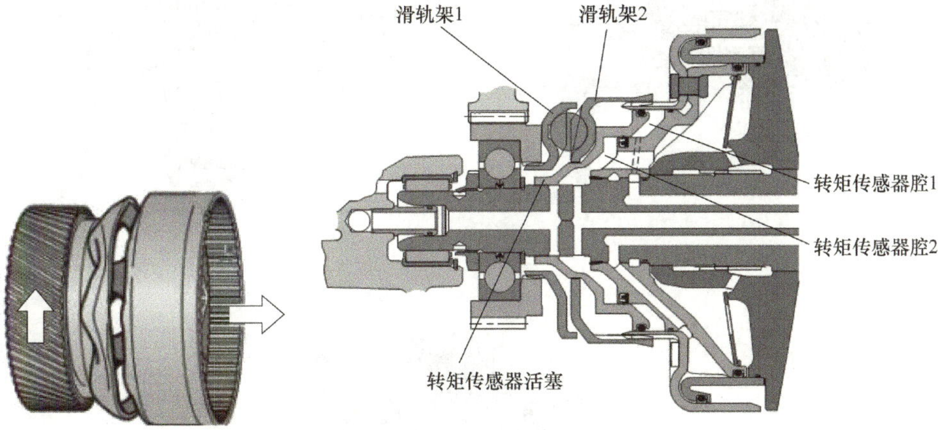

图 6-35　转矩感应器

支架彼此间可径向旋转，将转矩转化为轴向力（因滚子和滑轨的几何关系），此轴向力施加于滑轨架 2 并移动转矩传感器活塞，活塞与支架接触。转矩传感器活塞控制凸缘关闭或打开转矩传感器腔输出端。

转矩传感器腔 1 直接与压力缸相通。按系统设计，发动机转矩产生的轴向力与压力缸内的压力达到平衡。

在汽车稳定运行的情况下，出油孔只部分关闭，打开排油孔（转矩传感器）后压力下降，调节压力缸内的压力，如图 6-36a 所示。若输入转矩提高，则控制凸缘进一步关闭出油孔，压力缸内的压力升高，直到建立起新的平衡，如图 6-36b 所示。若输入转矩下降，出油孔进一步打开，压力缸内的压力降低，直到恢复力平衡。当转矩达到峰值时，控制凸缘完全关闭出油孔，若转矩传感器进一步移动，将会起到液压泵的作用，此时被排挤的油使压力缸内的压力迅速上升，这样就毫无延迟地调整了接触压力，如图 6-36c 所示。

(2) 与变速比有关的接触压力的调节　锥面链轮产生的接触压力不仅取决于输入转矩，还取决于传动链跨度半径，两者都确定了变速器的实际变速比。

如图 6-37 所示，起动档要求最大接触压力，链轮 1 的传动链跨度半径最小，为传递动力，尽管输入转矩高，却只有少量的摩擦片衬片啮合。因此，链轮产生了很高的接触压力，直至超过额定变速比（1∶1）。

与变速比有关的接触压力在转矩传感器腔 2 内被调整，如图 6-38 所示。提高或降低转矩传感器腔 2 内的压力，压力缸内的压力也发生变化。转矩传感器腔 2 内的压力受链轮 1 轴上两个横向控制孔的影响，该孔通过变速器锥面链轮的轴向位移关闭或打开。

当变速器位于起动转矩档时，横向孔打开（转矩传感器腔 2 泄压），如图 6-38a 所示。当变速器换到“高转速”档时，横向孔立即关闭，变为一标定的转速比，左侧横向孔打开，此时通过相关的可变锥面链轮孔，该孔与压力缸相通。此时油压从压力缸传入转矩传感器腔

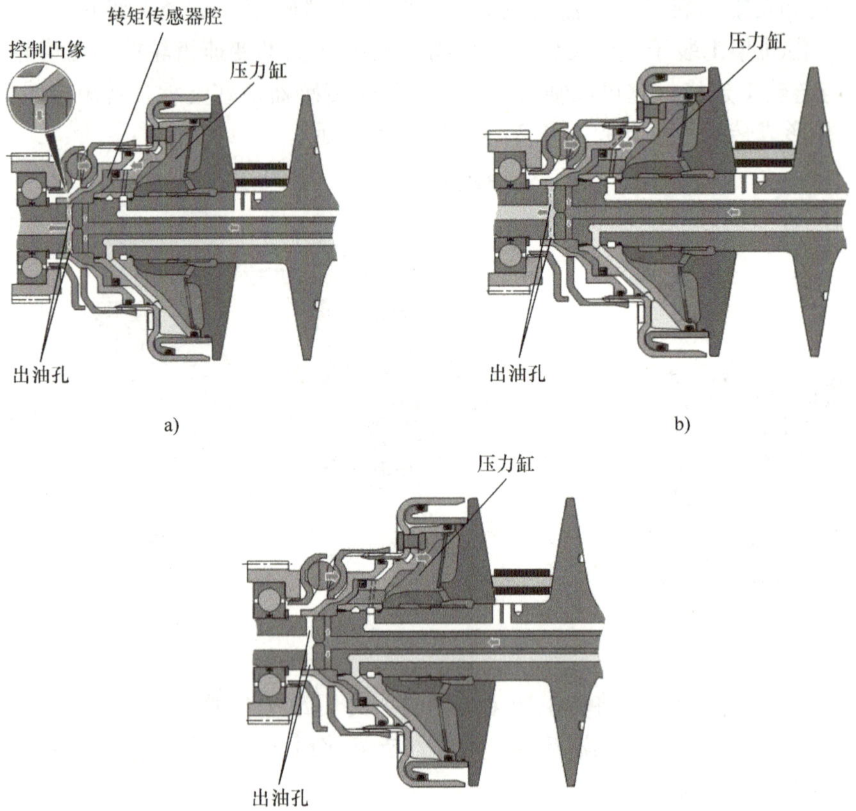

图 6-36　转矩传感器压力调节

2，该压力克服转矩传感器的轴向力使转矩传感器活塞向左移动。控制凸缘进一步打开出油孔，减小压力缸内的油压，如图 6-38b 所示。

双级压力适配的主要优点为中间档位范围内可利用低接触压力提高效率。

4. 电子液压控制

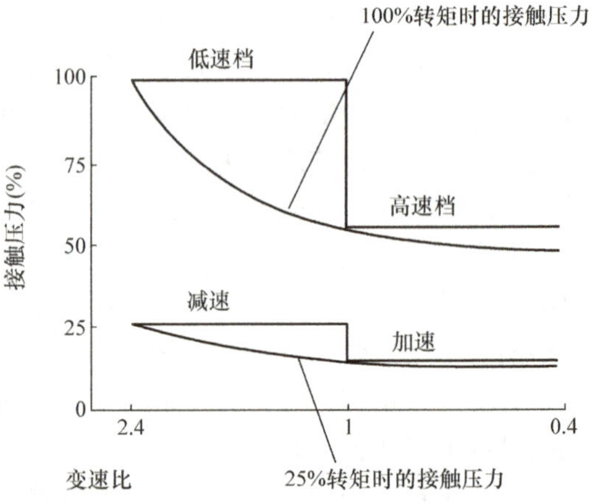

图 6-37　接触压力的调整

变速器的液压泵、液压控制单元（阀体）和变速器控制单元集成为一个小型的不可分单元。液压控制单元由手动换档阀、9 个液压阀和 3 个电磁压力控制阀组成。液压控制单元和变速器控制单元直接插在一起。

液压控制单元完成下述功能：控制前进档/倒档离合器，调节离合器压力，冷却离合器，为接触压力控制提供压力，传动控制，为飞溅润滑油罩盖供油。

现代职业教育汽车类专业精品教材

汽车底盘电控系统检修工作页

班级________

姓名________

学号________

机 械 工 业 出 版 社

目 录

项目一 电控制动系统检修 …… 1
任务一 典型 ABS 的拆装 …… 1
任务二 ABS 主要元件的检修 …… 3
任务三 ABS 故障诊断思路的形成 …… 4
任务四 ESP 系统的检测 …… 6
任务五 ESP 系统故障诊断与排除 …… 7
项目二 电控悬架系统检修 …… 8
任务 电控空气悬架系统各零部件检修 …… 8
项目三 电控助力转向系统检修 …… 9
任务 传感器的检测 …… 9
项目四 液力变矩器检修 …… 10
任务一 液力变矩器的检测 …… 10
任务二 液力变矩器的拆装 …… 12
任务三 液力变矩器的诊断 …… 13
项目五 自动变速器检修 …… 15
任务一 执行元件的检修 …… 15
任务二 丰田 A341E 变速器的检修 …… 17
任务三 自动变速器电液控系统检修 …… 19
任务四 电控液力自动变速器的基础检查与性能试验 …… 21
任务五 01N 自动变速器的检修 …… 23
项目六 无级变速器检修 …… 25
任务一 本田飞度 CVT 液控系统的检修 …… 25
任务二 本田飞度 CVT 电控系统的检修 …… 28

项目一　电控制动系统检修

任务一　典型 ABS 的拆装

1. ABS 的中文名称是____________________。

2. 在拆卸 ABS 之前，需要做哪些工作？

3. 拆卸 ABS 时需要使用哪些工具？

4. 拆卸 ABS 时的注意事项有哪些？

5. 简述 ABS 的卸压方法。

6. 简述 ABS 的拆卸步骤。

7. 评价与反思

在教师的指导下，反思自己的工作方式和工作质量。

项目	评价指标	自评	互评
准备工作	所需工具按 5S 标准摆放	是□　否□	是□　否□
	设备按要求摆放	是□　否□	是□　否□
	安全措施符合要求	是□　否□	是□　否□
专业技能	按质量要求完成检测	是□　否□	是□　否□
工作态度	着装规范，符合职业要求	是□　否□	是□　否□
	正确查找维修资料和学习材料	是□　否□	是□　否□
	分工明确，配合默契	是□　否□	是□　否□
个人反思			
教师评价			成绩：合　格□ 不合格□

任务二　ABS 主要元件的检测

1. ABS 系统中所需的传感器有 ________、________、________等。

2. 常用的轮速传感器有________、________。

3. 轮速传感器的检查采用电阻法时，测得电阻是________ Ω，标准值是________ Ω，结论是________，处理意见为____________________。

4. 轮速传感器的检查采用电压法时，测得电压是________ V，标准值是________ V，结论是________，处理意见为____________________。

5. 检测制动开关信号，未踩制动踏板时，测得的电压是________ V，标准值是________ V，结论是____________________，处理意见为____________________；踩制动踏板时，测得的电压是________ V，标准值是________ V，结论是____________________，处理意见为____________________。

6. 评价与反思

在教师的指导下，反思自己的工作方式和工作质量。

项目	评价指标	自评	互评
准备工作	所需工具按 5S 标准摆放	是□　否□	是□　否□
	设备按要求摆放	是□　否□	是□　否□
	安全措施符合要求	是□　否□	是□　否□
专业技能	按质量要求完成检测	是□　否□	是□　否□
工作态度	着装规范，符合职业要求	是□　否□	是□　否□
	正确查找维修资料和学习材料	是□　否□	是□　否□
	分工明确，配合默契	是□　否□	是□　否□
个人反思			
教师评价			成绩：合　格□ 不合格□

任务三　ABS 故障诊断思路的形成

1. 在读取 ABS 故障码时，使用的仪器设备型号为______________________。
2. 画出 ABS 偶发性故障的诊断流程图。

3. ABS 中无故障码的诊断流程如何？

4. 画出 ABS 与诊断仪无法通信故障的诊断流程图。

5. 评价与反思

在教师的指导下，反思自己的工作方式和工作质量。

项目	评价指标	自评	互评
准备工作	所需工具按5S标准摆放	是□ 否□	是□ 否□
	设备按要求摆放	是□ 否□	是□ 否□
	安全措施符合要求	是□ 否□	是□ 否□
专业技能	按质量要求完成检测	是□ 否□	是□ 否□
工作态度	着装规范，符合职业要求	是□ 否□	是□ 否□
	正确查找维修资料和学习材料	是□ 否□	是□ 否□
	分工明确，配合默契	是□ 否□	是□ 否□
个人反思			
教师评价			成绩：合　格□ 不合格□

任务四　ESP 系统的检测

1. ESP 系统所需的传感器有________、________、________、________、________、________等。

2. 对 ESP 系统进行检测时的检测条件是什么？

3. ESP 系统的转向角传感器 G85 的电压检测，测得电压是________V，标准值是________V，结论是________，处理意见为________________________。

4. 横向加速度传感器 G200 的导线检测，测得电阻是________Ω，标准值是________Ω，结论是________，处理意见为________________________；旋转速率传感器 G202 的导线检测，测得电阻是________Ω，标准值是________Ω，结论是________，处理意见________________________。

5. 评价与反思

在教师的指导下，反思自己的工作方式和工作质量。

项目	评价指标	自评	互评
准备工作	所需工具按 5S 标准摆放	是□　否□	是□　否□
	设备按要求摆放	是□　否□	是□　否□
	安全措施符合要求	是□　否□	是□　否□
专业技能	按质量要求完成检测	是□　否□	是□　否□
工作态度	着装规范，符合职业要求	是□　否□	是□　否□
	正确查找维修资料和学习材料	是□　否□	是□　否□
	分工明确，配合默契	是□　否□	是□　否□
个人反思			
教师评价			成绩：合　格□ 不合格□

任务五　ESP 系统故障诊断与排除

1. 检查 ESP 故障指示灯是否正常工作。是□；否□。

2. 用汽车诊断仪读取故障码。

序号	故障码	故障码对应的故障
1		
2		
3		
4		

3. 评价与反思

在教师的指导下，反思自己的工作方式和工作质量。

项目	评价指标	自评	互评
准备工作	所需工具按 5S 标准摆放	是□　否□	是□　否□
	设备按要求摆放	是□　否□	是□　否□
	安全措施符合要求	是□　否□	是□　否□
专业技能	按质量要求完成检测	是□　否□	是□　否□
工作态度	着装规范，符合职业要求	是□　否□	是□　否□
	正确查找维修资料和学习材料	是□　否□	是□　否□
	分工明确，配合默契	是□　否□	是□　否□
个人反思			
教师评价			成绩：合　格□ 不合格□

项目二　电控悬架系统检修

任务　电控空气悬架系统各零部件检修

1. 电控悬架系统中所需的传感器有________、________、________、________等。

2. 车身高度传感器有________、________、________三种类型。

3. 在空气弹簧中，通过改变主、副气室之间气体通路的大小，使空气悬架处于________、________、________三种状态。

4. 检查电控悬架的模式选择开关是否正常工作。是□；否□。

5. 检查电控悬架的高度控制开关是否正常工作。是□；否□。

6. 身高度传感器的检测，测得电压是________V，标准值是________V，结论是________________，处理意见是__________________________。

7. 压缩机电动机的检测，测量电动机阻值为________Ω，标准值是________Ω，结论是______________________，处理意见是__________________________；测量电动机的电压是________V，标准值是________V，结论是__________________________，处理意见是________________________________。

8. 用汽车诊断仪读取故障码。

序号	故障码	故障码对应的故障
1		
2		
3		
4		

9. 评价与反思

在教师的指导下，反思自己的工作方式和工作质量。

项目	评价指标	自评	互评
准备工作	所需工具按5S标准摆放	是□　否□	是□　否□
	设备按要求摆放	是□　否□	是□　否□
	安全措施符合要求	是□　否□	是□　否□
专业技能	按质量要求完成检测	是□　否□	是□　否□
工作态度	着装规范，符合职业要求	是□　否□	是□　否□
	正确查找维修资料和学习材料	是□　否□	是□　否□
	分工明确，配合默契	是□　否□	是□　否□
个人反思			
教师评价		成绩：合　格□ 不合格□	

项目三　电控助力转向系统检修

任务　传感器的检测

1. 电控助力转向系统中所需的传感器有________、________、________等。

2. 电磁离合器的功用是____________________________。

3. 检查电控助力转向系统中的电动机，当 a1 端接通时，测得电源端与搭铁端之间的电压是________V，标准值是________V，结论是__________________，处理意见为__________________，若测得值合格，则电动机应该________（正转或反转）；当 a2 端接通时，测得电源端与搭铁端之间的电压是________V，标准值是________V，结论是__________________，处理意见为______________________，若测得值合格，则电动机应该________（正转或反转）。

4. 转向传感器的检测，用万用表测量电源线与接地线之间电压，测量值是________V，标准值是________V，结论是________________，处理意见为__________________。

5. 转向力矩传感器的检测，用万用表测量电源线与接地线之间电压，测量值是________V，标准值是________V，结论是__________________，处理意见为______________________。

6. 评价与反思

在教师的指导下，反思自己的工作方式和工作质量。

项目	评价指标	自评	互评
准备工作	所需工具按 5S 标准摆放	是□　否□	是□　否□
	设备按要求摆放	是□　否□	是□　否□
	安全措施符合要求	是□　否□	是□　否□
专业技能	按质量要求完成检测	是□　否□	是□　否□
工作态度	着装规范，符合职业要求	是□　否□	是□　否□
	正确查找维修资料和学习材料	是□　否□	是□　否□
	分工明确，配合默契	是□　否□	是□　否□
个人反思			
教师评价		成绩：合　格□ 不合格□	

项目四　液力变矩器检修

任务一　液力变矩器的检测

1. 检测液力变矩器需要哪些工具?

2. 简述百分表的读数与安装步骤。

3. 液力变矩器中导轮的单向离合器检查，将检查用的专用工具安装到位（如下图），转动专用工具，逆时针方向能________（锁止或自由转动），顺时针方向能________（锁止或自由转动），否则说明单向离合器损坏，应更换液力变矩器。

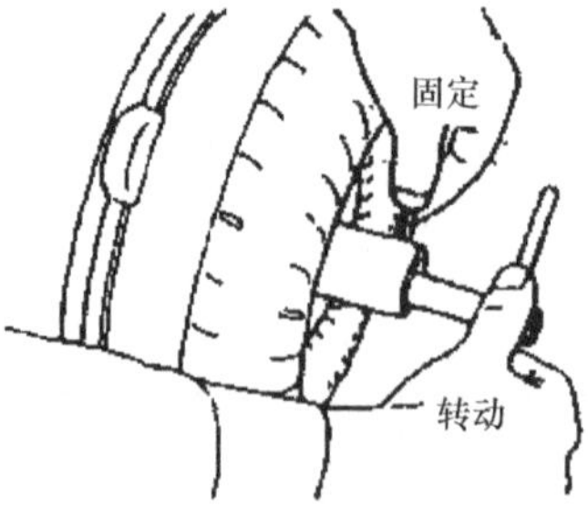

4. 测量液力变矩器轴套的轴向圆跳动，检测变矩器驱动轴套的径向圆跳动量（如下

图），测得值是________ mm，标准值不应大于________ mm，结论是________________，处理意见是____________________。

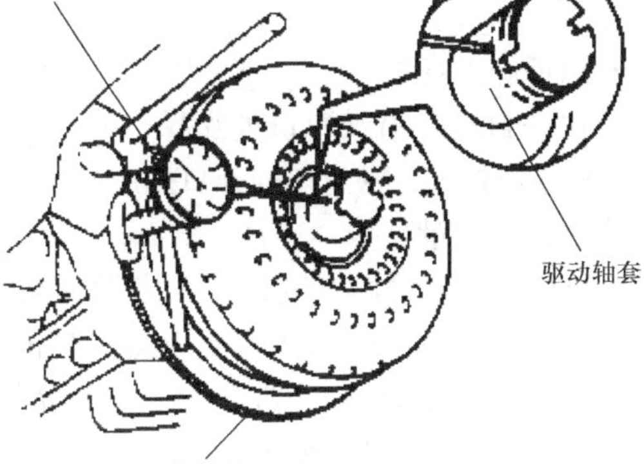

5. 评价与反思

在教师的指导下，反思自己的工作方式和工作质量。

项目	评价指标	自评	互评
准备工作	所需工具按5S标准摆放	是□　否□	是□　否□
	设备按要求摆放	是□　否□	是□　否□
	安全措施符合要求	是□　否□	是□　否□
专业技能	按质量要求完成检测	是□　否□	是□　否□
工作态度	着装规范，符合职业要求	是□　否□	是□　否□
	正确查找维修资料和学习材料	是□　否□	是□　否□
	分工明确，配合默契	是□　否□	是□　否□
个人反思			
教师评价			成绩：合　格□ 不合格□

任务二　液力变矩器的拆装

1. 液力变矩器的三元件是________、________、________。

2. 液力变矩器油封的专用拆卸工具为________，专用安装工具为________。

3. 安装密封圈前，应当在密封环外沿和唇口处涂抹一些________，用油封安装专用工具压入密封环；安装液力变矩器油封时，密封环的开口侧应当指向________，切不可装反。

4. 液力变矩器的安装是否到位测量。

液力变矩器的安装是否到位，可通过测量变速器固定面（变矩器罩与发动机连接的接合面）到液力变矩器端面的距离来确认。如果液力变矩器安装正确，则此距离应符合规定值。否则，说明液力变矩器没有安装到位（如下图），测量值是________，标准值是________，结论是________________，处理意见为____________________。

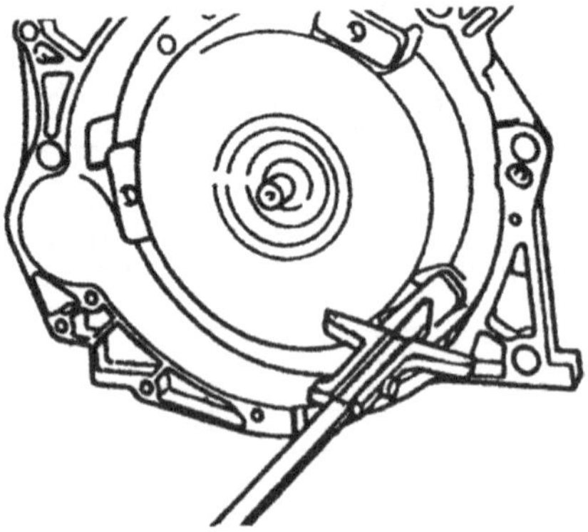

5. 评价与反思

在教师的指导下，反思自己的工作方式和工作质量。

项目	评价指标	自评	互评
准备工作	所需工具按 5S 标准摆放	是□　否□	是□　否□
	设备按要求摆放	是□　否□	是□　否□
	安全措施符合要求	是□　否□	是□　否□
专业技能	按质量要求完成检测	是□　否□	是□　否□
工作态度	着装规范，符合职业要求	是□　否□	是□　否□
	正确查找维修资料和学习材料	是□　否□	是□　否□
	分工明确，配合默契	是□　否□	是□　否□
个人反思			
教师评价		成绩：合　格□ 不合格□	

任务三　液力变矩器的诊断

1. 锁止离合器的诊断方法是什么？处理意见是什么？

2. 单向离合器的故障诊断方法是什么？处理意见是什么？

3. 液力变矩器涡轮的花键毂磨损的诊断方法是什么？处理意见是什么？

4. 评价与反思

在教师的指导下，反思自己的工作方式和工作质量。

项目	评价指标	自评	互评
准备工作	所需工具按 5S 标准摆放	是□　否□	是□　否□
	设备按要求摆放	是□　否□	是□　否□
	安全措施符合要求	是□　否□	是□　否□
专业技能	按质量要求完成检测	是□　否□	是□　否□
工作态度	着装规范，符合职业要求	是□　否□	是□　否□
	正确查找维修资料和学习材料	是□　否□	是□　否□
	分工明确，配合默契	是□　否□	是□　否□
个人反思			
教师评价			成绩：合　格□ 不合格□

项目五　自动变速器检修

任务一　执行元件的检修

1. 自动变速器中的执行三元件分别为________、________、________。

2. 更换新摩擦片时，将新摩擦片在新自动变速器油中浸泡________以上，才能装入自动变速器内。

3. 自由间隙是指__________________________，一般平均每片摩擦片为________ mm。

4. 离合器的检修。离合器的摩擦片上有一个磨损标记，如下图所示，若该磨损标记已经没有了，则____________；检查压盘和从动片表面是否有蓝色过热斑迹，若有则应将其放在平台上并用高度尺测量其高度，也可将两片叠在一起，检查其是否变形，出现变形或表面有裂纹的必须________。若离合器的间隙过小，则会造成________________。当离合器的间隙过小，而摩擦片没有问题时，处理意见是____________________________。

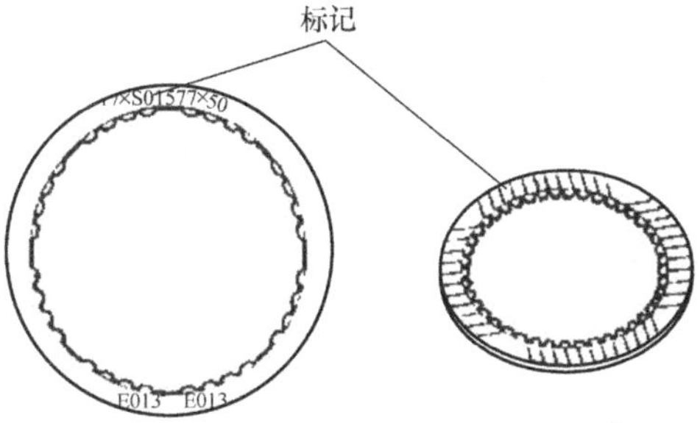

5. 单向离合器的检修。根据某自动变速器中一单向离合器的实际需要检查单向锁止功能，应在某方向________，反方向________；若在锁止方向________或在自由转动方向________，则应更换单向离合器。

6. 带式制动器的检查（如下图）。

1）制动衬带是否磨损过度（标记是否清晰）：是□，否□，处理意见____________。

2）材料烧焦、有无材料脱落及变形等：是□，否□，处理意见________________。

3）检查制动鼓表面外观__________________________情况，如有则必须更换制动鼓。

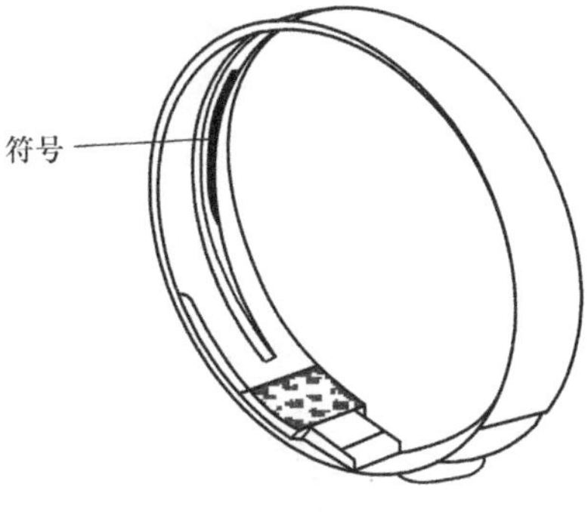

7. 评价与反思

在教师的指导下，反思自己的工作方式和工作质量。

项目	评价指标	自评	互评
准备工作	所需工具按 5S 标准摆放	是□　否□	是□　否□
	设备按要求摆放	是□　否□	是□　否□
	安全措施符合要求	是□　否□	是□　否□
专业技能	按质量要求完成检测	是□　否□	是□　否□
工作态度	着装规范，符合职业要求	是□　否□	是□　否□
	正确查找维修资料和学习材料	是□　否□	是□　否□
	分工明确，配合默契	是□　否□	是□　否□
个人反思			
教师评价		成绩：合　格□ 不合格□	

任务二　丰田 A341E 变速器的检修

1. A341E 型号的自动变速器中有________个单向离合器，________个多片湿式离合器，________个多片湿式制动器，________个带式制动器。

2. 辛普森结构的特点是____。

3. 单向离合器的检查：

单向离合器	检查结果（旋转方向）	标准情况	处理意见
F0			
F1			
F2			

4. 多片湿式离合器的检查：

离合器	钢片数量		摩擦片数量		间隙		处理意见
	检查结果	标准值	检查结果	标准值	检查结果	标准值	
C0							
C1							
C2							

5. 制动器的检查：

制动器	钢片数量		摩擦片数量		间隙		处理意见
	检查结果	标准值	检查结果	标准值	检查结果	标准值	
B0							
B2							
B3							

6. 阀体的检查：

1）________阀体，检查结果是____________，处理意见是________________________。

2）________阀体，检查结果是____________，处理意见是________________________。

3）________阀体，检查结果是____________，处理意见是________________________。

4）________阀体，检查结果是____________，处理意见是________________________。

7. 传感器的检查：

1）________传感器，检查结果是____________，处理意见是______________________。

2）________传感器，检查结果是____________，处理意见是______________________。

3）________传感器，检查结果是____________，处理意见是______________________。

8. 评价与反思

在教师的指导下，反思自己的工作方式和工作质量。

项目	评价指标	自评	互评
准备工作	所需工具按 5S 标准摆放	是□ 否□	是□ 否□
	设备按要求摆放	是□ 否□	是□ 否□
	安全措施符合要求	是□ 否□	是□ 否□
专业技能	按质量要求完成检测	是□ 否□	是□ 否□
工作态度	着装规范，符合职业要求	是□ 否□	是□ 否□
	正确查找维修资料和学习材料	是□ 否□	是□ 否□
	分工明确，配合默契	是□ 否□	是□ 否□
个人反思			
教师评价			成绩：合　格□ 不合格□

任务三　自动变速器电液控系统检修

1. 节气门位置传感器的检测（如下图）：

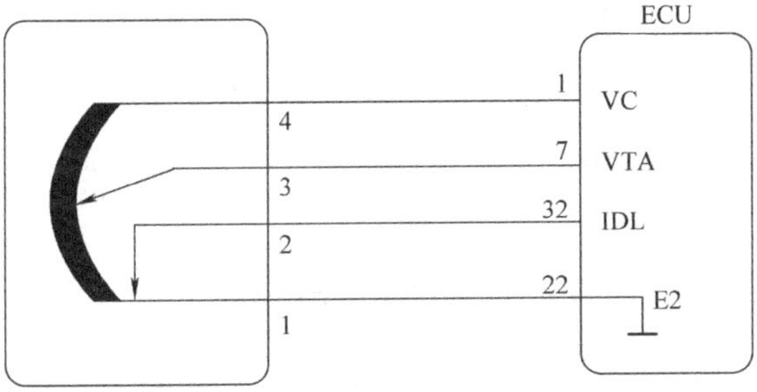

将万用表拨至电阻档，两表笔分别连接节气门位置传感器的 1、2 端子：

1）在节气门摇臂与限位钉之间插入 0.40mm 的塞尺，测得其电阻是________Ω，其电阻标准值应小于____Ω（怠速触点闭合），结论是________________，处理意见是____________。

2）在节气门摇臂与限位钉之间插入 0.65mm 的塞尺，其电阻值应为____Ω，其电阻标准值为____（怠速触点张开），结论是________________，处理意见为________________。

2. 车速传感器的检测（如下图）：

用万用表测量车速传感器 1、2 端子之间的电阻值是_______Ω，标准值应为________Ω，结论是____________，处理意见是________________。

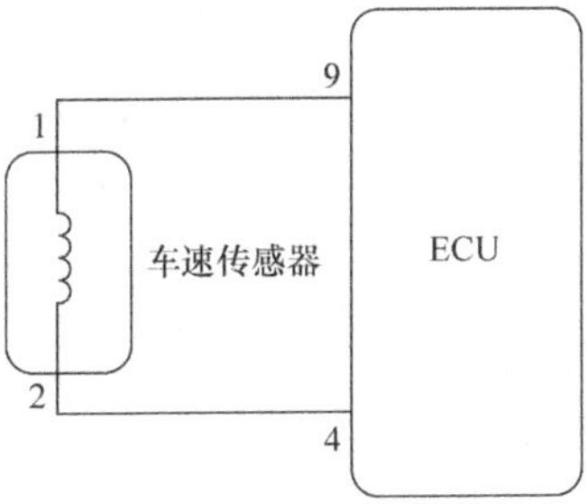

3. 自动变速器油温传感器的检测：

温度为 10℃时，测得的电阻值为____kΩ，标准值是________kΩ；在 110℃时，测量值为________kΩ，标准值是________kΩ，结论是____________，处理意见是____________。

4. 电磁阀的检测（如下图）：

1）用欧姆表测量电磁阀线圈的电阻，测量值为________Ω，正常的电阻应为________Ω。

2）将电磁阀的线圈接上蓄电池电压，正常情况应有________响声，否则应予以更换。

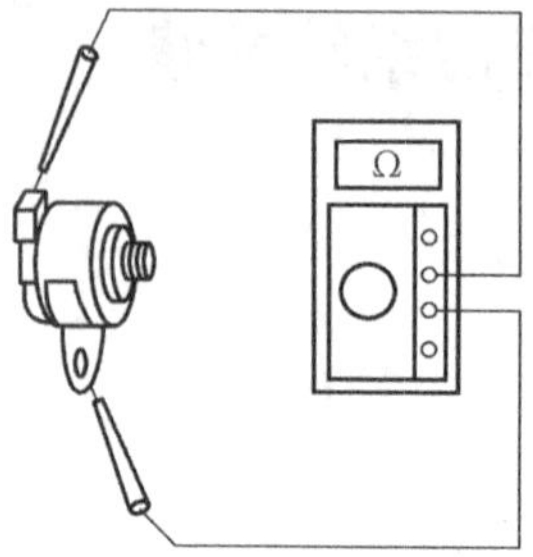

a) 检查电磁阀的电阻

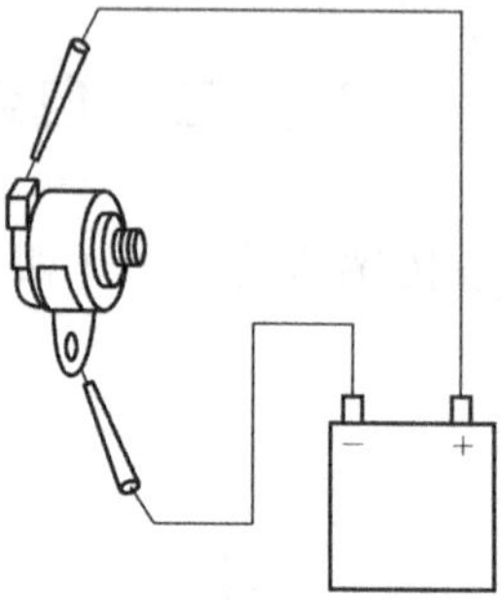

b) 检查电磁阀的动作

5. 评价与反思

在教师的指导下，反思自己的工作方式和工作质量。

项目	评价指标	自评	互评
准备工作	所需工具按 5S 标准摆放	是□　否□	是□　否□
	设备按要求摆放	是□　否□	是□　否□
	安全措施符合要求	是□　否□	是□　否□
专业技能	按质量要求完成检测	是□　否□	是□　否□
工作态度	着装规范，符合职业要求	是□　否□	是□　否□
	正确查找维修资料和学习材料	是□　否□	是□　否□
	分工明确，配合默契	是□　否□	是□　否□
个人反思			
教师评价			成绩：合　格□ 不合格□

任务四　电控液力自动变速器的基础检查与性能试验

失速试验

1. 自动变速器油的检查包括________、________、________。

2. 检查自动变速器油的液面，若液面高度过低，则________________；若液面高度过高，则________________。

3. 装备自动变速器的车辆，只有在____________档时，才能起动发动机。

4. 自动变速器的正常工作温度范围是________。

5. 自动变速器中的模式类型有________、________、________、________、________。

6. 失速试验：

1）在失速试验中，从踩下加速踏板到松开的整个过程的时间不得超过________ s。

2）简述失速试验的目的。

3）简述失速试验的步骤。

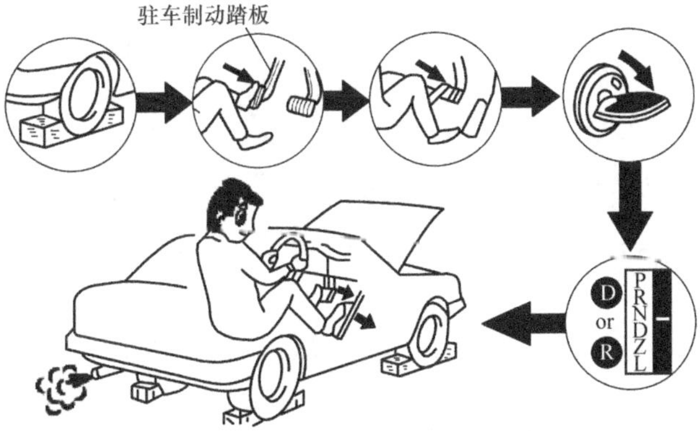

4）失速试验结果分析。

变速杆位置	测试结果	标准范围	原因	处理意见

7. 评价与反思

在教师的指导下，反思自己的工作方式和工作质量。

项目	评价指标	自评	互评
准备工作	所需工具按5S标准摆放	是□　否□	是□　否□
	设备按要求摆放	是□　否□	是□　否□
	安全措施符合要求	是□　否□	是□　否□
专业技能	按质量要求完成检测	是□　否□	是□　否□
工作态度	着装规范，符合职业要求	是□　否□	是□　否□
	正确查找维修资料和学习材料	是□　否□	是□　否□
	分工明确，配合默契	是□　否□	是□　否□
个人反思			
教师评价			成绩：合　格□ 不合格□

任务五　01N 自动变速器的检修

1. 拉维娜自动变速器的结构特点是____。

2. 01N 自动变速器中有________个制动器，有________个单向离合器，有________个离合器。

3. 单向离合器的检查：

单向离合器	检查结果（旋转方向）	标准情况	处理意见
F0			
F1			

4. 多片湿式离合器的检查：

离合器	钢片数量		摩擦片数量		间隙		处理意见
	检查结果	标准值	检查结果	标准值	检查结果	标准值	
K1							
K2							
K3							

5. 制动器（多片湿式）的检查：

制动器	钢片数量		摩擦片数量		间隙		处理意见
	检查结果	标准值	检查结果	标准值	检查结果	标准值	
B1							
B2							

6. 阀体的检查：

1）________阀体，检查结果是____________，处理意见是________________________。

2）________阀体，检查结果是____________，处理意见是________________________。

3）________阀体，检查结果是____________，处理意见是________________________。

4）________阀体，检查结果是____________，处理意见是________________________。

7. 传感器的检查：

1）________传感器，检查结果是____________，处理意见是______________________。

2）________传感器，检查结果是____________，处理意见是______________________。

3）________传感器，检查结果是____________，处理意见是______________________。

8. 评价与反思

在教师的指导下，反思自己的工作方式和工作质量。

项目	评价指标	自评	互评
准备工作	所需工具按 5S 标准摆放	是□　否□	是□　否□
	设备按要求摆放	是□　否□	是□　否□
	安全措施符合要求	是□　否□	是□　否□
专业技能	按质量要求完成检测	是□　否□	是□　否□
工作态度	着装规范，符合职业要求	是□　否□	是□　否□
	正确查找维修资料和学习材料	是□　否□	是□　否□
	分工明确，配合默契	是□　否□	是□　否□
个人反思			
教师评价		成绩：合　格□ 不合格□	

项目六　无级变速器检修

任务一　本田飞度 CVT 液控系统的检修

一、失速试验

1. 无级变速器传动部分的主要类型有________、________，本田飞度车型的无级变速器传动部分使用的是________。

2. 简述失速试验的注意事项。

3. 简述失速试验的步骤。

4. 失速试验结果及分析：

1）测试结果。

车型	档位	测得值/(r/min)	极限值/(r/min)
L15A2 发动机车型	D、S、L、R		
L12A3 和 L12A3 发动机车型	D、R		
	S、L		

2）结果分析。

失速转速异常的原因

故障现象	故障原因
在 D、S、L、R 位时，失速转速过高	
在 R 位失速转速过高	
在 D、S、L、R 位失速过低	

二、油压试验

1. 简述油压试验的步骤：

2. 油压试验结果及分析：

1）油压试验结果。

项目	试验测试值/kPa	极限值/kPa
前进档离合器压力		1440 ~ 1710
倒档制动器压力		1440 ~ 1710
主动带轮压力		310 ~ 580
从动带轮压力		430 ~ 910
润滑压力		270 ~ 400

2）结果分析。

压力异常的原因

故障现象	故障原因
无前进档离合器压力或压力太低	
无倒档制动器压力或压力太低	
无主动带轮压力或压力太低	
主动带轮压力太高	
无从动带轮压力或压力太低	
从动带轮压力太高	
无润滑压力或压力太低	

三、评价与反思

在教师的指导下，反思自己的工作方式和工作质量。

项目	评价指标	自评	互评
准备工作	所需工具按5S标准摆放	是□　否□	是□　否□
	设备按要求摆放	是□　否□	是□　否□
	安全措施符合要求	是□　否□	是□　否□
专业技能	按质量要求完成检测	是□　否□	是□　否□
工作态度	着装规范，符合职业要求	是□　否□	是□　否□
	正确查找维修资料和学习材料	是□　否□	是□　否□
	分工明确，配合默契	是□　否□	是□　否□
个人反思			
教师评价		成绩：合　格□ 不合格□	

任务二　本田飞度 CVT 电控系统的检修

1. 简述读取故障码的步骤。

2. 简述车辆行驶时起步离合器的校正方法。

3. 限制装置电磁阀的检修：

测量电磁阀插接器端子之间的电阻，测量值为________ Ω，电阻标准值应为________ Ω，结论是____________________，处理意见是____________________；如果电阻值符合标准，则将蓄电池正极与限制装置电磁阀插接器的 2 号端子相连，将蓄电池负极与 1 号端子相连应能________。如果没有听到声音，则需清洗或更换限制装置电磁阀。

4. 评价与反思

在教师的指导下，反思自己的工作方式和工作质量。

项目	评价指标	自评	互评
准备工作	所需工具按 5S 标准摆放	是□　否□	是□　否□
	设备按要求摆放	是□　否□	是□　否□
	安全措施符合要求	是□　否□	是□　否□
专业技能	按质量要求完成检测	是□　否□	是□　否□
工作态度	着装规范，符合职业要求	是□　否□	是□　否□
	正确查找维修资料和学习材料	是□　否□	是□　否□
	分工明确，配合默契	是□　否□	是□　否□
个人反思			
教师评价			成绩：合　格□ 不合格□

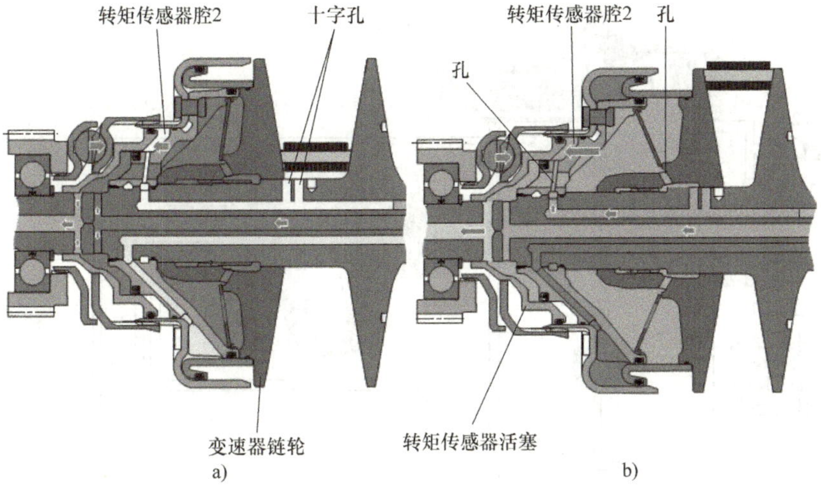

图 6-38　与变速比有关的接触压力的调节

液压控制单元通过“旋入螺钉”的零件直接与链轮装置 1 或链轮装置 2 相连接，如图 6-39 所示。为保护部件，限压阀 DBV1 将最高压力限制为 8.2MPa。通过 VSTV，向压力控制阀被提供了一个恒定的 0.5MPa 的输导控制压力。最小压力阀 MDV 用于防止起动时液压泵吸入发动机进气；当液压泵输出功率高时，最小压力阀 MDV 打开，允许润滑油从回油管流到液压泵吸入侧，提高了液压泵效率。

VSPV 施压阀用于控制系统压力，在特定功能下，始终可以提供足够油压（应用接触压力或调节压力）。

N88（电磁阀 1）的功能：控制离合器冷却阀（KKV）和安全阀（SIV）。电磁阀 N215（自动变速器，压力调节阀 1）激活离合器控制阀（KSV），电磁阀 N216（自动变速器，压力调节阀 2）激活减压阀（UV）。

二、01J 无级自动变速器的控制逻辑

控制单元 J217 集成在变速器内，直接用螺栓紧固在液压控制单元上。3 个压力调节阀与控制单元间通过坚固的插接插头直接连接（S 形接头），而没有连接线，用一个 25 针的小型插头与汽车线束相连，如图 6-40 所示。J217 的底座为一个坚硬的铝板壳，此铝板壳起到了隔热的作用。该壳体容纳全部的传感器，因此不再需要线束和插头，因而没有单独线束。线束与发动机线束集成在一起，这种结构使 J217 的可靠性得到了大大的提高。

(1) 动态控制程序　控制单元 J217 有一个动态控制程序（DRP），用于计算变速器目标输入转速。这是对已存在的用于 CVT 中的动态换档程序（DSP）的进一步改进。DRP 的目标是使操纵性能尽可能与驾驶人输入相适应。

为实现上述目的，控制单元 J217 接收驾驶人动作、车辆运动状态和路面情况信息，计算加速踏板动作频率和加速踏板角度位置（驾驶人评价）、车速和车辆加速情况，利用该信息和逻辑组合，在发动机转速范围内，通过改变传动比，将变速器输入转速设定在最佳动力性和最佳经济性之间，使汽车的操作性和驾驶性能与驾驶人输入信号尽可能匹配。

(2) 强制降档功能　驾驶人通过把加速踏板踩到底，激活接通强制降档开关，告知自

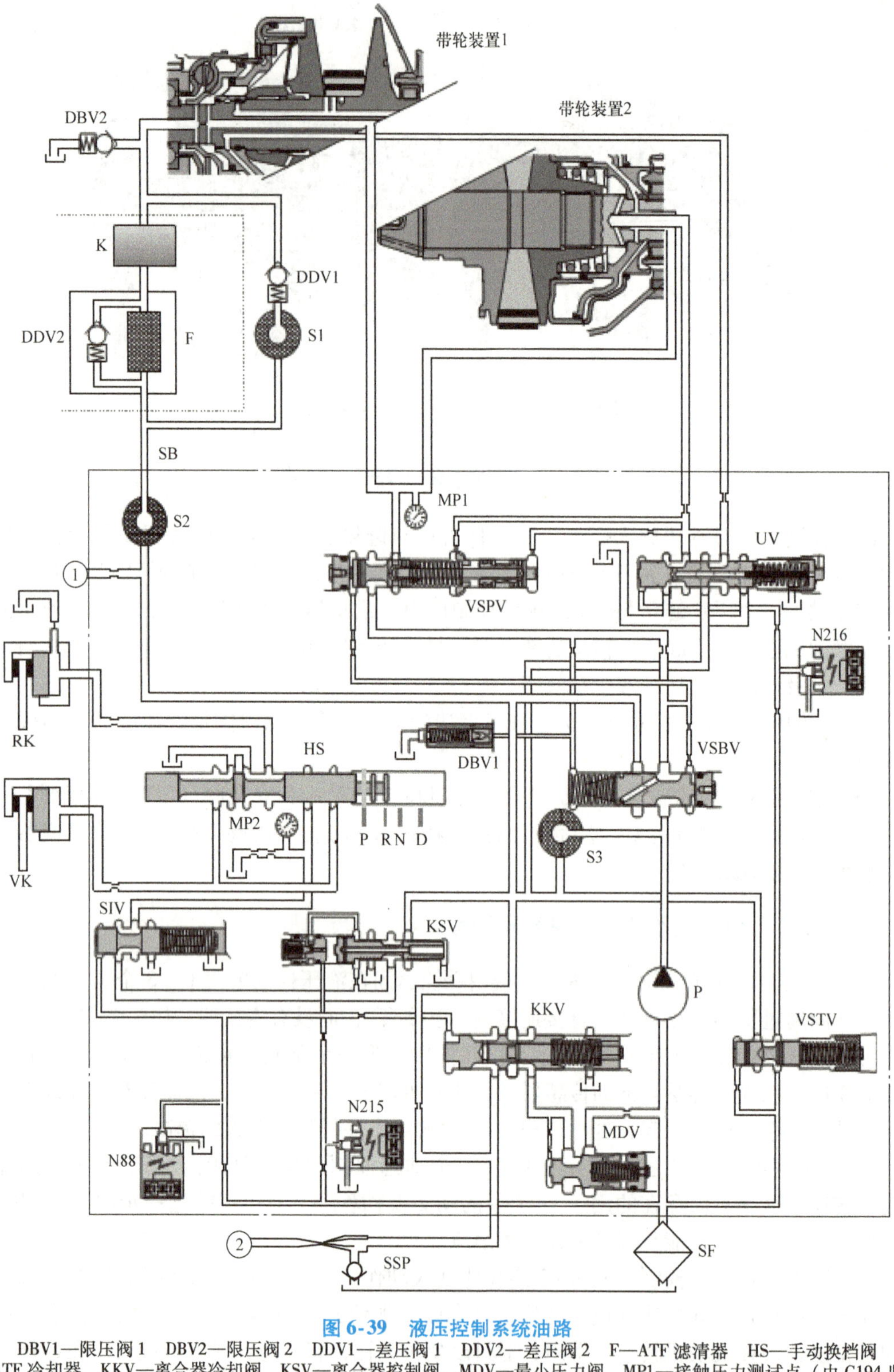

图 6-39　液压控制系统油路

DBV1—限压阀 1　DBV2—限压阀 2　DDV1—差压阀 1　DDV2—差压阀 2　F—ATF 滤清器　HS—手动换档阀
K—ATF 冷却器　KKV—离合器冷却阀　KSV—离合器控制阀　MDV—最小压力阀　MP1—接触压力测试点（由 G194 监测）
MP2—离合器压力测试点（由 G193 监测）　N88 电磁阀 1（离合器冷却/安全切断阀）　N215—自动变速器控制阀 1（离合器）
N216—自动变速器控制阀 2（变速比）　P—液压泵　PRND—变速杆位置　RK—倒档离合器　S1—ATF 过滤器 1
S2—ATF 过滤器 2　S3—ATF 过滤器 3　SB—链轮润滑/冷却 4 喷孔　SF—ATF 进油过滤器　SIV—安全阀
SSP—吸气喷射泵（吸气泵）　UV—减压阀　VK—前进档离合器　VSBV—体积改变率限制阀　VSPV—施压阀　VSTV—输导压力值

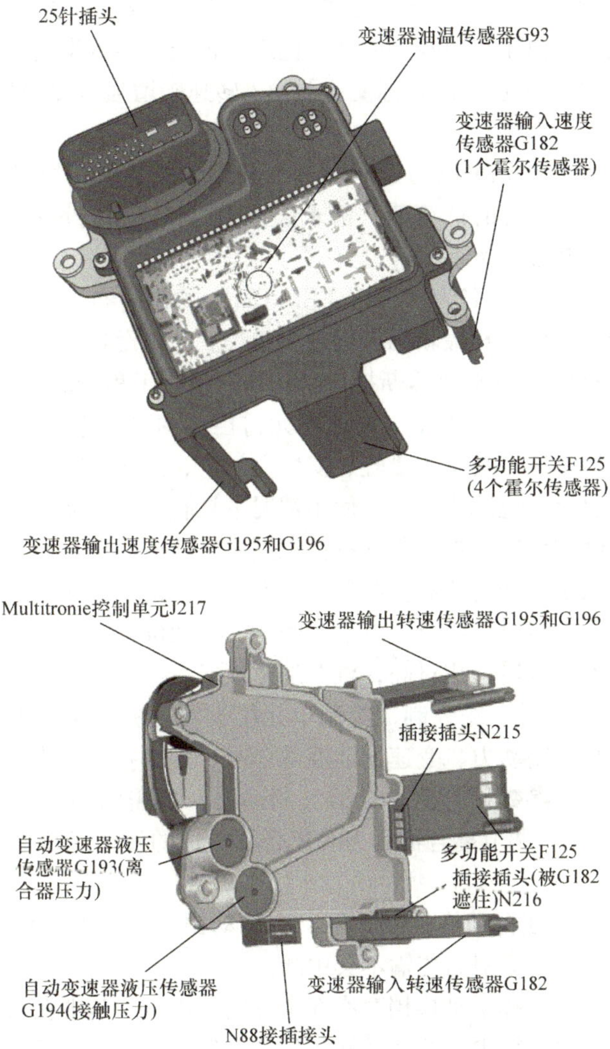

图 6-40　变速器电子控制单元

动变速器控制单元，要求最大加速度。为满足要求，必须快速提供发动机最大功率。为此，发动机转速被调整到最大功率处的转速，并保持到加速踏板角度减小为止。

（3）依据行驶阻力实现自适应控制　“与负荷有关的动力”被计算出来以测定行驶阻力，如上坡、下坡、车辆处于被牵引状态等。该行驶阻力用于与在平路上行驶（空载）时的牵引阻力做比较，指示是否需要提高和降低所需功率。

上坡或牵引车辆时，可能需要较高的功率。在这种情况下，控制单元 J217 通过减档来增大发动机转速和输出功率。

在下坡时，情况稍有不同。若驾驶人想利用发动机的制动效果，则必须踩制动踏板（信号来自开关 F47）。若汽车处于超速阶段，并且踩下制动踏板后车速依然提高，则应向减速方向调节变速比，从而更有利于驾驶人控制发动机制动效果。若下坡坡度减小，则变速比再次向加速方向调节，车速将稍有提高。

(4) 与车速巡航控制系统（CCS）协调工作　如果车速巡航控制系统（CCS）开关打开，当汽车下坡行驶时，由于巡航控制时变速比经常很低，导致发动机制动效果不足。在这种情况下，控制单元 J217 通过增加目标变速器输入转速来增强（变速控制向减速方向调节）发动机制动效果。

(5) 升级程序　控制单元可以通过软件进行升级。控制单元的程序、特性参数和数据（软件）以及对输出信号进行的计算值，都永久性地存储于 EEPROM（电子可编程序储存器）中，并实时提供给控制单元。

在控制单元 J217 中有一个名为“flash EEPROM”的存储器。它在安装条件下是可被编程的，且必须配备新软件版本和最新闪光码进行编程。升级设备采用 VAS5051，升级程序存储在光盘内，通过 VAS5051 连接自诊断接口（K 线）进行编程升级。

(6) 起步和转矩传递过程由电子－液压单元监控和调整　电子－液压单元控制离合器或制动器与液力变矩器相比，具有质量轻、安装空间小、使起动特性适应驾驶状态、使爬坡转矩适应驾驶状态，以及在过载或非正常使用情况下具有保护功能等优点。

起动过程：变速器控制单元根据起动特性识别出发动机标定转速，控制离合器，调整发动机转速。驾驶人输入信号和变速器控制单元的内部要求是决定起动特性的参数。

在经济行驶模式下起步时，离合器打滑时间短，发动机转速低，使燃油经济性很高；在运动模式下起步时，发动机转速相对高，汽车加速性好。

(7) 对离合器（制动器）的控制　控制单元接收发动机转速、变速器输入转速、加速踏板位置、发动机转矩、制动力、变速器油温等信号，用来控制离合器（制动器）的工作。变速器控制单元通过这些参数计算出离合器（制动器）所需的额定压力，并确定压力调节电磁阀 N215 的控制电流，调节离合器压力和离合器传递的发动机转矩，即可相应地随控制电流的变化而变化。

(8) 最佳舒适模式　在自动换档模式下，在传动比变化范围内可获得任意变速比，传动比可完全无抖动地调节，牵引力传输不会中断。

在 Tiptronic 模式下，选择手动换档时有 6 个确定的档位。其中在第 5 档时，汽车可以获得最高车速，第 6 档可以获得更好的经济性。另外，驾驶人可以选择不同的低档，以获得不同的发动机制动效果，这点对在坡路上行驶非常重要。

(9) 最大动力特性　变速器输入转速的控制将发动机保持在最大功率输出状态。汽车加速时牵引力传递不会中断，可获得最佳加速特性。

(10) 高燃油经济性　在经济行驶模式下，通过对传动比的连续调节，使发动机总是处于最佳工作模式，提高了燃油经济性。

(11) 过载保护　利用内建模型，变速器控制单元计算出离合器打滑温度，若测得的离合器温度因离合器过载而超出标定界线，则发动机转矩将减小。当发动机转矩被减小到发动机怠速上限时，在一段时间内，发动机对加速踏板信号无反应，离合器冷却系统确保短时间内使离合器降温，此后又迅速重新提供发动机最大转矩。一般离合器过载很少出现。

(12) 故障自诊断功能　故障在很大程度上可通过自诊断功能识别。根据故障对驾驶安全性的影响程度，可通过仪表板上的变速杆位置指示灯显示给驾驶人。对故障自诊断识别的结果，会有 3 种不同的显示状态：

1) 故障被存储。替代程序能够使汽车继续运行（有某些限制），此故障不显示给驾驶人。因为这对驾驶安全性来说并不严重，驾驶人根据汽车的行驶状况即可注意到该故障。

2）变速杆位置指示灯通过倒置显示现存故障。此故障对于驾驶安全性来说仍不严重，但是驾驶人应尽快将故障排除。

3）变速杆位置指示灯正在指示现存故障。此故障对于驾驶安全性来说是严重的，因此，驾驶人应立即将故障排除。

（13）换档控制　根据边界条件，动态控制程序计算出变速器额定输入转速，传感器 Gl82 监测链轮 1 处的变速器实际输入转速。变速器控制单元根据实际值与设定值之间的比较，计算出压力调节阀 N216 的控制电流。N216 产生液压换档阀的控制压力，该压力与控制电流几乎成正比。通过检查 G182（变速器输入转速传感器）和 G195（变速器输出转速传感器）的信号及发动机转速信号来实现对换档的监控。

【课后习题】

一、填空题

1. 无级变速器传动部分的常用类型有________和________。

2. 无级变速器所需的传感器有________、________、________、________、________和________等。

二、简答题

1. 无级变速器有什么优点？

2. 无级变速器是如何实现变速的？

参考文献

[1] 刘希恭．国产汽车自动变速器驱动桥故障检修实用手册［M］．北京：机械工业出版社，2008.
[2] 曹利民．汽车自动变速器维修精华［M］．北京：机械工业出版社，2006.
[3] 尹万建．轿车自动变速器结构原理与检修［M］．北京：人民交通出版社，2004.
[4] 李东江，张大成．国产轿车自动变速器检修手册［M］．北京：机械工业出版社，2003.
[5] 杨庆彪．汽车电控制动系统原理与维修精华［M］．北京：机械工业出版社，2006.

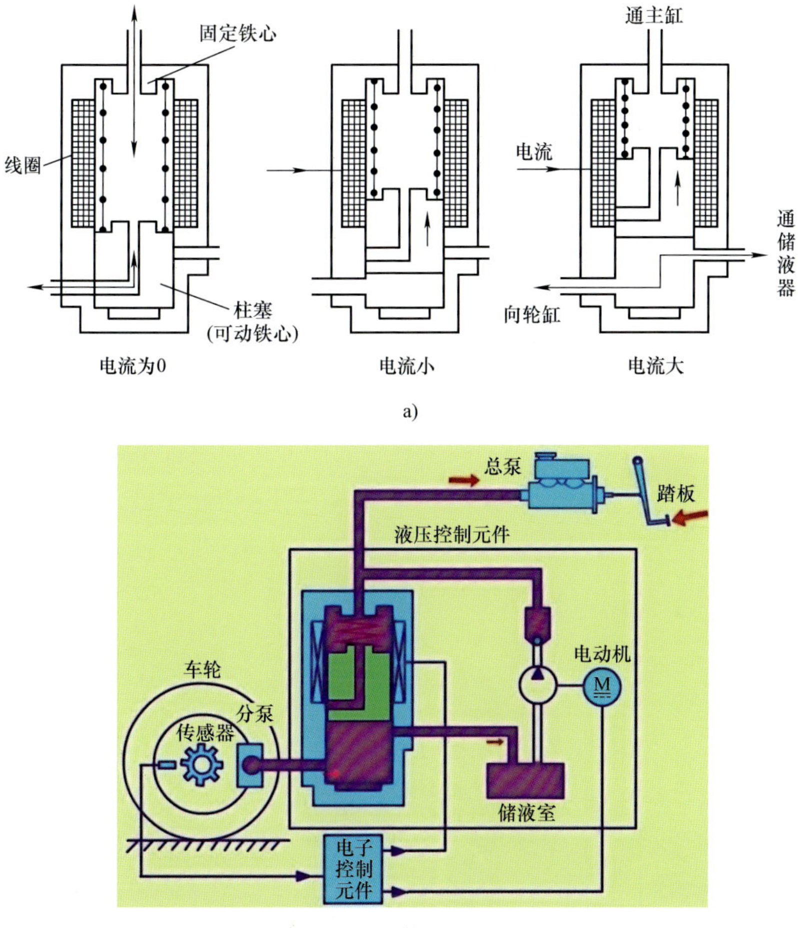

图 1-12　三位三通电磁阀

a）三位三通电磁阀的基本结构及工作原理　b）ABS 减压过程

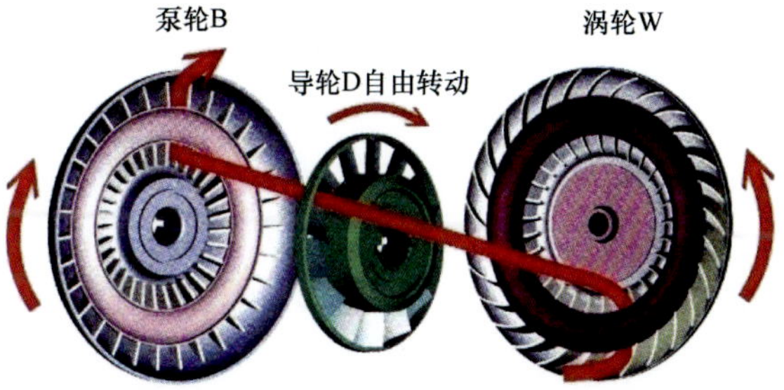

图 4-3　液力变矩器的结构

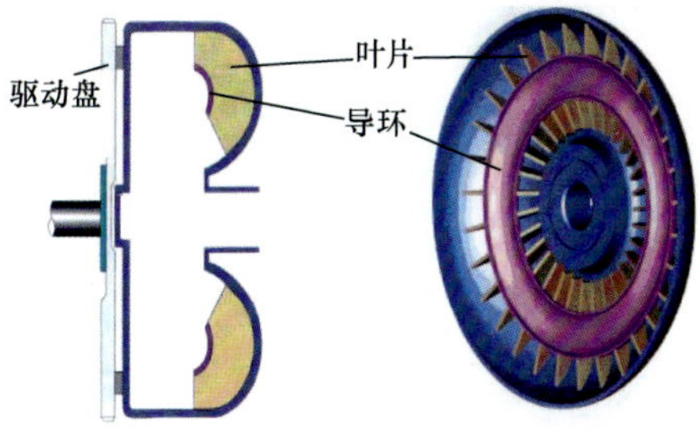

图 4-4　泵轮结构图

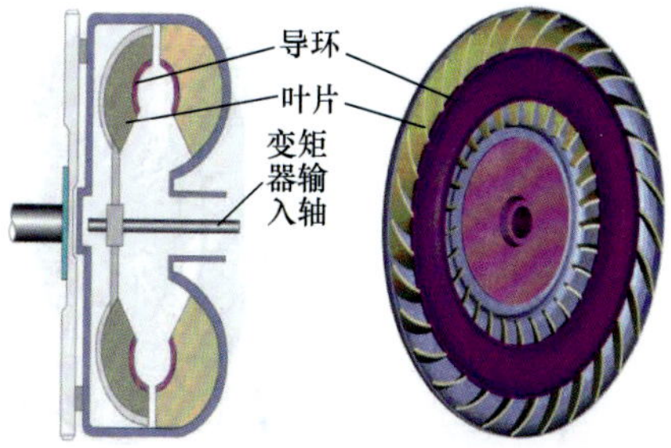

图 4-5　涡轮结构图

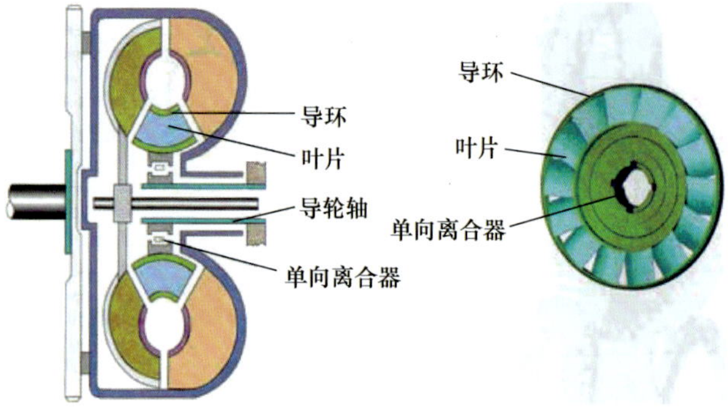

图 4-6　导轮结构图

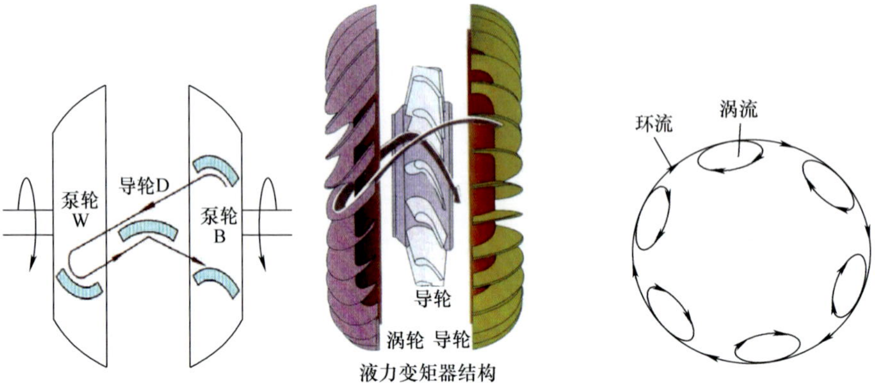

图 4-8　液力变矩器液流方向示意图

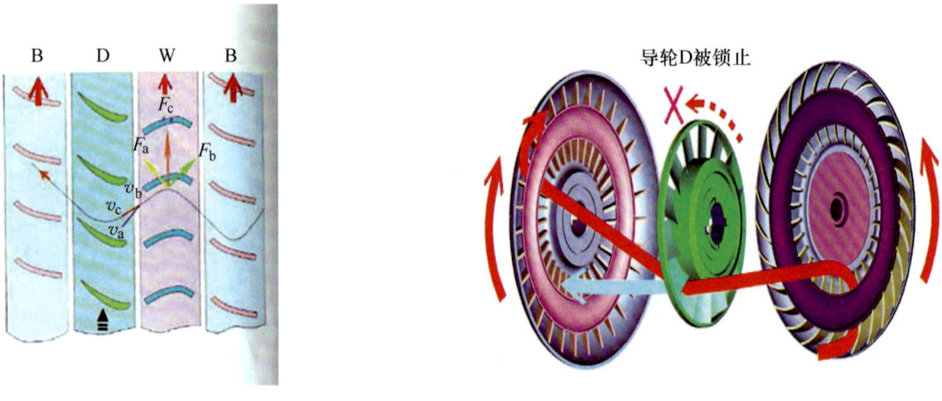

图 4-10　增矩过程

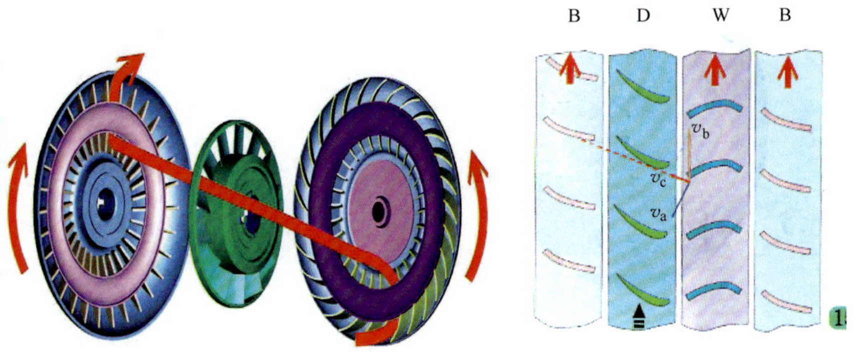

图 4-11 耦合工作状态

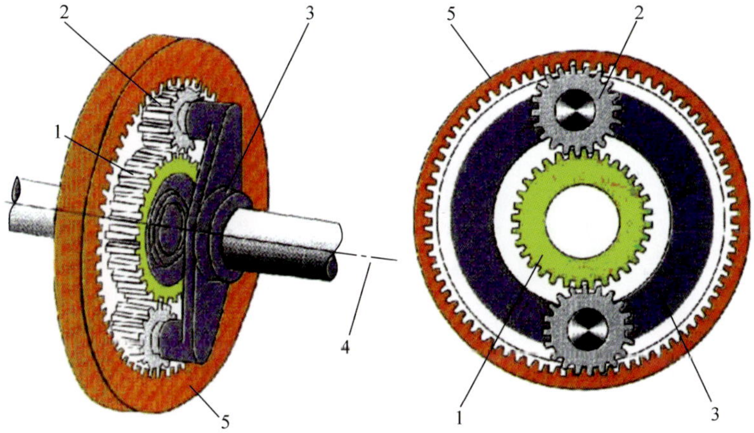

图 5-1 单排行星轮机构

1—太阳轮 2—行星齿轮 3—行星架 4—传动轴 5—齿圈

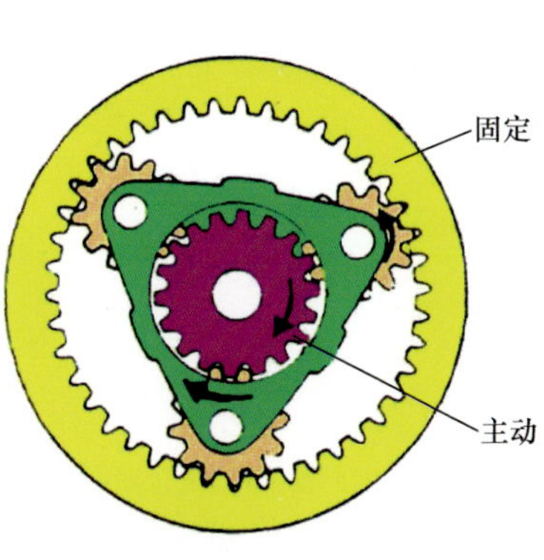

图 5-4 齿圈固定，行星架主动，太阳轮从动

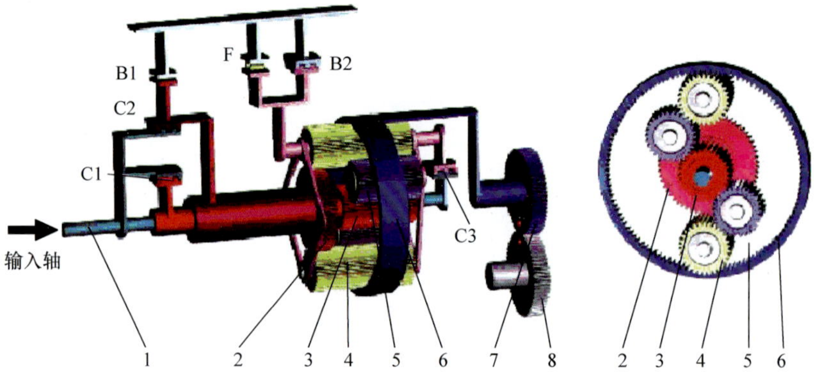

图 5-20　01N 行星齿轮部分传动简图

1—输入轴　2—行星架　3—小太阳轮　4—长行星轮

5—短行星轮　6—齿圈　7—输出轴　8—输出中间齿轮

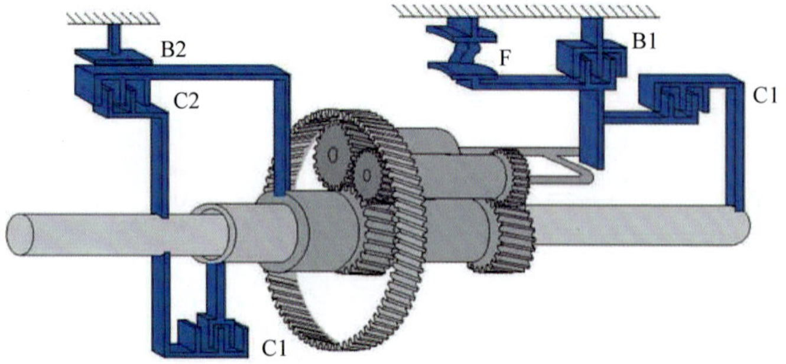

图 5-22　拉维娜行星齿轮变速器结构图（1）

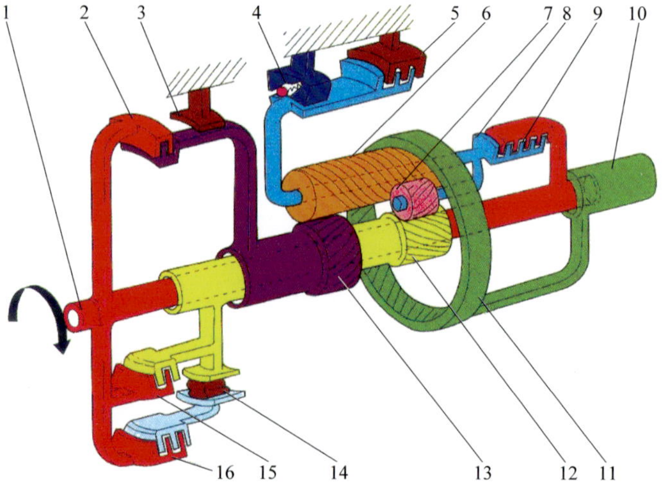

图 5-23　拉维娜行星齿轮变速器结构图（2）

1—输入轴　2—离合器 C2　3—制动器 B1　4—单向离合器 F1　5—制动器 B2　6—长行星齿轮

7—短行星齿轮　8—公共行星齿轮架　9—离合器 C4　10—输出轴　11—公共内齿圈　12—后排太阳齿轮

13—前排太阳齿轮　14—单向离合器 F2　15—离合器 C3　16—离合器 C1

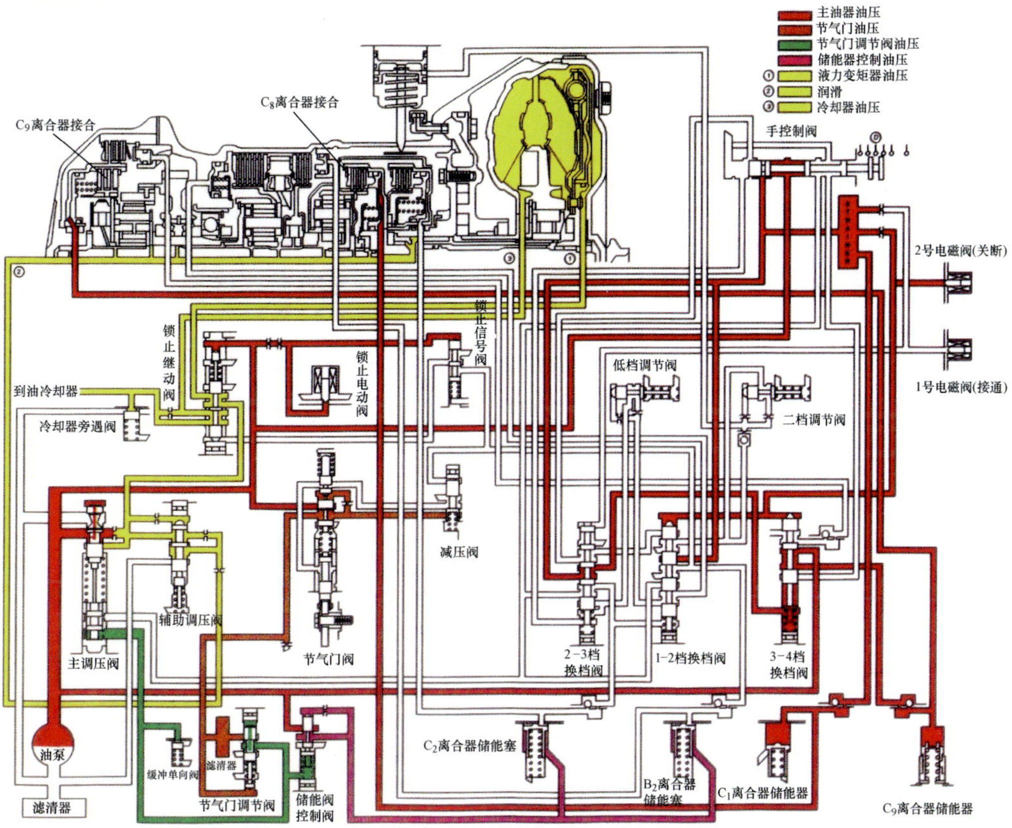

图 5-65　相关元件在油路中的位置

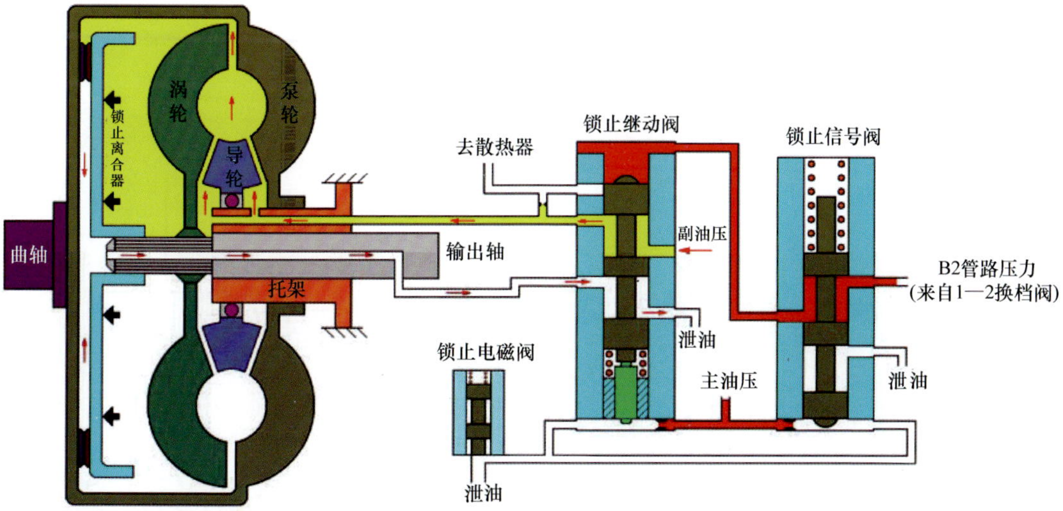

图 5-66　锁止离合器接合时相关控制阀的工作情况

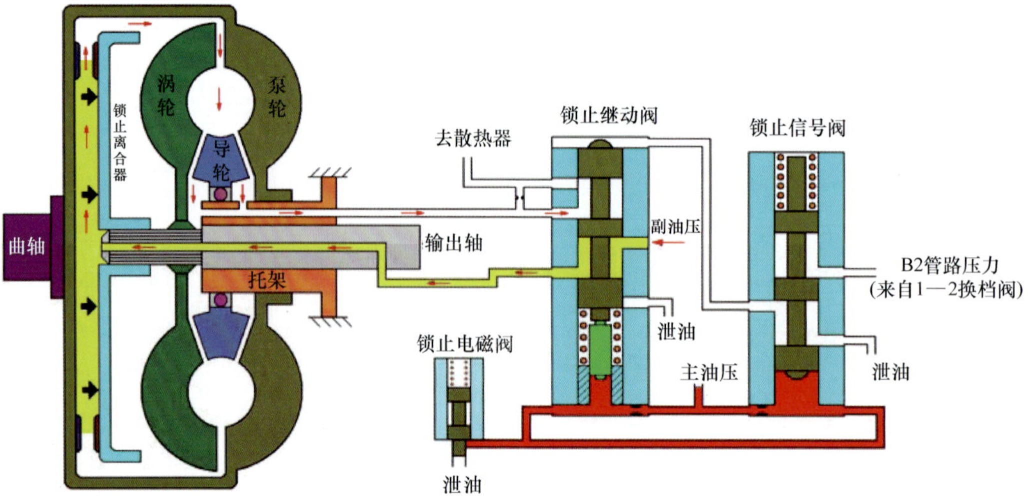

图 5-67　锁止离合器分离时相关控制阀的工作情况

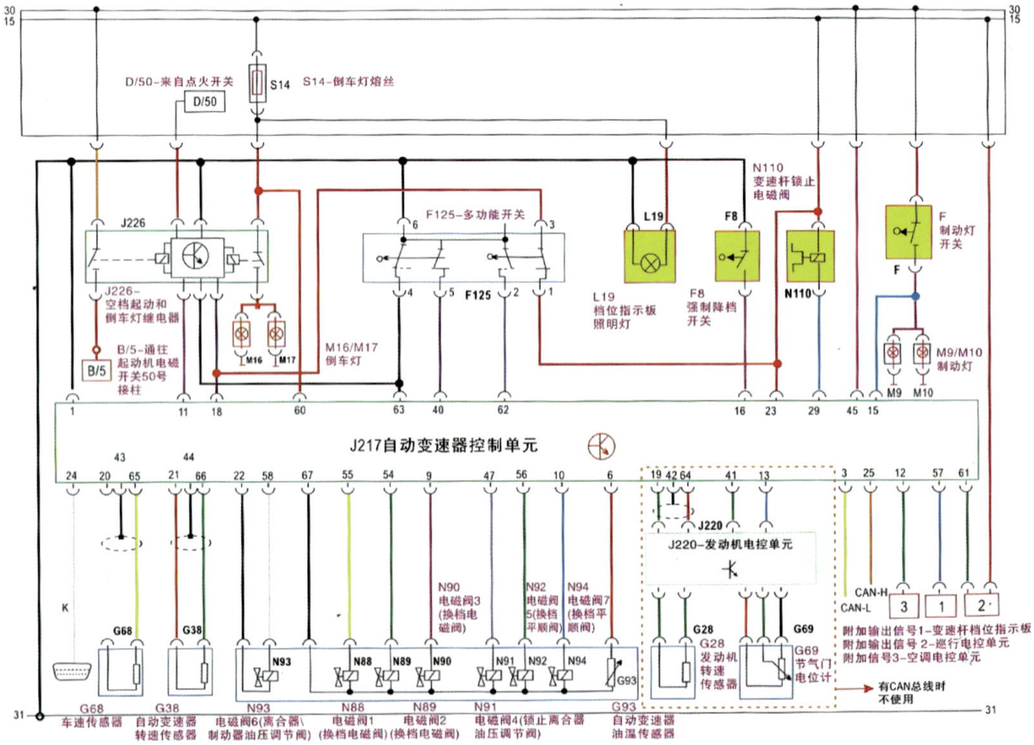

图 5-70　01M 自动变速器控制电路

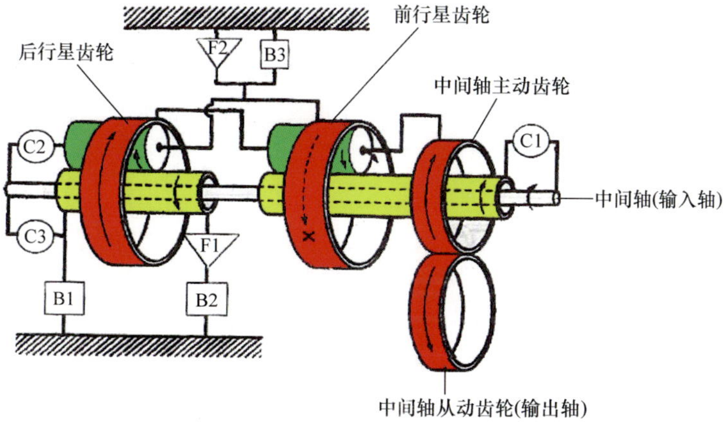

图 5-97　CR—CR 行星齿轮机构（1 档或 D 位 2 档时）

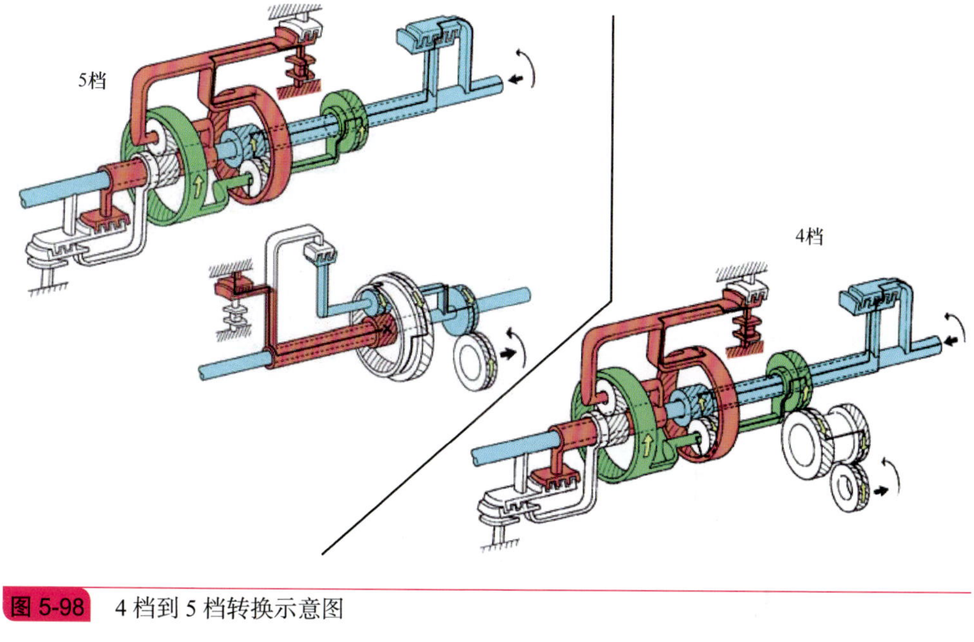

图 5-98　4 档到 5 档转换示意图

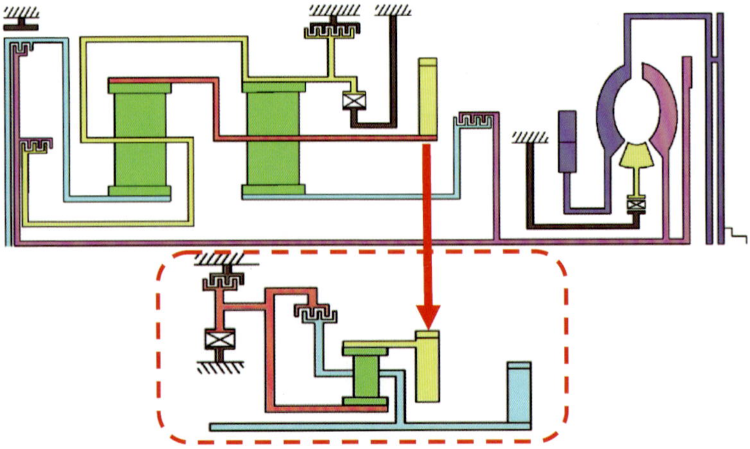

图 5-99　5 档自动变速器传动示意图

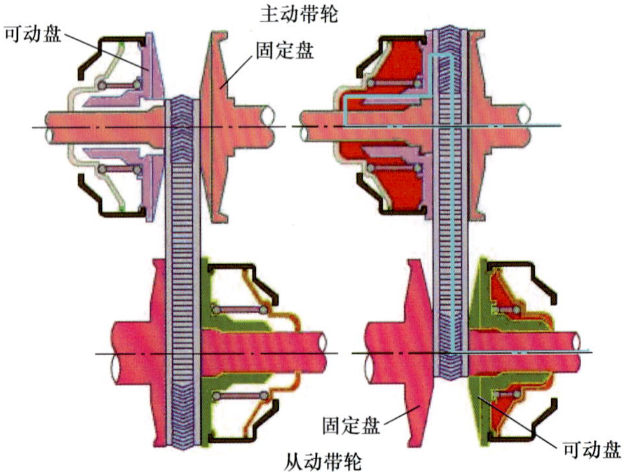

图 6-2　无级变速器工作原理示意图

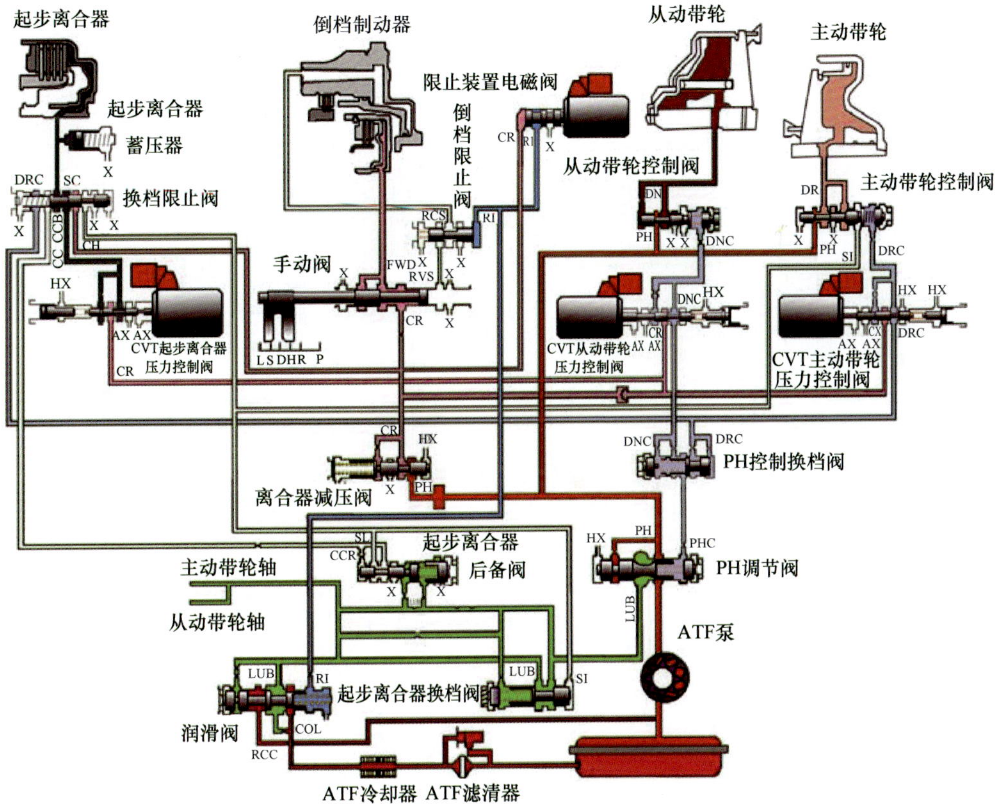

图 6-4 液控系统图

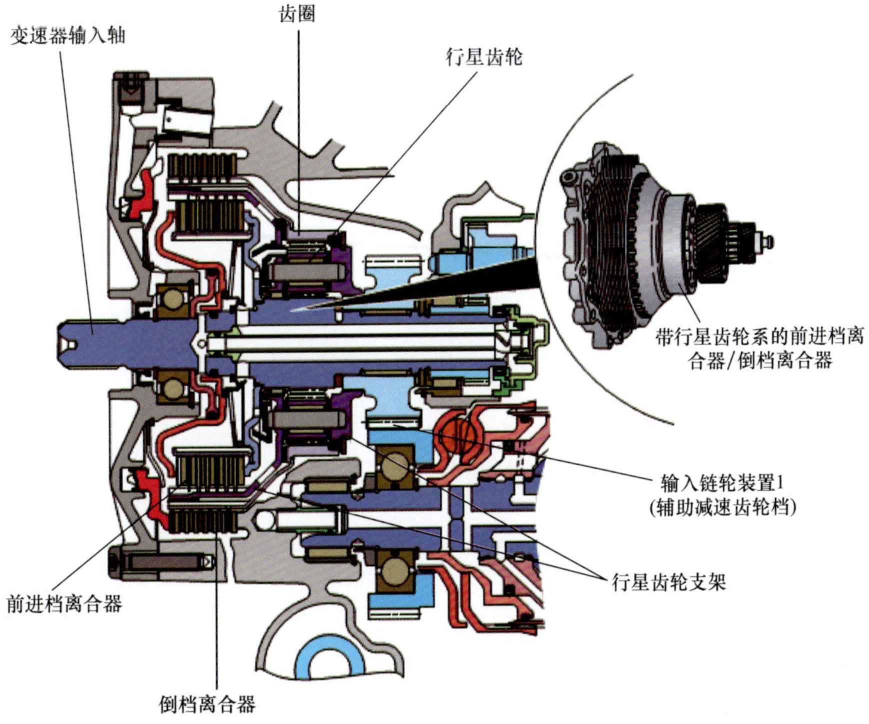

图 6-20 前进档离合器和倒档离合器

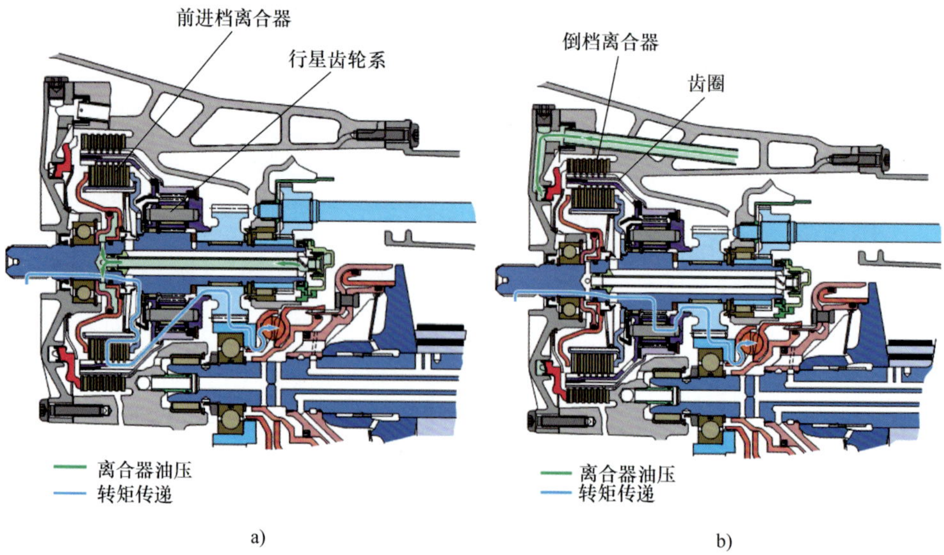

图 6-23 行星齿轮系统动力传递路线

a）前进档　b）倒档

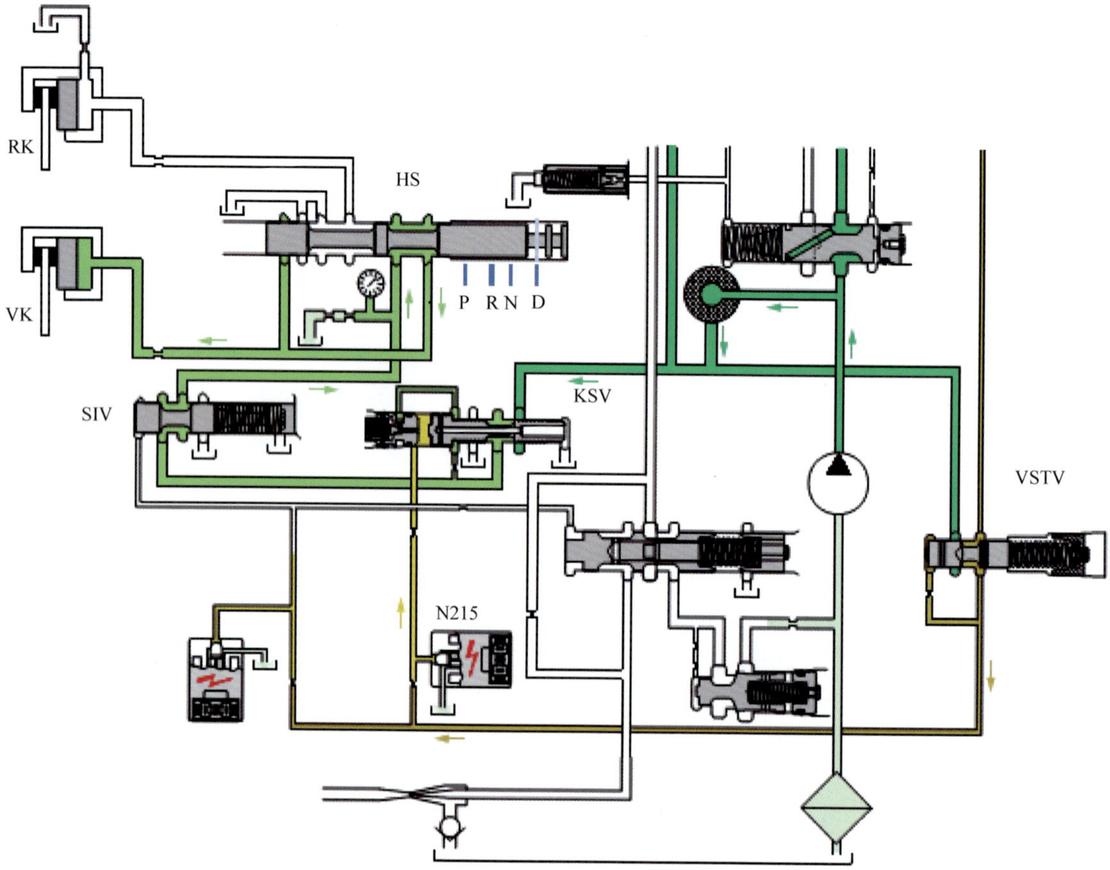

图 6-24 离合器的控制

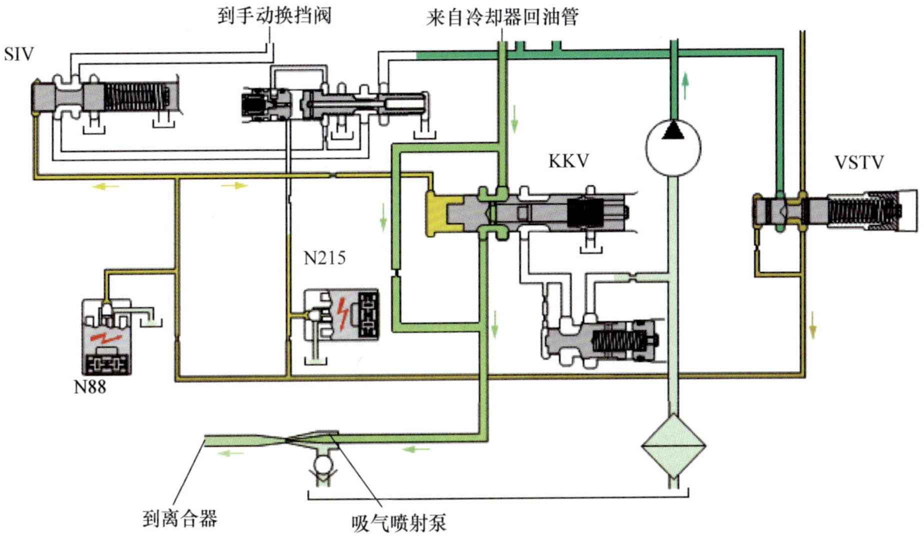

图 6-31 离合器的冷却控制

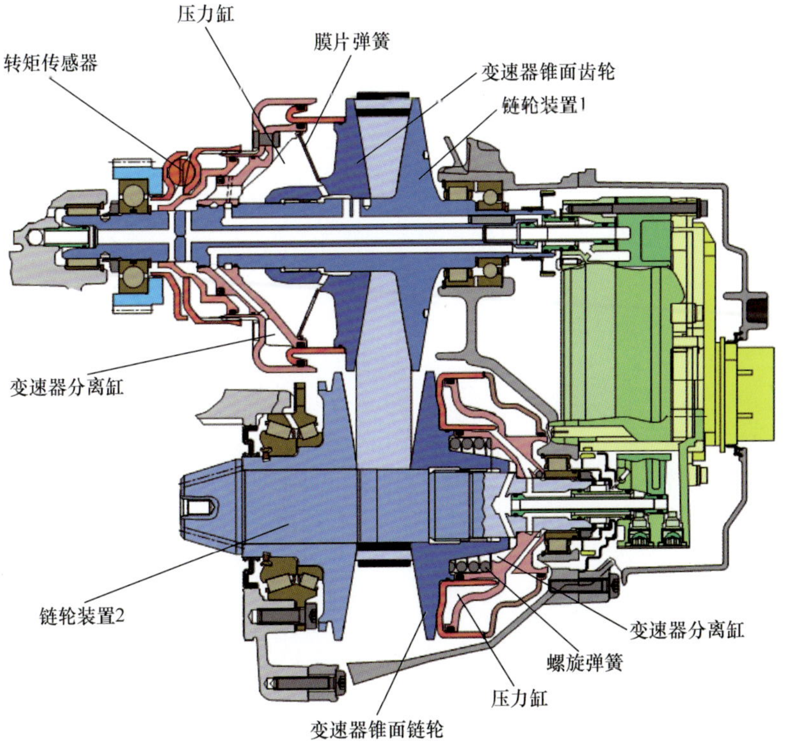

图 6-33 变速机构的结构

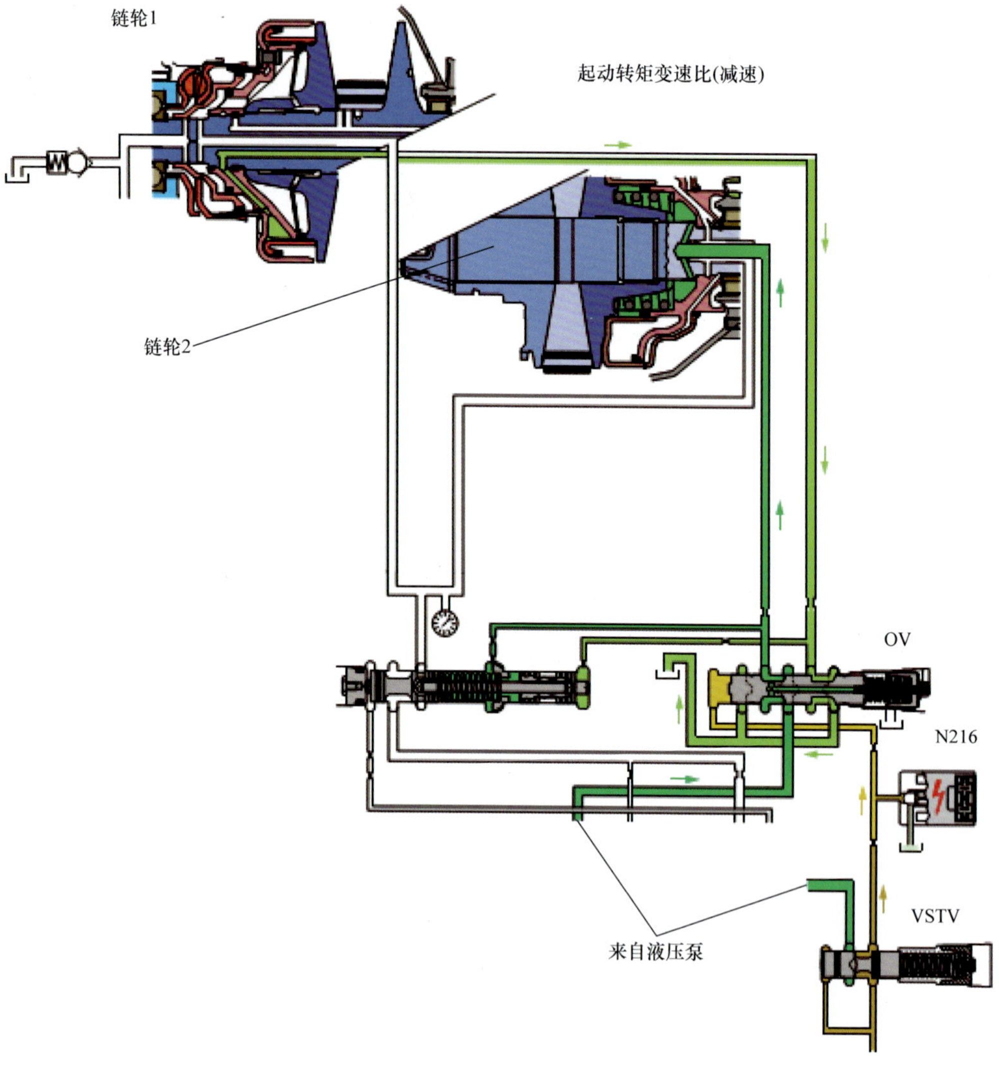

图 6-34 变速器的换档控制